"十四五"职业教育国家规划教材

"十二五"职业教育国家规划教材
经全国职业教育教材审定委员会审定

"十四五"职业教育河南省规划教材

建筑工程资料管理

第 4 版

主　编　王　辉　刘启顺
副主编　孙华峰　王毅林
参　编　杨要邦　李　蓓　宋振庭

机械工业出版社

本书围绕《建筑工程施工质量验收统一标准》（GB 50300—2013）及其系列专业验收规范，以《建筑工程资料管理规程》（JGJ/T 185—2009）为依据，讲解了建筑工程资料的分类、归档、组卷、移交等内容，从建设单位、监理单位及施工单位视角出发，讲解了建筑工程资料的内容及填写要求。

本书共分为6个单元，单元1为建筑工程资料管理概述，单元2为建设单位资料管理，单元3为监理资料管理，单元4为建筑工程施工资料管理，单元5为建筑施工安全资料管理，单元6为建设工程施工资料管理实训。

本书可作为高职高专建设工程管理类、土建施工类等专业教材，也可作为建筑施工企业施工现场管理人员及监理人员的参考学习用书。

为方便教学，本书配有信息化教学资源，凡使用本书作为教材的教师可登录机械工业出版社教育服务网 www.cmpedu.com 注册获取。咨询邮箱：cmpgaozhi@sina.com。咨询电话：010-88379375。

图书在版编目（CIP）数据

建筑工程资料管理 / 王辉，刘启顺主编．—4 版．—北京：机械工业出版社，2023.5（2025.2 重印）

"十二五"职业教育国家规划教材：修订版　"十四五"职业教育河南省规划教材
ISBN 978-7-111-72394-3

Ⅰ．①建⋯　Ⅱ．①王⋯　②刘⋯　Ⅲ．①建筑工程－技术档案－档案管理－高等职业教育－教材　Ⅳ．① G275.3

中国国家版本馆 CIP 数据核字（2023）第 075681 号

机械工业出版社（北京市百万庄大街22号　邮政编码100037）
策划编辑：王靖辉　　　　责任编辑：王靖辉
责任校对：潘　蕊　葛晓慧　封面设计：鞠　杨
责任印制：张　博
唐山三艺印务有限公司印刷
2025 年 2 月第 4 版第 12 次印刷
184mm×260mm・14.5 印张・371 千字
标准书号：ISBN 978-7-111-72394-3
定价：48.00 元

电话服务　　　　　　　　　　网络服务
客服电话：010-88361066　　　机　工　官　网：www.cmpbook.com
　　　　　010-88379833　　　机　工　官　博：weibo.com/cmp1952
　　　　　010-68326294　　　金　书　网：www.golden-book.com
封底无防伪标均为盗版　　　　机工教育服务网：www.cmpedu.com

关于"十四五"职业教育
国家规划教材的出版说明

为贯彻落实《中共中央关于认真学习宣传贯彻党的二十大精神的决定》《习近平新时代中国特色社会主义思想进课程教材指南》《职业院校教材管理办法》等文件精神，机械工业出版社与教材编写团队一道，认真执行思政内容进教材、进课堂、进头脑要求，尊重教育规律，遵循学科特点，对教材内容进行了更新，着力落实以下要求：

1. 提升教材铸魂育人功能，培育、践行社会主义核心价值观，教育引导学生树立共产主义远大理想和中国特色社会主义共同理想，坚定"四个自信"，厚植爱国主义情怀，把爱国情、强国志、报国行自觉融入建设社会主义现代化强国、实现中华民族伟大复兴的奋斗之中。同时，弘扬中华优秀传统文化，深入开展宪法法治教育。

2. 注重科学思维方法训练和科学伦理教育，培养学生探索未知、追求真理、勇攀科学高峰的责任感和使命感；强化学生工程伦理教育，培养学生精益求精的大国工匠精神，激发学生科技报国的家国情怀和使命担当。加快构建中国特色哲学社会科学学科体系、学术体系、话语体系。帮助学生了解相关专业和行业领域的国家战略、法律法规和相关政策，引导学生深入社会实践、关注现实问题，培育学生经世济民、诚信服务、德法兼修的职业素养。

3. 教育引导学生深刻理解并自觉实践各行业的职业精神、职业规范，增强职业责任感，培养遵纪守法、爱岗敬业、无私奉献、诚实守信、公道办事、开拓创新的职业品格和行为习惯。

在此基础上，及时更新教材知识内容，体现产业发展的新技术、新工艺、新规范、新标准。加强教材数字化建设，丰富配套资源，形成可听、可视、可练、可互动的融媒体教材。

教材建设需要各方的共同努力，也欢迎相关教材使用院校的师生及时反馈意见和建议，我们将认真组织力量进行研究，在后续重印及再版时吸纳改进，不断推动高质量教材出版。

机械工业出版社

前　　言

本书第 1 版于 2009 年出版,是根据教育部《关于全面提高高等职业教育教学质量的若干意见》（教高 [2006]16 号）的有关精神,本着"大力推行工学结合,突出实践能力培养,改革人才培养模式"的教学改革需要而编写的。教材编写力求体现工学结合的职业教育特色,以实际建设工程项目为依托,用任务进行驱动,以适应岗位需求。本书面世以来,应用面广、发行量大,为高职土建类专业的教学与培训提供了有效支撑和服务,得到了广大应用院校的普遍欢迎和好评。

本着"动态修订、及时填充、持续养护、常用常新"的宗旨,本书于 2015 年（第 2 版）、2019 年（第 3 版）又进行了两次系统性的修订。本书第 3 版被评为"十二五"职业教育国家规划教材。

本次修订完成的第 4 版教材,始终坚持问题导向,增强问题意识,聚焦实践遇到的新问题,培养学生解决实际问题的能力,以适应我国建筑业转型发展对建筑类专业人才培养的新要求。其特色主要表现在以下几个方面：

1. 本书内容与时俱进,紧跟行业发展新形势

本书的编写与近年来新材料、新设备、新工艺、新技术、新规范的更新紧密衔接,本次修订主要参照《建筑工程施工质量验收统一标准》（GB 50300—2013）、《建筑工程资料管理规程》（JGJ/T 185—2009）、《建设工程文件归档规范》（2019 版）（GB/T 50328—2014）、《建设工程监理规范》（GB/T 50319—2013）、《施工企业安全生产评价标准》（JGJ/T 77—2010）等现行规范及技术标准。经过多次出版发行反馈及实践探索,本书内容化繁为简,经历了从"直接借用→集成→创新"的发展过程,此外,本书全面贯彻党的教育方针,落实立德树人根本任务,以培养德智体美劳全面发展的社会主义建设者和接班人为主旨,在书内"小知识"及"职业素养园地"环节中,将德育教育与专业教育相结合,力求使学生德才兼备、全面发展,顺应了培养学生综合能力和素养的发展趋势。

2. 本书架构编排清晰,力求知识点覆盖完整

本书联合了职教专家、企业专家、院校专家共同编写。在第 3 版的基础上,考虑到编写的系统性,增加了建设单位工程资料管理相关知识；从提高学生实践应用能力出发,新增了建设工程施工资料管理实训单元；结合工程管理数字化、信息化和智能化的内容,增加了电子档案管理的相关内容。本书内容以文、图、表结合的版式设计风格呈现,利于案例教学的开展。此外,在每一个子单元中,还有小知识、相关链接等内容置于对应位置,帮助学生扩充相关专业知识点,力求岗位对接知识点覆盖完整。

3. 本书资源配套丰富,服务多元立体学习

本次修订针对本书的教学内容、教学方式、教学技术进行了整合与深化,制作了与本书配套的微课及动画,采用现代化教学手段,充分利用多媒体教室、手机 APP、校园计算机网络平台等学习平台,激发学生的学习兴趣,把声音、文字、图片、动画等信息有机结合,将抽象内容形象化、深奥内容通俗化，实现了由传统的"粉笔+黑板"教学手段向采用现代化教学工具进行多媒体教学的多元化教学手段的转变，增加了课堂与课外的信息量，提高了教学效率和教学质量。

今后，本书编写团队还要继续坚持"保持先进、动态发展、强调服务、不断完善"的教材建设思路，根据专业定位、标准规范及发展实际，及时进行优化和完善，为院校提供"更好、更新、更适用"的优质教学资源。

本书由河南建筑职业技术学院王辉、浙江工业职业技术学院刘启顺担任主编，并分别编写了单元1和单元4；河北建材职业技术学院孙华峰、郑州建工集团有限责任公司杨要邦编写了单元3；河南建筑职业技术学院王毅林、李蓓、宋振庭分别编写了单元5、单元2和单元6。

限于编者水平，书中难免存在不妥之处，恳请读者批评指正。

编 者

二维码清单

名　称	图　形	名　称	图　形
资料员工作职责与职业素养		建筑工程竣工验收与备案文件（二）	
分部（子分部）工程质量验收记录（以混凝土结构子分部工程为例）		建筑工程竣工验收与备案文件（三）	
分项工程质量验收记录（以钢筋分项工程为例）		立卷的流程、原则、方法	
检验批质量验收记录（以钢筋安装检验批为例）		卷内文件排列	
监理管理文件		资料归档、验收与移交	
建筑工程竣工验收与备案文件（一）			

目　　录

前言
二维码清单

单元1　建筑工程资料管理概述 1
子单元1　建筑工程资料相关概念及主要内容 1
子单元2　建筑工程资料管理的意义和联系划分 2
子单元3　资料员的基本要求和工作职责 3
子单元4　建筑工程资料的分类与归档 6
子单元5　建筑工程资料的立卷 23
子单元6　建筑工程资料的验收与移交 27
单元小结 29
能力训练题 29

单元2　建设单位资料管理 32
子单元1　建设单位资料管理概述 32
子单元2　立项文件 33
子单元3　建设用地、拆迁文件 34
子单元4　勘察、设计文件 36
子单元5　招投标文件 37
子单元6　开工审批文件 38
子单元7　工程造价文件 40
子单元8　工程建设基本信息 42
单元小结 43
能力训练题 43

单元3　监理资料管理 45
子单元1　监理资料管理概述 45
子单元2　进度控制资料 55
子单元3　质量控制资料 63
子单元4　造价控制资料 73
子单元5　分包资质资料 78
子单元6　合同管理资料 80
子单元7　工作总结 85
单元小结 87
能力训练题 87

单元4　建筑工程施工资料管理 90
子单元1　施工资料管理概述 90
子单元2　施工管理技术资料 101
子单元3　工程质量控制资料 110

子单元4　施工质量验收记录 127
　　单元小结 146
　　能力训练题 147

单元5　建筑施工安全资料管理 154
　　子单元1　施工现场安全资料管理职责 154
　　子单元2　施工现场安全资料分类与组卷 155
　　子单元3　施工现场安全管理资料编制与常用表格 158
　　单元小结 199
　　能力训练题 200

单元6　建设工程施工资料管理实训 202
　　子单元1　地基与基础分部工程资料实训 209
　　子单元2　主体结构分部工程资料实训 212
　　子单元3　建筑装饰装修分部工程资料实训 215
　　子单元4　建筑屋面分部工程资料实训 218
　　单元小结 220

参考文献 221

单元 1　建筑工程资料管理概述

能力目标

1. 能对建筑工程资料进行分类和整理。
2. 会对建筑工程资料进行归档和立卷。

学习重点与难点

本单元学习重点是建筑工程资料的主要内容、建筑工程资料管理的职责、资料员的工作职责、资料员的工作内容。本单元学习难点是建筑工程资料的归档和组卷。

子单元 1　建筑工程资料相关概念及主要内容

1.1.1　建筑工程资料的相关概念

建筑工程资料是工程建设从项目的提出、筹备、勘测、设计、施工到竣工投产等过程中形成的文件材料、图纸、图表、计算材料、声像材料等各种形式的信息总和,简称为工程资料。建筑工程资料主要包括工程准备阶段资料、监理资料、施工资料、竣工图和竣工验收资料等。

建筑工程资料是建设工程合法身份与合格质量的证明文件,是工程竣工交付使用的必备文件,也是对工程进行检查、验收、维修、改建和扩建的原始依据。在我国,国家立法和验收标准都对工程资料提出了明确的要求,《中华人民共和国建筑法》《建设工程质量管理条例》等法律法规,《建筑工程施工质量验收统一标准》(GB 50300—2013)、《建设工程文件归档规范》(GB/T 50328—2014)等标准及规范,均把工程资料放在重要的位置。

1. 建筑工程

建筑工程是为新建、改建或扩建房屋建筑物和附属构筑物设施所进行的规划、勘察、设计和施工、竣工等各项技术工作和完成的工程实体。

2. 建筑工程资料

建筑工程资料是在工程建设全过程中形成并收集、汇编的资料或文件的统称,包括工程准备阶段资料、监理资料、施工资料、竣工图和竣工验收资料,也可以简称为工程资料或工程文件。

3. 建设工程档案

建设工程档案是在工程建设活动中直接形成的具有保存价值的文字、图表、声像、电子文件等各种形式的历史记录,这些记录经整理形成工程档案。

1.1.2 建筑工程资料的主要内容

（1）工程准备阶段资料　工程准备阶段资料是指工程在立项、审批、征地、勘察、设计、招投标、开工审批及工程概预算等工程准备阶段形成的资料，由建设单位提供。

（2）监理资料　监理资料是指监理单位在工程设计、施工等监理过程中形成的资料，主要包括监理管理资料、监理工作记录、竣工验收资料和其他资料等。监理资料由监理单位负责完成，工程竣工后，监理单位应按规定将监理资料移交给建设单位。

（3）施工资料　施工资料是指施工单位在工程具体施工过程中形成的资料，应由施工单位负责形成，主要包括单位工程管理与验收资料、施工管理资料、施工技术资料、施工测量记录、施工物资资料、施工记录、施工试验记录、施工质量验收记录等。工程竣工后，施工单位应按规定将施工资料移交给建设单位。

（4）竣工图　竣工图是工程竣工后，真实反映建筑工程项目施工结果的图纸。

（5）竣工验收资料　竣工验收资料是指在工程项目竣工验收活动中形成的资料，包括工程验收总结、竣工验收记录、财务文件和声像、缩微电子档案等。

小知识

《建筑工程施工质量验收统一标准》（GB 50300—2013）

由住房和城乡建设部会同有关部门共同修订的《建筑工程施工质量验收统一标准》，经有关部门会审，批准为国家标准，编号为 GB 50300—2013，自 2014 年 6 月 1 日起施行。原《建筑工程施工质量验收统一标准》（GB 50300—2001）同时废止。

子单元 2　建筑工程资料管理的意义和联系划分

建筑工程资料管理就是指建筑工程作为一个工程实体，在建设过程中涉及规划、勘察、设计、施工、监理等各项技术工作，这些在不同阶段形成的工程资料或文件，经过规划、勘察、设计、施工、监理等不同单位相关人员积累、收集、整理，形成具有归档保存价值的工程档案的过程。

1.2.1 建筑工程资料管理的意义

建筑工程资料管理是保证工程质量与安全的重要环节，是建筑工程施工管理程序化、规范化和制度化的具体体现。因此，做好建筑工程资料管理工作具有重要意义，其意义主要有以下几点：

1）建筑工程资料管理是项目管理的一项重要工作。

2）按照规范的要求积累而完成的完整、真实、具体的工程资料，是工程竣工验收交付使用的必备条件；一个质量优良或合格的建筑工程必须具有一份内容齐全、文字记载真实可靠的原始技术资料。

3）工程资料为工程的检查、管理、使用、维护、改造、扩建提供可靠的依据。

1.2.2 建筑工程资料管理的职责

建筑工程资料应实行分级管理，由建设、监理、施工等单位项目负责人负责全过程的管理工作。资料管理工作主要包括工程资料与档案的收集、积累、整理、立卷、验收与移交，工程建设过程中资料的收集、整理和审核工作应有专职人员负责，定期培训。

单元 1　建筑工程资料管理概述

1. 建设单位在工程资料与档案的整理立卷、验收移交工作中应履行的职责

1）在工程招标及与勘察、设计、施工、监理等单位签订合同、协议时，应对移交工程文件的套数、费用、质量、时间等提出明确要求。

2）负责收集和整理工程准备阶段、竣工验收阶段形成的文件，并应进行立卷归档。

3）负责组织、监督和检查勘察、设计、施工、监理等单位的工程文件的形成、积累和立卷归档工作。

4）负责收集和汇总工程建设阶段各单位立卷归档的工程档案。

5）在组织工程竣工验收前，提请城建档案管理机构对工程档案进行预验收，未取得工程档案验收许可文件的，不得组织工程竣工验收。

6）对列入城建档案馆接收范围的工程，工程竣工验收后的 3 个月内向城建档案馆移交一套符合规定的工程档案。

2. 勘察、设计、施工、监理等单位应履行的职责

1）负责收集和整理工程建设过程中相关阶段的工程资料。

2）确保各参建单位的工程资料真实、有效、齐全完整。

3）对工程建设中收集整理的工程资料进行立卷、归档。

4）对本单位形成的工程资料档案立卷后及时向建设单位移交。

3. 实行总承包的施工单位资料管理的职责

除上述职责外，施工单位对工程实行总承包的，总承包单位负责收集、汇总各分包单位形成的工程档案，并及时向建设单位移交；各分包单位应将本单位形成的工程资料整理、立卷，移交给总承包单位。

4. 城建单位资料管理的职责

城建档案管理机构对工程资料的立卷归档工作进行监督、指导、检查，并对工程档案进行验收，出具认可文件。

小知识

《建设工程文件归档规范（2019 年版）》（GB/T 50328—2014）

住房和城乡建设部关于发布国家标准《建设工程文件归档规范》局部修订的公告：国家标准《建设工程文件归档规范》（GB/T 50328—2014）局部修订的条文，自 2020 年 3 月 1 日起实施。经此次修订的原条文同时废止。

子单元 3　资料员的基本要求和工作职责

1.3.1　资料员的基本要求

培养造就大批德才兼备的高素质人才，是国家和民族长远发展大计。功以才成，业由才广。资料员是施工企业五大员（施工员、质检员、安全员、材料员、资料员）之一。一个建设工程的质量具体反映在建筑物的实体质量，即所谓硬件；此外是该项工程技术资料质量，即所谓软件。工程资料的形成主要靠资料员的收集、整理、编制成册，因此资料员在施工过程中担负着十分重要的责任。

要当好资料员,除了要有认真、负责的工作态度外,还必须了解建设工程项目的工程概况,熟悉本工程的施工图、施工基础知识、施工技术规范、施工质量验收规范、建筑材料的技术性能、质量要求及使用方法以及有关政策、法规和地方性法规、条文等,要了解掌握施工管理的全过程,了解掌握每项资料在什么时候产生。

1.3.2 资料员的工作职责

资料员负责工程项目的资料档案管理、计划、统计管理及内业管理工作。

1. 负责工程项目资料、图纸等档案的收集、管理

(1) 负责工程项目的所有图纸的接收、清点、登记、发放、归档、管理工作 在收到工程图纸并进行登记以后,按规定向有关单位和人员签发,由收件方签字确认。负责收存全部工程项目图纸,且每一项目应收存不少于两套正式图纸,其中至少一套图纸有设计单位图纸专用章。竣工图采用散装方式折叠,按资料目录的顺序,对建筑平面图、立面图、剖面图、建筑详图、结构施工图等建筑工程图纸进行分类管理。

(2) 收集整理施工过程中所有技术变更、洽商记录、会议纪要等资料并归档 负责对每日收到的管理文件、技术文件进行分类、登记、归档。负责项目文件资料的登记、受控、分办、催办、签收、用印、传递、立卷、归档和销毁等工作。负责做好各类资料积累、整理、处理、保管和归档立卷等工作,注意保密的原则。来往文件资料收发应及时登记台账,视文件资料的内容和性质准确及时递交项目经理批阅,并及时送往有关部门办理。确保设计变更、洽商的完整性,要求各方严格执行接收手续,所接收到的设计变更、洽商,须经各方签字确认,并加盖公章。设计变更(包括图纸会审纪要)原件存档。所收存的技术资料须为原件,无法取得原件的,应详细背书,并加盖公章。做好信息收集、汇编工作,确保管理目标的全面实现。

2. 参加分部分项工程的验收工作

(1) 负责备案资料的填写、会签、整理、报送、归档 负责工程备案管理,实现对竣工验收相关指标(包括质量资料审查记录、单位工程综合验收记录)作备案处理。对桩基工程、基础工程、主体工程、结构工程备案资料核查。严格遵守资料整编要求,符合分类方案、编码规则,资料份数应满足资料存档的需要。

(2) 监督检查施工单位施工资料的编制、管理,做到完整、及时,与工程进度同步 对施工单位形成的管理资料、技术资料、物资资料及验收资料,按施工顺序进行全程督查,保证施工资料的真实性、完整性、有效性。

(3) 按时向建设单位档案室移交有关资料 在工程竣工后,负责将文件资料、工程资料立卷移交建设单位。文件材料移交与归档时,应有"归档文件材料交接表",交接双方必须根据移交目录清点核对,履行签字手续。移交目录一式二份,双方各持一份。

(4) 负责向市城建档案馆的档案移交工作 提请城建档案馆对列入城建档案馆接收范围的工程档案进行预验收,取得"建设工程竣工档案预验收意见",在竣工验收后将工程档案移交城建档案馆。

(5) 指导工程技术人员对施工技术资料(包括设备进场开箱资料)的保管 指导工程技术人员对施工组织设计及施工方案、技术交底记录、图纸会审记录、设计变更通知单、工程洽商记录等技术资料分类保管交资料室。指导工程技术人员对工作活动中形成的、经过办理完毕的、具有保存价值的文件材料,以及基建工程进行鉴定验收时归档的科技文件材料,已竣工验收的工程项目的工程资料分级保管交资料室。

3. 负责计划、统计的管理工作

（1）负责对施工部位、产值完成情况的汇总、申报，按月编制施工统计报表 在平时统计资料的基础上，编制整个项目当月进度统计报表和其他信息统计资料。编报的统计报表要按现场实际完成情况严格审查核对，不得多报、早报、重报、漏报。

（2）负责与项目有关的各类合同的档案管理 负责对签订完成的合同进行收编归档，并开列编制目录。做好借阅登记，不得擅自抽取、复制、涂改，不得遗失，不得在案卷上随意画线、抽拆。

（3）负责向销售策划提供工程主要形象进度信息 向各专业工程师了解工程进度，随时关注工程进展情况，为销售策划提供准确、可靠的工程信息。

4. 负责工程项目相关内业管理工作

（1）协助项目经理做好对外协调、接待工作 协助项目经理对内协调施工单位部间，对外协调施工单位间的工作。做好与有关部门及外来人员的联络接待工作，树立企业形象。

（2）负责工程项目的内业管理工作 汇总各种内业资料，及时准确统计，登记台账，报表按要求上报。通过实时跟踪、反馈监督、信息查询、经验积累等多种方式，保证汇总的内业资料反映施工过程中的各种状态和责任，能够真实地再现施工时的情况，从而找到施工过程中的问题所在。对产生的资料进行及时收集和整理，确保工程项目的顺利进行。有效地利用内业资料记录、参考、积累，为企业发挥它们的潜在作用。

（3）负责工程项目的后勤保障工作 负责做好文件收发、归档工作。负责部门成员考勤管理和日常行政管理等经费报销工作。负责对竣工工程档案整理、归档、保管，便于有关部门查阅调用。负责公司文字及有关表格等打印。保管工程印章，对工程盖章登记，并留存备案。

5. 完成工程部经理交办的其他任务

1.3.3 资料员的工作内容

资料员的工作内容按不同阶段划分，可分为施工前期阶段、施工阶段、竣工验收阶段。

1. 施工前期阶段

1）熟悉建设项目的有关资料和施工图。

2）协助编制施工技术组织设计（施工技术方案），并填写施工组织设计（方案）报审表给现场监理机构进行审批。

3）填报工程开工报审表，填写开工通知单。

4）协助编制各工种的技术交底材料。

5）协助制定各种规章制度。

2. 施工阶段

1）及时搜集整理进场的工程材料、构配件、成品、半成品和设备的质量保证资料（出厂质量证明书、生产许可证、准用证、交易证），填报工程材料、构配件、设备报审表，由监理工程师审批。

2）与施工进度同步，做好隐蔽工程验收记录及检验批质量验收记录的报审工作。

3）及时整理施工试验记录和测试记录。

4）阶段性地协助整理施工日记。

3. 竣工验收阶段

（1）建筑工程竣工资料 建筑工程竣工资料的组卷包括以下方面：

1）单位（子单位）工程质量验收资料。

2）单位（子单位）工程质量控制资料核查记录。

3）单位（子单位）工程安全与功能检验资料核查及主要功能抽查资料。

4）单位（子单位）工程施工技术管理资料。

（2）归档资料 归档资料（提交城建档案馆）包括以下方面：

1）施工技术准备文件，包括图纸会审记录、控制网设置资料、工程定位测量资料、基槽开挖线测量资料等。

2）工程图纸变更记录，包括设计会议会审记录、设计变更记录、工程洽谈记录等。

3）地基处理记录，包括地基钎探记录、钎探平面布置点、验槽记录、地基处理记录、桩基施工记录、试桩记录等。

4）施工材料预制构件质量证明文件及复试试验报告。

5）施工试验记录，包括土壤试验记录、砂浆混凝土抗压强度试验报告、商品混凝土出厂合格证和复试报告、钢筋接头焊接报告等。

6）施工记录，包括工程定位测量记录、沉降观测记录、现场施工预应力记录、工程竣工测量、新型建筑材料、施工新技术等。

7）隐蔽工程检查记录，包括基础与主体结构钢筋工程、钢结构工程、防水工程、高程测量记录等。

8）工程质量事故处理记录。

  小知识

城建档案馆工作职责

城建档案馆负责全市城建档案的管理，对建设系统列入城建档案业务范围的单位和部门的城建档案工作进行业务指导、监督和检查；协调和组织全市地下管线普查，接收和编制地下管网图并进行动态管理工作；负责工程项目竣工档案的验收；负责统筹规划建设信息系统的建设、业务指导及运行管理工作；接收和保管应当永久和长期保管的各种载体的城建档案、资料；对接收进馆的城建档案、资料实行科学管理、安全保护和为社会提供利用服务；广泛征集城市建设、管理中形成的各种载体的历史档案、资料，开展城建年鉴、史志编辑、档案专题编研；拍摄编辑反映城市建设历史及城市建设新貌的声像专题片，宣传城市建设成就和建设战线精神文明风貌。

子单元 4　建筑工程资料的分类与归档

1.4.1　建筑工程资料分类的原则

建筑工程资料的分类是按照文件资料的来源、类别、形成的先后顺序以及收集和整理单位的不同来进行的，以便于资料的收集、整理、组卷。

从整体上把全部的资料划分为 5 大类，即建设单位的文件资料、监理单位的文件资料、施工单位的文件资料、竣工图资料、工程竣工验收资料。其中，建设单位的文件资料又划分为立项文件、建设用地拆迁文件、勘察设计文件、工程招投标文件、开工审批文件、工程造价文件、工程建设基本信息7小类；监理单位的文件资料划分为监理管理资料、监理进度控制文件、监理质量控制文件、监理造价控制文件、工期管理文件、监理验收文件6小类；施工单位的文件资料划分为施工管理文件、施工技术文件、进度造价文件、施工物资出厂质量证明及进场检测文件、施工记录文件、施工试验记录及检测文件、施工质量验收文件、施工验收文件8小类；竣工图未进行细分；工程竣工验收文件划分为竣工验收与备案文件、竣工决算文件、工程声像资料等、其他工程文件4小类。在每一小类中，再细分为若干种文件、资料或表格，见表1-1。

施工资料的分类应根据类别和专业系统来划分。具体划分可参见表1-1及《建设工程文件归档规范》（GB/T 50328—2014）、《建筑工程施工质量验收统一标准》（GB 50300—2013）。

施工资料的分类、整理和保存除执行《建设工程文件归档规范》或地方标准及规程外，尚应执行相应的国家法律法规及行业或地方的有关规定。

1.4.2 建筑工程资料编号的方法

1. 对各大类的编号

分别用大写的英文字母"A""B""C""D""E"来表示建设单位的文件资料、监理单位的文件资料、施工单位的文件资料、竣工图资料和工程竣工验收资料，即分别编为A类、B类、C类、D类、E类5大类资料。

2. 对各小类的编号

对于A类资料中所含的7小类资料，分别按照A1、A2、A3、A4、A5、A6、A7的顺序来依次排列编号；B类资料中所含的6小类资料，分别按照B1、B2、B3、B4、B5、B6的顺序来依次排列编号；C类资料中所含的8小类资料，分别按照C1、C2、C3、C4、C5、C6、C7、C8的顺序来依次排列编号；D类资料没有进行分小类别；E类资料包含4小类，分别按照E1、E2、E3、E4的顺序来依次排列编号，见表1-1。

3. 对具体文件、资料或表格的编号

在每一小类中，再细分的若干种类的文件、资料或表格等的编号，按如下原则编号。若是B1中的第9种资料，就编号为B1-9，如果是C4中的第10种资料，就编号为C4-10，见表1-1。

表1-1 建筑工程资料的分类和编号表

类别		归档文件	保存单位				
			建设单位	设计单位	施工单位	监理单位	城建档案馆
建设单位的文件资料（A类）							
A1		立项文件					
	1	项目建议书批复文件及项目建议书	▲				▲
	2	可行性研究报告批复文件及可行性研究报告	▲				▲
	3	专家论证意见、项目评估文件	▲				▲
	4	有关立项的会议纪要、领导批示	▲				▲
A2		建设用地拆迁文件					
	1	选址申请及选址规划意见通知书	▲				▲

（续）

类别		归档文件	保存单位				
			建设单位	设计单位	施工单位	监理单位	城建档案馆
建设单位的文件资料（A类）							
A2		建设用地拆迁文件					
	2	建设用地批准书	▲				▲
	3	拆迁安置意见、协议、方案等	▲				△
	4	建设用地规划许可证及其附件	▲				▲
	5	土地使用证明文件及其附件	▲				▲
	6	建设用地钉桩通知单	▲				▲
A3		勘察设计文件					
	1	工程地质勘察报告	▲	▲			▲
	2	水文地质勘察报告	▲	▲			▲
	3	初步设计文件（说明书）	▲	▲			
	4	设计方案审查意见	▲	▲			
	5	人防、环保、消防等有关主管部门（对设计方案）审查意见	▲	▲			▲
	6	设计计算书	▲	▲			△
	7	施工图设计文件审查意见	▲	▲			▲
	8	节能设计备案文件	▲				▲
A4		工程招投标文件					
	1	勘察、设计招投标文件	▲	▲			
	2	勘察、设计合同	▲	▲			▲
	3	施工招投标文件	▲		▲	△	
	4	施工合同	▲		▲	△	▲
	5	工程监理招投标文件	▲			▲	
	6	监理合同	▲			▲	▲
A5		开工审批文件					
	1	建设工程规划许可证及其附件	▲		△	△	▲
	2	建设工程施工许可证	▲		▲	▲	▲
A6		工程造价文件					
	1	工程投资估算材料	▲				
	2	工程设计概算材料	▲				
	3	招标控制价格文件	▲				
	4	合同价格文件	▲		▲		△
	5	结算价格文件	▲		▲		△
A7		工程建设基本信息					
	1	工程概况信息表	▲		△		▲
	2	建设单位工程项目负责人及现场管理人员名册	▲				▲
	3	监理单位工程项目总监及监理人员名册	▲			▲	▲
	4	施工单位工程项目经理及质量管理人员名册	▲		▲		▲

单元 1 建筑工程资料管理概述

（续）

类别	归档文件	保存单位				
		建设单位	设计单位	施工单位	监理单位	城建档案馆
监理单位的文件资料（B类）						
B1	监理管理资料					
1	监理规划	▲			▲	▲
2	监理实施细则	▲		△	▲	▲
3	监理月报	△			▲	
4	监理会议纪要	▲		△	▲	
5	监理工作日志				▲	
6	监理工作总结				▲	▲
7	工作联系单	▲		△	△	
8	监理工程师通知	▲		△	△	△
9	监理工程师通知回复单	▲		△	△	△
10	工程暂停令	▲		△	△	▲
11	工程复工报审表	▲		▲	▲	▲
B2	监理进度控制文件					
1	工程开工报审表	▲		▲	▲	▲
2	施工进度计划报审表	▲		△	△	
B3	监理质量控制文件					
1	质量事故报告及处理资料	▲		▲	▲	▲
2	旁站监理记录	△		△	▲	
3	见证取样和送检人员备案表	▲		▲	▲	
4	见证记录	▲		▲	▲	
5	工程技术文件报审表			△		
B4	监理造价控制文件					
1	工程款支付	▲		△	△	
2	工程款支付证书	▲		△	△	
3	工程变更费用报审表	▲		△	△	
4	费用索赔申请表					
5	费用索赔审批表	▲		△	△	
B5	工期管理文件					
1	工程延期申请表	▲		▲	▲	▲
2	工程延期审批表	▲			▲	▲
B6	监理验收文件					
1	竣工移交证书	▲		▲	▲	▲
2	监理资料移交书	▲			▲	

（续）

类别		归档文件	保存单位				
			建设单位	设计单位	施工单位	监理单位	城建档案馆
施工单位的文件资料（C类）							
C1		施工管理文件					
	1	工程概况表	▲		▲	▲	△
	2	施工现场质量管理检查记录			△	△	
	3	企业资质证书及相关专业人员岗位证书	△		△	△	△
	4	分包单位资质报审表	▲		▲	▲	
	5	建设单位质量事故勘查记录	▲		▲	▲	▲
	6	建设工程质量事故报告书	▲		▲	▲	▲
	7	施工检测计划	△		△	△	
	8	见证试验检测汇总表	▲		▲	▲	
	9	施工日志			▲		
C2		施工技术文件					
	1	工程技术文件报审表	△		△	△	
	2	施工组织设计及施工方案	△		△	△	△
	3	危险性较大分部分项工程施工方案	△		△	△	△
	4	技术交底记录	△		△		
	5	图纸会审记录	▲	▲	▲	▲	▲
	6	设计变更通知单	▲	▲	▲	▲	▲
	7	工程洽商记录（技术核定单）	▲	▲	▲	▲	▲
C3		进度造价文件					
	1	工程开工报审表	▲	▲	▲	▲	▲
	2	工程复工报审表	▲	▲	▲	▲	▲
	3	施工进度计划报审表			△	△	
	4	施工进度计划			△	△	
	5	人、机、料动态表			△	△	
	6	工程延期申请表	▲		▲	▲	▲
	7	工程款支付申请表	▲		△	△	
	8	工程变更费用报审表	▲		△	△	
	9	费用索赔申请表	▲		△	△	
C4		施工物资出厂质量证明及进场检测文件					
		出厂质量证明文件及检测报告					
	1	砂、石、砖、水泥、钢筋、隔热保温、防腐材料、轻骨料出厂证明文件	▲		▲	▲	△
	2	其他物资出厂合格证、质量保证书、检测报告和报关单或商检证等	△		▲	△	
	3	材料、设备的相关检验报告、型式检测报告、3C强制认证合格证书或3C标志	△		▲	△	
	4	主要设备、器具的安装使用说明书	▲		▲	△	

单元 1　建筑工程资料管理概述

（续）

类　别		归档文件	保存单位				
			建设单位	设计单位	施工单位	监理单位	城建档案馆
施工单位的文件资料（C类）							
	5	进口的主要材料设备的商检证明文件	△		▲		
	6	涉及消防、安全、卫生、环保、节能的材料、设备的检测报告或法定机构出具的有效证明文件	▲		▲	▲	△
	7	其他施工物资产品合格证、出厂检测报告			▲		
进场检验通用表格							
	1	材料、构配件进场检验记录			△	△	
	2	设备开箱检验记录			△	△	
	3	设备及管道附件试验记录	▲		▲	△	
进场复试报告							
	1	钢材试验报告	▲		▲	▲	▲
	2	水泥试验报告	▲		▲	▲	
	3	砂试验报告	▲		▲	▲	
	4	碎（卵）石试验报告	▲		▲	▲	
	5	外加剂试验报告	△		▲	▲	▲
	6	防水涂料试验报告	▲		▲	△	
	7	防水卷材试验报告	▲		▲	△	
	8	砖（砌块）试验报告	▲		▲	▲	
	9	预应力筋复试报告	▲		▲	▲	
	10	预应力锚具、夹具和连接器复试报告	▲		▲	▲	▲
	11	装饰装修用门窗复试报告	▲		▲	△	
	12	装饰装修用人造木板复试报告	▲		▲	△	
	13	装饰装修用花岗石复试报告	▲		▲	▲	
	14	装饰装修用安全玻璃复试报告	▲		▲	△	
	15	装饰装修用外墙面砖复试报告	▲		▲	△	
	16	钢结构用钢材复试报告	▲		▲	▲	▲
	17	钢结构用防火涂料复试报告	▲		▲	▲	▲
	18	钢结构用焊接材料复试报告	▲		▲	▲	
	19	钢结构用高强度大六角头螺栓连接副复试报告	▲		▲	▲	▲
	20	钢结构用扭剪型高强螺栓连接副复试报告	▲		▲	▲	▲
	21	幕墙用铝塑板、石材、玻璃、结构胶复试报告	▲		▲	▲	
	22	散热器、供暖系统保温材料、通风与空调工程绝热材料、风机盘管机组、低压配电系统电缆的见证取样复试报告	▲		▲	▲	
	23	节能工程材料复试报告	▲		▲	▲	

（续）

类别	归档文件	保存单位				
		建设单位	设计单位	施工单位	监理单位	城建档案馆
施工单位的文件资料（C类）						
24	其他物资进场复试报告					
C5	施工记录文件					
1	隐蔽工程验收记录	▲		▲	▲	▲
2	施工检查记录			△		
3	交接检查记录			△		
4	工程定位测量记录	▲		▲	▲	▲
5	基槽验线记录	▲		▲	▲	▲
6	楼层平面放线记录			△	△	△
7	楼层标高抄测记录			△	△	△
8	建筑物垂直度、标高观测记录	▲		▲	△	△
9	沉降观测记录	▲		▲	△	▲
10	基坑支护水平位移监测记录			△	△	
11	桩基、支护测量放线记录			△	△	
12	地基验槽记录	▲	▲	▲	▲	▲
13	地基钎探记录	▲		△	△	▲
14	混凝土浇灌申请书			△	△	
15	预拌混凝土运输单			△		
16	混凝土开盘鉴定			△	△	
17	混凝土拆模申请单			△	△	
18	混凝土预拌测温记录			△		
19	混凝土养护测温记录			△		
20	大体积混凝土养护测温记录			△		
21	大型构件吊装记录	▲		△	△	▲
22	焊接材料烘焙记录			△		
23	地下工程防水效果检查记录	▲		△	△	
24	防水工程试水检查记录	▲		△	△	
25	通风（烟）道、垃圾道检查记录	▲		△	△	
26	预应力筋张拉记录			▲	△	▲
27	有黏结预应力结构灌浆记录	▲		▲	△	▲
28	钢结构施工记录			▲	△	
29	网架（索膜）施工记录	▲		▲	△	▲
30	木结构施工记录			▲	△	
31	幕墙注胶检查记录	▲		▲	△	
32	自动扶梯、自动人行道的相邻区域检查记录	▲		▲	△	
33	电梯电气装置安装检查记录	▲		▲	△	

（续）

类别	归档文件	保存单位				
		建设单位	设计单位	施工单位	监理单位	城建档案馆
施工单位的文件资料（C类）						
34	自动扶梯、自动人行道电气装置检查记录	▲		▲	△	
35	自动扶梯、自动人行道整机安装质量检查记录	▲		▲	△	
36	其他施工记录文件					
C6	施工试验记录及检测文件					
	通用表格					
1	设备单机试运转记录	▲		▲	△	△
2	系统试运转调试记录	▲		▲	△	△
3	接地电阻测试记录	▲		▲	△	△
4	绝缘电阻测试记录	▲		▲	△	△
	建筑与结构工程					
1	锚杆试验报告	▲		▲	△	△
2	地基承载力检验报告	▲		▲	△	▲
3	桩基检测报告	▲		▲	△	▲
4	土工击试验报告	▲		▲	△	△
5	回填土试验报告（应附图）	▲		▲	△	▲
6	钢筋机械连接试验报告	▲		▲	△	△
7	钢筋焊接连接试验报告	▲		▲	△	△
8	砂浆配合比申请书、通知单			△	△	
9	砂浆抗压强度试验报告	▲		▲	△	▲
10	砌筑砂浆试块强度统计、评定记录	▲		▲	△	
11	混凝土配合比申请书、通知单			△	△	
12	混凝土抗压强度试验报告	▲		▲	△	▲
13	混凝土试块强度统计、评定记录	▲		▲	△	
14	混凝土抗渗试验报告	▲		▲	△	
15	砂、石、水泥放射性指标报告	▲		▲	△	
16	混凝土碱总量计算书	▲		▲	△	
17	外墙饰面砖样板粘结强度试验报告	▲		▲	△	
18	后置埋件抗拔试验报告	▲		▲	△	
19	超声波探伤报告、探伤记录	▲		▲	△	
20	钢构件射线探伤报告	▲		▲	△	
21	磁粉探伤报告	▲		▲	△	
22	高强度螺栓抗滑移系数检测报告	▲		▲	△	
23	钢结构焊接工艺评定			△		
24	网架节点承载力试验报告	▲		▲	△	
25	钢结构防腐、防火涂料厚度检测报告	▲		▲	△	

（续）

类 别		归档文件	保存单位				
			建设单位	设计单位	施工单位	监理单位	城建档案馆
施工单位的文件资料（C 类）							
	26	木结构胶缝试验报告	▲		▲	△	
	27	木结构构件力学性能试验报告	▲		▲	△	△
	28	木结构防护剂试验报告	▲		▲	△	△
	29	幕墙双组分硅酮结构胶混匀性及拉断试验报告	▲		▲	△	△
	30	幕墙的抗风压性能、空气渗透性能、雨水渗透性能及平面内变形性能检测报告	▲		▲	△	△
	31	外门窗的抗风压性能、空气渗透性能和雨水渗透性能检测报告	▲		▲	△	△
	32	墙体节能工程保温板材与基层粘结强度现场拉拔试验	▲		▲	△	△
	33	外墙保温浆料同条件养护试件试验报告	▲		▲	△	△
	34	结构实体混凝土强度验收记录	▲		▲	△	△
	35	结构实体钢筋保护层厚度验收记录	▲		▲	△	△
	36	围护结构现场实体检验	▲		▲	△	△
	37	室内环境检测报告	▲		▲	△	△
	38	节能性能检测报告	▲		▲	△	▲
	39	其他建筑与结构施工试验记录与检测文件					
		给水排水及供暖工程					
	1	灌（满）水试验记录	▲		△	△	
	2	强度严密性试验记录	▲		▲	△	△
	3	通水试验记录	▲		△	△	
	4	冲（吹）洗试验记录	▲		▲	△	
	5	通球试验记录	▲		△	△	
	6	补偿器安装记录			△	△	
	7	消火栓试射记录	▲		▲	△	
	8	安全附件安装检查记录			▲	△	
	9	锅炉烘炉试验记录			▲	△	
	10	锅炉煮炉试验记录			▲	△	
	11	锅炉试运行记录	▲		▲	△	
	12	安全阀定压合格证书	▲		▲	△	
	13	自动喷水灭火系统联动试验记录	▲		▲	△	△
	14	其他给水排水及供暖施工试验记录与检测文件					
		建筑电气工程					
	1	电气接地装置平面示意图表	▲		▲	△	△
	2	电气器具通电安全检查记录	▲		△	△	

单元 1 建筑工程资料管理概述

（续）

类别		归档文件	保存单位				
			建设单位	设计单位	施工单位	监理单位	城建档案馆
施工单位的文件资料（C类）							
	3	电气设备空载试运行记录	▲		▲	△	△
	4	建筑物照明通电试运行记录	▲		▲	△	△
	5	大型照明灯具承载试验记录	▲		▲	△	△
	6	漏电开关模拟试验记录	▲		▲	△	
	7	大容量电气线路结点测温记录	▲		▲	△	
	8	低压配电电源质量测试记录	▲		▲	△	
	9	建筑物照明系统照度测试记录	▲		△	△	
	10	其他建筑电气施工试验记录与检测文件					
智能建筑工程							
	1	综合布线测试记录	▲		▲	△	△
	2	光纤损耗测试记录	▲		▲	△	△
	3	视频系统末端测试记录	▲		▲	△	△
	4	子系统检测记录	▲		▲	△	△
	5	系统试运行记录	▲		▲	△	△
	6	其他智能建筑施工试验记录与检测文件					
通风与空调工程							
	1	风管漏光检测记录	▲		△	△	
	2	风管漏风检测记录	▲		▲		
	3	现场组装除尘器、空调机漏风检测记录			△	△	
	4	各房间室内风量测量记录	▲		△	△	
	5	管网风量平衡记录	▲		△	△	
	6	空调系统试运转调试记录	▲		▲	△	△
	7	空调水系统试运转调试记录	▲		▲	△	△
	8	制冷系统气密性试验记录	▲		▲	△	△
	9	净化空调系统检测记录	▲		▲	△	△
	10	防排烟系统联合试运行记录	▲		▲	△	△
	11	其他通风与空调施工试验记录与检测文件					
电梯工程							
	1	轿厢平层准确度测量记录	▲		△	△	
	2	电梯层门安全装置检测记录	▲		▲	△	
	3	电梯电气安全装置检测记录	▲		▲	△	
	4	电梯整机功能检测记录	▲		▲	△	
	5	电梯主要功能检测记录	▲		▲	△	
	6	电梯负荷运行试验记录	▲		▲	△	△
	7	电梯负荷运行试验曲线图表	▲		▲		
	8	电梯噪声测试记录	△		△	△	

（续）

类别	归档文件	建设单位	设计单位	施工单位	监理单位	城建档案馆
施工单位的文件资料（C类）						
9	自动扶梯、自动人行道安全装置检测记录	▲		▲	△	
10	自动扶梯、自动人行道整机性能、运行试验记录	▲		▲	△	△
11	其他电梯施工试验记录与检测文件					
C7	施工质量验收文件					
1	检验批质量验收记录	▲		△	△	
2	分项工程质量验收记录	▲		▲	▲	
3	分部（子分部）工程质量验收记录	▲		▲	▲	▲
4	建筑节能分部工程质量验收记录	▲		▲	▲	▲
5	自动喷水系统验收缺陷项目划分记录	▲		△	△	
6	程控电话交换系统分项工程质量验收记录	▲		▲	△	
7	会议电视系统分项工程质量验收记录	▲		▲	△	
8	卫星数字电视系统分项工程质量验收记录	▲		▲	△	
9	有线电视系统分项工程质量验收记录	▲		▲	△	
10	公共广播与紧急广播系统分项工程质量验收记录	▲		▲	△	
11	计算机网络系统分项工程质量验收记录	▲		▲	△	
12	应用软件系统分项工程质量验收记录	▲		▲	△	
13	网络安全系统分项工程质量验收记录	▲		▲	△	
14	空调与通风系统分项工程质量验收记录	▲		▲	△	
15	变配电系统分项工程质量验收记录	▲		▲	△	
16	公共照明系统分项工程质量验收记录	▲		▲	△	
17	给水排水系统分项工程质量验收记录	▲		▲	△	
18	热源和热交换系统分项工程质量验收记录	▲		▲	△	
19	冷冻和冷却水系统分项工程质量验收记录	▲		▲	△	
20	电梯和自动扶梯系统分项工程质量验收记录	▲		▲	△	
21	数据通信接口分项工程质量验收记录	▲		▲	△	
22	中央管理工作站及操作分站分项工程验收记录	▲		▲	△	
23	系统实时性、可维护性、可靠性分项工程质量验收记录	▲		▲	△	
24	现场设备安装及检测分项工程质量验收记录	▲		▲	△	
25	火灾自动报警及消防联动系统分项工程质量验收记录	▲		▲	△	
26	综合防范功能分项工程质量验收记录	▲		▲	△	
27	视频安防监控系统分项工程质量验收记录	▲		▲	△	

（续）

类别		归档文件	保存单位				
			建设单位	设计单位	施工单位	监理单位	城建档案馆
施工单位的文件资料（C类）							
	28	入侵报警系统分项工程质量验收记录	▲		▲	△	
	29	出入口控制（门禁）系统分项工程质量验收记录	▲		▲	△	
	30	巡更管理系统分项工程质量验收记录	▲		▲	△	
	31	停车场（库）管理系统分项工程质量验收记录	▲		▲	△	
	32	安全防范综合管理系统分项工程质量验收记录	▲		▲	△	
	33	综合布线系统安装分项工程质量验收记录	▲		▲	△	
	34	综合布线系统性能检测分项工程质量验收记录	▲		▲	△	
	35	系统集成网络连接分项工程质量验收记录	▲		▲	△	
	36	系统数据集成分项工程质量验收记录	▲		▲	△	
	37	系统集成整体协调分项工程质量验收记录	▲		▲	△	
	38	系统集成综合管理及冗余功能分项工程质量验收记录	▲		▲	△	
	39	系统集成可维护性和安全性分项工程质量验收记录	▲		▲	△	
	40	电源系统分项工程质量验收记录	▲		▲	△	
	41	其他施工质量验收文件					
C8		施工验收文件					
	1	单位（子单位）工程竣工验收报验表	▲		▲		▲
	2	单位（子单位）工程质量竣工验收记录	▲	△	▲		▲
	3	单位（子单位）工程质量控制资料核查记录	▲		▲		▲
	4	单位（子单位）工程安全和功能检验资料核查及主要功能抽查记录	▲		▲		▲
	5	单位（子单位）工程观感质量检查记录	▲		▲		▲
	6	施工资料移交书	▲		▲		
	7	其他施工验收文件					
竣工图（D类）							
	1	建筑竣工图	▲		▲		▲
	2	结构竣工图	▲		▲		▲
	3	钢结构竣工图	▲		▲		▲
	4	幕墙竣工图	▲		▲		▲
	5	室内装饰竣工图	▲		▲		▲
	6	建筑给水排水及供暖竣工图	▲		▲		▲
	7	建筑电气竣工图	▲		▲		▲

(续)

类别	归档文件	建设单位	设计单位	施工单位	监理单位	城建档案馆
竣工图（D 类）						
8	智能建筑竣工图	▲		▲		▲
9	通风与空调竣工图	▲		▲		▲
10	室外工程竣工图	▲		▲		▲
11	规划红线内的室外给水、排水、供热、供电、照明管线等竣工图	▲		▲		▲
12	规划红线内的道路、园林绿化、喷灌设施等竣工图	▲		▲		▲
工程竣工验收文件（E 类）						
E1	竣工验收与备案文件					
1	勘察单位工程质量检查报告	▲	▲	△	△	▲
2	设计单位工程质量检查报告	▲	▲	△	△	▲
3	施工单位工程竣工报告	▲		▲	△	▲
4	监理单位工程质量评估报告	▲		△	▲	▲
5	工程竣工验收报告	▲	▲	▲	▲	▲
6	工程竣工验收会议纪要	▲	▲	▲	▲	▲
7	专家组竣工验收意见	▲	▲	▲	▲	▲
8	工程竣工验收证书	▲	▲	▲	▲	▲
9	规划、消防、环保、民防、防雷等部门出具的认可文件或准许使用文件	▲	▲	▲	▲	▲
10	房屋建筑工程质量保修书	▲		▲		▲
11	住宅质量保证书、住宅使用说明书	▲		▲		▲
12	建设工程竣工验收备案表	▲	▲	▲	▲	▲
13	建设工程档案预验收意见	▲		△		▲
14	城市建设档案移交书	▲				▲
E2	竣工决算文件					
1	施工决算文件	▲		▲		△
2	监理决算文件	▲			▲	△
E3	工程声像资料等					
1	开工前原貌、施工阶段、竣工新貌照片	▲		△	△	▲
2	工程建设过程的录音、录像资料（重大工程）	▲		△	△	▲
E4	其他工程文件					

注：表中符号"▲"表示必须归档保存；"△"表示选择性归档保存。

1.4.3 建筑工程资料的归档

建筑工程资料的归档是指建筑工程资料形成单位完成其工作任务后，将形成的资料整理立卷，按规定移交档案管理机构。归档包括两方面含义：一是建设、勘察、设计、施工、监理等单位将本单位在建筑工程建设过程中形成的资料向本单位档案管理机构移交；二是勘察、设计、施工、监理等单位将本单位在工程建设过程中形成的资料向建设单位档案管理机构移交。归档应符合下列规定：

1）归档资料必须完整、准确、系统，能够反映建筑工程建设的全过程。归档的资料必须经过分类整理，并应组成符合要求的案卷。资料归档范围详见表 1-1。

2）根据工程建设的程序和特点，归档可以分阶段进行，也可以在单位或分部工程通过竣工验收后进行。一般规定勘察、设计单位应当在任务完成时，施工、监理单位应当在工程竣工验收前，将各自形成的有关工程档案向建设单位归档。

3）勘察、设计、施工单位在收齐工程文件并整理立卷后，建设单位、监理单位应根据城建管理机构的要求对档案文件的完整、准确、系统情况和案卷质量进行审查，审查合格后向建设单位移交。

4）工程档案一般不少于两套，一套由建设单位保管，一套（原件）移交当地城建档案馆。

5）勘察、设计、施工、监理等单位向建设单位移交档案时，应编制移交清单，双方签字、盖章后方可交接。

6）凡设计、施工及监理单位需要向本单位归档的文件，应按国家有关规定的要求单独立卷归档。

> **小知识**
> 建设工程电子档案是指工程建设过程中形成的、具有参考和利用价值并作为档案保存的电子文件及其元数据。每项建设工程应编制一套电子档案，随纸质档案一并移交城建档案管理机构。电子档案签署了具有法律效力的电子印章或电子签名的，可不移交相应纸质档案。

1.4.4 建筑工程资料的质量要求

1）建筑工程资料应使用原件。因各种原因不能使用原件的，应在复印件上加盖单位公章。原件存放时应注明原件存放处，并有经办人签字及时间。

2）建筑工程资料应真实反映工程的实际情况，资料的内容必须真实、准确，与工程实际相符合。

3）建筑工程资料的内容必须符合国家有关的技术标准。

4）建筑工程文件资料应字迹清楚、图样清晰、图表整洁，签字盖章手续完备。签字必须使用档案规定用笔。如采用碳素墨水、蓝黑墨水等耐久性强的书写材料，不得使用铅笔、圆珠笔、红色墨水、纯蓝墨水、复写纸等易褪色的书写材料。工程资料的照片及声像档案应图像清晰、声音清楚、文字说明内容准确。

5）建筑工程文件中文字材料幅面尺寸规格宜为 A4 幅面（297mm×210mm）。图纸宜采用国家标准图幅。

6）建筑工程文件的纸张应采用能够长期保存的耐久性强、韧性大的纸张。图纸一般采用蓝晒图，竣工图应是新蓝图。计算机出图必须清晰，不得使用复印件。

7）所有竣工图均应加盖竣工图章。

8）竣工图章的基本内容应包括"竣工图"字样、施工单位、编制人、审核人、技术负责人、编制日期、监理单位、现场监理、总监。竣工图章尺寸为 50mm×80mm。竣工图章应使用不易褪色的红印泥，应盖在图标栏上方空白处。竣工图章示例如图 1-1 所示。

9）利用施工图改绘竣工图，必须

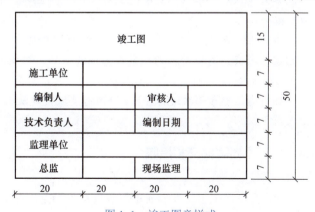

图 1-1 竣工图章样式

标明变更修改依据；凡施工图结构、工艺、平面布置等有重大改变，或变更部分超过图面 1/3 的，应当重新绘制竣工图。

10）不同幅面工程图纸应按《技术制图复制图的折叠方法》（GB/T 10609.3—2009）统一折叠成 A4 幅面（297mm×210mm），图标栏露在外面。

11）归档的建设工程电子文件应采用表 1-2 所列的开放式文件格式或通用格式进行存储。专用软件产生的非通用格式的电子文件应转换成通用格式。

表 1-2　工程电子文件归档格式表

文 件 类 别	格　　式
文本（表格）文件	OFD、DOC、DOCX、XLS、XLSX PDF/A、XML、TXT、RTF
图像文件	JPEG、TIFF
图形文件	DWG、PDF/A、SVG
视频文件	AVS、AVI、MPEG2、MPEG4
音频文件	AVS、WAV、AIF、MID、MP3
数据库文件	SQL、DDL、DBF、MDB、ORA
虚拟现实/3D 图像文件	WRL、3DS、VRML、X3D、IFC、RVT、DGN
地理信息数据文件	DXF、SHP、SDB

12）归档的建设工程电子文件应包含元数据，保证文件的完整性和有效性。元数据应符合现行行业标准《建设电子档案元数据标准》（CJJ/T 187—2012）的规定。

13）归档的建设工程电子文件应采用电子签名等手段，所载内容应真实可靠。

14）归档的建设工程电子文件内容必须与其纸质档案一致。

15）建设工程电子文件离线归档的存储媒体，可采用移动硬盘、闪存盘、光盘等。

16）存储移交电子档案的载体应经过检测，应无病毒、无数据读写故障，并应确保接收方能通过适当设备读写数据。

 小知识

全宗

一个国家机关、社会组织或个人形成的具有有机联系的档案整体。

为方便理解，现举例如下：

如某市政府办公厅，它从建立起，产生的全部档案为一个全宗，全宗名称为"某市人民政府办公厅"。

事实上，产生档案不多的单位，如文联、科协等，一全宗不过一柜子，因为档案每 10 年向档案馆移交，所以前面的档案在单位看不到。比较大的单位如法院、工商局等，档案很可能包括一整层楼……

档案通过电子形式进行管理，将为智慧城市建设添砖加瓦，也有利于提高城市规划、建设、治理水平。

1.4.5　电子档案移交和接收

1）移交。

①业务管理电子文件形成单位应按有关规定，每 1～5 年定期向城建档案管理机构移交电子档案。

②列入城建档案管理机构接收范围的建设工程，建设单位应按规定向城建档案管理机构移交一套符合要求的工程电子档案。

③电子档案移交方式，可采用在线或离线方式进行，交接双方可根据实际情况选择确定。

④对扩建、改建和维修工程，建设单位应组织设计、施工、监理单位将工程中产生的电子档案向城建档案管理机构移交。

⑤移交的电子档案的存储格式和存储媒体应符合规范规定。

⑥电子档案移交之前，移交单位应确定电子档案的密级。属于国家秘密的电子档案应使用专用保密存储媒体存储，并应按国家现行有关保密规定办理移交手续。

⑦电子档案移交之前，移交单位应对准备移交的电子档案进行检测，全部合格后方可移交。

2）接收。

①接收电子档案时，接收单位应对电子档案进行检测。检测内容与要求应符合规范要求。检测不合格的，应退回移交单位重新处理。

②接收和移交电子档案应办理交接手续，交接手续应符合下列规定：移交单位应提交电子档案移交目录，电子档案移交目录应符合《建设电子文件与电子档案管理规范》（CJJ/T 117—2007）附录B的要求；移交和接收双方应填电子档案移交与接收证明书，电子档案移交与接收证明书应符合本规范附录C的要求，并可采用电子形式、以电子签名方式予以确认；电子档案移交与接收证明书和电子档案移交目录一式两份，一份由移交单位保存，一份由接收单位保存。

1.4.6 电子档案保管

1）存储与备份。

①电子档案保管单位应对在线存储和离线存储的电子档案进行保管；应配备符合规定的计算机机房、硬件设备、信息管理系统和网络设施，实现对电子档案的有效管理。

②保管电子档案存储媒体，应符合下列规定：电子档案磁性存储媒体宜放入防磁柜中保存；单片、单个存储媒体应装在盘、盒等包装中，包装应清洁无尘，并竖立存放，且避免挤压；环境温度应保持在 14～24℃，昼夜温度变化不超 ±2℃；相对湿度应保持在 35%～45%，相对湿度昼夜变化不超过 ±5%；存储媒体应与有害气体隔离；存放地点应做到防火、防虫、防鼠、防盗、防尘、防湿、防高温、防光和防振动。

③电子档案保管单位应定期检查电子档案读取、处理设备。设备环境更新时应确认电子档案存储媒体与新设备的兼容性，如不兼容，应进行存储媒体转换，原存储媒体保留时间不应少于3年。

④电子档案保管单位对保存的电子档案，应进行定期检查，应符合下列规定：检查方法应包括人工抽检和机读检测；对脱机保存的电子档案，应根据不同存储媒体的寿命，定期进行人工抽检；对系统中运转的在线数据，应定期进行机读检测；在定期检查过程中发现问题应及时采取补救措施。

⑤对脱机备份的电子档案，电子档案保管单位宜根据存储媒体的寿命，定期转存电子档案。转存时应进行登记，登记内容应按《建设电子文件与电子档案管理规范》（CJJ/T 117—2007）附录D的规定填写。

⑥城建档案管理机构应定期备份电子档案。备份应符合下列规定：应采取本地备份和异地备份并行的工作策略；应同时备份保障数据恢复的管理系统与应用软件。

⑦对电子档案内容的备份可根据实际情况选择完全备份、差异备份或增量备份。

⑧备份方式可采用数据脱机备份或数据热备份；数据热备份所采用的网络应确保数据安全。

⑨对于备份的数据每年应安排一次恢复演练，备份数据应可恢复。

2）迁移。

①在计算机软硬件系统升级或更新之后，存储媒体过时或电子档案编码方式、存储格式淘汰之前，电子档案保管单位应将电子档案迁移到新的系统、媒体或进行格式转换，保证其可被持续访问和利用。

②电子档案迁移之前，电子档案保管单位应明确迁移的要求、策略和方法。

③电子档案保管单位应在电子档案迁移之后，开展数据校验，对照检验迁移前后电子档案内容的一致性以及电子档案信息的可用性。

④电子档案保管单位应对迁移的操作人员、时间、过程和结果进行完整记录，记录应按《建设电子文件与电子档案管理规范》（CJJ/T117—2007）附录 E 的规定填写。

⑤永久保管的电子档案在格式迁移后，其原始格式宜保留一定年限。

3）安全保护。

①电子文件管理系统和城建档案信息管理系统的安全等级保护定级工作，应符合国家相关规定的要求。

②电子档案保管单位应采取下列措施满足电子档案基本安全要求：技术上应对电子档案管理系统的网络安全、设备安全、系统安全、应用安全和数据安全等进行保护；管理上应制定运行维护、安全管理制度，设置安全管理岗位，落实计算机机房日常管理、系统运行安全等责任保障机制。

③电子档案存储媒体运行和保管的环境应符合现行国家标准《计算机场地通用规范》（GB/T 2887—2011）和《计算机场地安全要求》（GB/T 9361—2011）的规定。

④电子档案保管单位应根据网络设施、系统主机和信息应用，采取身份鉴别、访问控制、资源控制、安全审计、边界完整性检查、入侵防范、恶意代码防范、剩余信息保护、通信完整性、通信保密性、抗抵赖、软件容错等保护信息安全的措施。

⑤电子档案保管单位应制定电子签名管理制度，加强对电子印章的管理。

4）鉴定销毁。

①电子档案保管单位对电子档案的鉴定应包括下列内容：对保管期满的档案重新判断保存价值，确无继续保存价值的，列入销毁范围，仍有保存和利用价值的，列入续存范围；对保密期满的电子档案进行解密。

②电子档案鉴定应按国家关于档案鉴定销毁的有关规定和本单位档案归档范围及保管期限表执行，并应按下列程序办理：电子档案保管单位应组织成立由档案管理人员和有关职能部门组成的鉴定小组，并应成立由档案保管单位和文件形成单位负责人组成的鉴定委员会；对保管期满、失去保存和利用价值的电子档案，鉴定小组应提出销毁意见，并编制保管期满档案销毁清册，销毁清册应符合《建设电子文件与电子档案管理规范》（CJJ/T 117—2007）附录 F 的要求；对保管期满、仍有保存和利用价值的电子档案，鉴定小组应重新划定保管期限，编制保管期满档案续存清册，续存清册应符合《建设电子文件与电子档案管理规范》（CJJ/T 117—2007）附录 G 的要求；鉴定小组应将电子档案鉴定工作情况写成报告，并应将保管期满档案销毁清册、保管期满档案续存清册一同提交鉴定委员会讨论；鉴定委员

会应研究时论，形成审查意见；电子档案保管单位应将鉴定委员会审查意见报上级有关主管部门批准。

③对批准销毁的电子档案应在档案管理系统删除相关数据，对光盘等存储媒体应进行物理销毁，销毁清册应永久保存。

④非保密建设电子档案可进行逻辑删除。属于保密范围的电子档案被销毁时，按《中华人民共和国保守国家秘密法》有关规定执行。

1.4.7 电子档案利用

1）电子档案保管单位应建立检索系统，向利用者提供在线和离线等多种形式的电子档案利用和信息服务。

2）当利用计算机网络发布电子档案信息或在线利用电子档案时，应遵守国家相关保密规定。

3）在线利用系统应设置权限控制措施，实行审批和登记程序，建立可溯源的审计跟踪记录。电子档案不得超授权范围利用、复制或公布。

4）电子档案保管单位应建立专门的电子档案利用数据库，与长期保存的电子档案数据库分离。

5）脱机电子档案存储媒体和入库的电子档案存储媒体不得外借，当利用时应使用复制件；未经批准，任何单位或人员不得擅自复制、修改、转送他人。

小知识

> 适用于脱机存储电子档案的载体，按照保存寿命的长短和可靠程度的强弱，依次为：一次写光盘、磁带、可擦写光盘、硬磁盘。由于存储技术发展非常快，难以对存储载体进行严格要求，但对于需要长期保存的电子文档，应该保证存储载体的长久性和载体上记载内容的不可更改性。

子单元 5　建筑工程资料的立卷

1.5.1 立卷的概念

立卷是指按照一定的原则和方法，将有保存价值的文件分门别类地整理成案卷，也称组卷。案卷是由互有联系的若干文件组合而成并放入卷夹、卷皮的档案保管单位，也是全宗内档案系统排列、编目和统计的基本单位。

1.5.2 立卷的原则和方法

1）立卷应遵循工程文件的自然形成规律，保持卷内文件的有机联系，便于档案的保管和利用。

2）一个建设工程由多个单位工程组成时，工程文件应按单位工程组卷。

3）立卷可采用以下方法：

①建筑工程文件可按建设程序划分为工程准备阶段文件、监理文件、施工文件、竣工图、

竣工验收文件五部分。

② 工程准备阶段文件可按建设程序、专业、形成单位等组卷。
③ 监理文件可按单位工程、分部工程、专业、阶段等组卷。
④ 施工文件可按单位工程、分部工程、专业、阶段等组卷。
⑤ 竣工图可按单位工程、专业等组卷。
⑥ 竣工验收文件可按单位工程、专业等组卷。

4）立卷过程中要遵循以下要求：
① 案卷不宜过厚，一般不超过 40mm。
② 案卷内不应有重份文件，不同载体的文件一般应分别组卷。

1.5.3 卷内文件的排列

1）文字材料按事项、专业顺序排列。同一事项的请示和批复，同一文件的印本与定稿、主件与附件不能分开，并按批复在前、请示在后，印本在前、定稿在后，主件在前、附件在后的顺序排列。

2）图纸按专业排列，同专业图纸按图号顺序排列。

3）既有文件材料又有图纸的案卷，如果文字是针对整个工程或某个专业进行的说明或指示，则文字材料排前，图纸排后；如果文字是针对某一图幅或某一问题或局部的一般说明，则图纸排前，文字材料排后。

1.5.4 案卷的编目

1. 编制卷内文件页号的有关规定

1）卷内文件均按有书写内容的页面编号。每卷单独编号，页号从"1"开始。

2）页号编写位置：单面书写的文件在右下角；双面书写的文件，正面在右下角，背面在左下角；折叠后的图纸一律在右下角。

3）成套图纸或印刷成册的科技文件材料自成一卷的，原目录可代替卷内目录，不必重新编写页码。

4）案卷封面、卷内目录、卷内备考表不编写页号。

2. 卷内目录编制的有关规定

卷内目录排列在卷内文件首页之前。
（1）样式　宜符合图 1-2 的要求。
（2）序号　以一份文件为单位，按文件的排列用阿拉伯数字从"1"依次标注。
（3）文件编号　填写工程文件原有的文号或图号。
（4）责任者　填写文件的直接形成单位和个人。有多个责任者时，选择两个主要责任者，其余用"等"代替。
（5）文件题名　填写文件标题的全称。
（6）日期　填写文件形成的日期。
（7）页次　填写文件在卷内所排的起始页号。最后一份文件填写起止页号。
（8）备注　填写需要说明的问题。

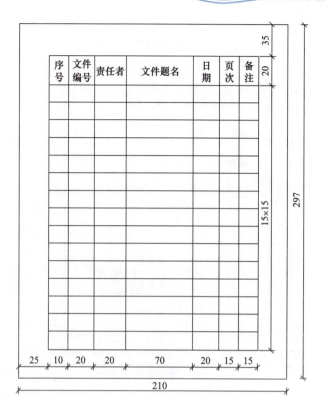

图 1-2　卷内目录样式

3．案卷备考表的编制的有关规定

案卷备考表排列在卷内文件的尾页之后。

（1）样式　样式应符合图 1-3 的要求。

（2）页数　填写卷内文件材料的总页数、各类文件页数（照片张数）以及立卷单位对案卷情况的说明。

（3）时间　填写完成立卷时间，年代编写四位数。

4．案卷封面的编制的有关规定

（1）样式　样式宜符合图 1-4 的要求，案卷封面印刷在卷盒、卷夹的正表面，也可采用内封面的形式。

（2）档号　档号应由分类号、项目号和档案号组成，由档案保管单位填写。

（3）档案馆代号　档案馆代号应填写国家给定的本档案馆的编号，由档案馆填写。

（4）案卷题名　案卷题名应简明准确地揭示卷内文件的内容，包括工程名称、专业名称等卷内文件的内容。

（5）编制单位　编制单位应填写案卷内文件的形成单位或主要责任者，即立卷单位。

（6）编制日期　编制日期应填写档案整编日期。

（7）保管期限　保管期限分为永久、长期、短期三种期限。永久是指工程档案需永久保存。长期是指工程档案的保存期限等于该工程的使用寿命。短期是指工程档案保存 20 年以下。同一案卷有不同保管期限的文件时，该案卷保管期限应从长。各级文件的保管期限详见表 1-1。

（8）密级　密级分为绝密、机密、秘密三种。同一案卷内有不同密级的文件时，应以高密级为本卷密级。

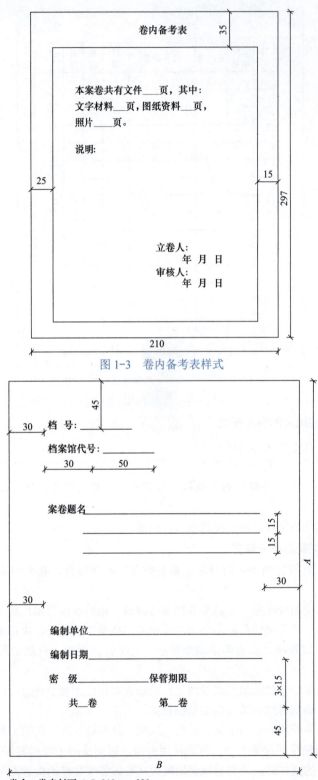

图 1-3 卷内备考表样式

图 1-4 案卷封面样式

5. 制作要求

卷内目录、卷内备考表、案卷内封面应用 70g 以上白色书写纸制作，幅面统一采用 A4 幅面。

1.5.5 案卷的装订及装具

1. 案卷的装订形式

案卷可采用装订和不装订两种形式。文字材料必须装订，既有文字材料又有图纸的案卷应装订。采用线绳三孔左侧装订法，要整齐、牢固，便于保管和利用。装订时必须剔除金属物。

2. 案卷的装具

案卷装具一般采用卷盒、卷夹两种形式。卷盒、卷夹应采用无酸纸制作。卷盒的外表尺寸为 310mm×220mm，厚度分别为 20mm、30mm、40mm 和 50mm。卷夹的外表尺寸为 310mm×220mm，厚度一般为 20～30mm。

3. 案卷脊背

案卷脊背的内容包括档号和案卷题名。

小知识

案卷

由互有联系的若干文件组合而成并放入卷夹、卷皮的档案保管单位，也是全宗内档案系统排列、编目和统计的基本单位。案卷是根据文件的来源、时间、内容和外形上的异同点和联系组成的，包括案卷封面、卷内文件目录、卷内文件、卷内备考表等几部分。案卷封面项目包括：全宗名称、类目名称、案卷题名、卷内文件起止日期、保管期限、件（页）数、归档号、档号。有些国家对案卷的规格有统一的规定。卷内文件目录是案卷内登录文件题名及其他特征并固定文件排列次序的表格，通常排列在卷内文件之前。卷内文件目录项目包括：顺序号、文号、责任者、题名、日期、页号。卷内备考表是案卷内文件状况的记录，通常排列在卷内文件之后。主要项目有：本卷情况说明、立卷人、检查人、立卷时间等。

子单元 6　建筑工程资料的验收与移交

1.6.1 建筑工程资料的验收

建筑工程竣工验收前，参建各方单位的主管（技术）负责人应对本单位形成的工程资料进行竣工审查；建设单位应按照国家验收规范规定和有关规定的要求，对参建各方汇总的资料进行验收，使其完整、准确。

列入城建档案馆（室）档案接收范围的工程，建设单位在组织工程竣工验收前，应提请城建档案管理机构对工程档案进行预验收。建设单位未取得城建档案管理机构出具的认可文件不得组织工程竣工验收。

验收主要包括以下内容：

1）工程资料是否齐全、系统、完整。
2）工程资料的内容是否真实、准确地反映工程建设活动和工程实际状况。
3）工程资料是否已整理立卷，并符合相关标准的规定。
4）竣工图绘制方法、图式及规格等是否符合专业技术要求，图面整洁，加盖竣工图章等情况。
5）文件的形成、来源是否符合实际，单位或个人的签章、手续是否完备等。
6）文件材质、幅面、书写、绘图、用墨、托裱等是否符合要求。

1.6.2　建筑工程资料的移交

1）施工、监理等工程参建单位应将工程资料按合同或协议在约定的时间按规定的套数移交给建设单位，并填写移交目录，双方签字、盖章后按规定办理移交手续。

2）列入城建档案馆接收范围的工程，建设单位在工程竣工验收后3个月内必须向城建档案馆移交一套符合规定的工程档案资料，并按规定办理移交手续。若推迟报送日期，应在规定报送时间内向城建档案馆申请延期报送，并说明延期报送的原因，经同意后方可办理延期报送手续。停建、缓建工程的档案，暂由建设单位保管。改建、扩建和维修工程，建设单位应当组织设计、施工单位根据实际情况修改、补充和完善原工程资料。对改变的部分，应当重新编制工程档案，并在工程验收后3个月内向城建档案馆移交。建设单位向城建档案馆移交工程档案时，应办理移交手续，填写移交目录，双方签字、盖章后交接。

 小知识

纸张的加固方式之一——托裱法

托裱是我国传统的技艺，是行之有效的加固方法。一般可分为单面托裱和双面托裱。

单面托裱，就是在有文字的背面进行裱托。双面托裱，则适用于两面有文字的纸张。托裱工艺两者基本相同，所不同的是使用的托纸要求不同。

托裱目前应用较为广泛，操作方法是：把需托裱的纸张用湿毛巾覆盖在上，或以清水喷湿，使之润湿，舒展平整。施以浆水，再把托纸盖在上面，用糊帚把它刷平。在上刷托纸时，左手拿着纸张另一头，适时将托纸和纸张书页轻轻掀松，并要与右手动作配合，既不能刷得太紧，又不能刷得太松，以不刷出夹皱为度。待全部刷好后，再翻转放到一张干纸上，用糊帚排刷，使之粘接牢固。

托裱又分湿托和干托。其操作方法基本上相同，主要区别在于干托是把浆糊刷在托纸上，而湿托却是把浆糊刷在文件上。使用时应根据字迹的耐水程度来决定。

 职业素养园地

志存高远　脚踏实地

中国建筑材料工业地质勘查中心的王振峰在2015年入职，从一个职场新手历练成为一名全能的工程人。

在工程实践中，他转变角色、脚踏实地，不断提高自身业务水平。在项目经营上，他想业主之所想，急业主之所急，按时完成业主所交付的工作任务。在项目管理上，他认真负责、知人善用、健全制度、合理规划，处理矛盾有理有节，确保团队利益不受损害。

"新时代是奋斗者的时代，幸福都是奋斗出来的"是王振峰工作和生活中的座右铭，激励他在平凡的岗位上做出不平凡的事情。

单元小结

本单元主要介绍了建筑工程资料的基本概念，建筑工程资料主要由工程准备阶段资料、监理资料、施工资料、竣工图、竣工验收资料等组成。建设单位在工程资料与档案的整理立卷、验收移交工作中应履行的职责，勘察、设计、施工、监理等单位履行的职责，施工单位资料管理的职责，城建单位资料管理的职责。资料员的工作职责主要有负责工程项目资料、图纸等档案的收集、管理，参加分部分项工程的验收工作，负责计划、统计的管理工作，负责工程项目的内业管理工作，完成工程部经理交办的其他任务。资料员的工作内容按不同阶段划分，可分为施工前期阶段、施工阶段、竣工验收阶段。建设工程文件归档范围和保管期限，建筑工程资料的质量要求、建筑工程资料的组卷原则和方法、卷内文件的排列、案卷的编目、案卷的装订及装具。建筑工程资料的验收和移交。

能力训练题

1. 单选题

（1）建筑工程资料简称为（　　）。
　　A. 施工资料　　　B. 工程资料　　　C. 交工资料　　　D. 竣工资料

（2）为新建、改建或扩建房屋建筑物和附属构筑物设施所进行的规划、勘察、设计和施工、竣工等各项技术工作和完成的工程实体，称为（　　）。
　　A. 单项工程　　　　　　　　B. 建筑工程
　　C. 建筑安装工程　　　　　　D. 分部工程

（3）在立项、审批、征地、勘察等工程准备阶段形成的资料，属于（　　）。
　　A. 工程准备阶段资料　　　　B. 监理资料
　　C. 施工资料　　　　　　　　D. 竣工验收资料

（4）对列入城建档案馆接收范围内的工程，工程竣工验收后的（　　）内向城建档案馆移交一套符合规定的工程档案。
　　A. 15 天　　　B. 1 个月　　　C. 2 个月　　　D. 3 个月

（5）在组织工程竣工验收前，应提请（　　）对工程档案进行验收。
　　A. 建设单位　　　　　　　　B. 监理单位
　　C. 城建档案馆管理机构　　　D. 质量监督机构

（6）按照一定的原则和方法，将有保存价值的文件分门别类地整理成案卷，称为（　　）。
　　A. 资料整理　　B. 验收　　C. 立卷　　D. 归档

（7）工程资料形成单位完成其工作任务后，将形成的资料整理立卷，按规定移交档案管理机构。这一工作称为（　　）。
　　A. 建筑工程资料的移交　　　B. 建筑工程资料的收集
　　C. 建筑工程资料的组卷　　　D. 建筑工程资料的归档

（8）建筑工程资料是在工程建设全过程中形成并收集、汇编的资料或文件的统称，包括工程准备阶段文件、监理文件、施工文件、竣工图和竣工验收文件，也可以简称为（　　）。
　　A. 工程档案　　B. 工程文件　　C. 竣工资料　　D. 交工资料

(9)（　　）是在工程建设活动中直接形成的具有保存价值的文字、图表、声像等各种形式的历史记录。

　　A．工程档案　　　B．工程文件　　　C．竣工资料　　　D．交工资料

(10)（　　）是指在工程项目竣工验收活动中形成的资料，包括工程验收总结，竣工验收记录，财务文件和声像、缩微电子档案等。

　　A．监理管理资料　　　　　　　　B．监理工作记录
　　C．竣工验收资料　　　　　　　　D．交工资料

(11)施工单位对工程实行总承包的，总包单位负责收集、汇总各分包单位形成的工程档案，并及时向（　　）移交。

　　A．监理单位　　B．建设单位　　C．城建档案馆　　D．质量监督站

(12)一个建设工程由多个单位工程组成时，工程文件应按（　　）组卷。

　　A．单项工程　　B．单位工程　　C．分部工程　　D．分项工程

2．多选题

(1)下列（　　）均属于建筑工程资料的内容。

　　A．工程准备阶段资料　　　　　　B．监理资料
　　C．施工资料　　　　　　　　　　D．工程后评估资料
　　E．竣工验收资料

(2)下列（　　）属于建设单位在工程资料与档案的整理立卷、验收移交工作中应履行的职责。

　　A．负责收集和整理工程准备阶段、竣工验收阶段形成的文件，并应进行立卷归档
　　B．负责组织、监督和检查勘察、设计、施工、监理等单位的工程文件的形成、积累和立卷归档工作
　　C．负责收集和汇总各工程建设阶段各单位立卷归档的工程档案
　　D．负责分包单位工程资料的收集与整理
　　E．在工程招标及与勘察、设计、施工、监理等单位签订合同、协议时，应对移交工程文件的套数、费用、质量、时间等提出明确要求

(3)下列（　　）属于资料员的工作职责。

　　A．参加分部分项工程的验收工作
　　B．负责对施工部位、产值完成情况的汇总、申报，按月编制施工统计报表
　　C．负责工程项目资料、图样等档案的收集、管理
　　D．负责原材料的取样检测工作
　　E．负责做好文件收发、归档工作

(4)资料员的工作内容按不同阶段划分，可分为（　　）。

　　A．工程准备阶段　　　　　　　　B．设计、监理阶段
　　C．施工前期阶段　　　　　　　　D．施工阶段
　　E．施工验收阶段

(5)下列（　　）属于资料员施工阶段的工作内容。

　　A．填写开工报审表　　　　　　　B．填报工程材料、构配件、设备报审表

C．及时整理施工试验记录和测试记录　　D．协助制定各种规章制度

E．阶段性地协助整理施工日记

（6）建筑工程竣工资料的组卷包括（　　）几个方面。

A．单位（子单位）工程质量验收资料

B．建筑工程设计、监理文件

C．单位（子单位）工程质量控制资料核查记录

D．单位（子单位）工程安全与功能检验资料核查及主要功能抽查资料

E．单位（子单位）工程施工技术管理资料

（7）下列（　　）属于立卷可采用的方法。

A．施工文件可按单位工程、分部工程、分项工程等组卷

B．工程准备阶段文件可按建设程序、专业、形成单位等组卷

C．监理文件可按单位工程、分部工程、专业、阶段等组卷

D．竣工图可按单位工程、专业等组卷

E．竣工验收文件可按单位工程、专业等组卷

（8）监理资料是指监理单位在工程设计、施工等监理过程中形成的资料，主要包括（　　）和其他资料等。

A．监理管理资料　　　　　　　　　B．监理工作记录

C．竣工验收资料　　　　　　　　　D．交工资料

E．质量保证资料

（9）在工程招标及与勘察、设计、施工、监理等单位签订合同、协议时，应对移交工程文件的（　　）等提出明确要求。

A．套数　　　B．分类　　　C．质量　　　D．费用

E．时间

（10）工程资料的归档包括两方面含义：一是建设、勘察、设计、施工、监理等单位，将本单位在工程建设过程中形成的资料向（　　）移交；二是勘察、设计、施工、监理等单位将本单位在工程建设过程中形成的资料向（　　）移交。

A．本单位档案管理机构　　　　　　B．监理单位档案管理机构

C．建设单位档案管理机构　　　　　D．城建档案部门

E．质量监督机构

3．论述题

根据本单元所学内容，请论述如何才能当好一名称职的资料员。

单元 2　建设单位资料管理

能力目标

1. 具备资料员的职业素养。
2. 具备查阅相关标准、规范、规程的能力。
3. 具备收集、整理建设单位工程资料的能力。

学习重点与难点

本单元学习的重点是建设单位工程资料包含的内容。本单元学习的难点是建设用地规划许可证办理注意的事项、建设工程规划许可证申报流程、建设工程施工许可证申领条件等。

子单元 1　建设单位资料管理概述

建设单位资料主要是指工程准备阶段的文件，即工程开工以前，在立项、审批、用地、勘察、设计、招投标等工程准备阶段的文件。

建设单位应按下列流程开展工程文件的整理、归档、验收、移交等工作：

1）在工程招标及勘察、设计、施工、监理等单位签订协议、合同时，应明确竣工图的编制单位、工程档案的编制套数、编制费用及承担单位、工程档案的质量要求和移交时间等内容。

2）收集和整理工程准备阶段形成的文件，并进行立卷归档。

3）组织、监督和检查勘察、设计、施工、监理等单位的工程文件的形成、积累和立卷归档工作。

4）收集和汇总勘察、设计、监理等单位立卷归档的工程档案。

5）收集和整理竣工验收文件，并进行立卷归档。

6）在组织工程竣工验收前，应按规范要求将全部文件材料收集齐全并完成工程档案的立卷；在组织竣工验收时，应组织对工程档案进行验收，验收结论应在工程竣工验收报告、专家组竣工验收意见中明确。

7）对列入城建档案管理机构接收范围的工程，工程竣工验收备案前，应向当地城建档案管理机构移交一套符合规定的工程档案。

子单元 2 立 项 文 件

2.2.1 立项文件的内容

依据 2019 年版《建筑工程文件归档规范》（GB/T 50328—2014），建筑工程立项文件由项目建议书批复文件及项目建议书、可行性研究报告批复文件及可行性研究报告、专家论证意见、项目评估文件和有关立项的会议纪要和领导批示四项组成，见表 2-1。

表 2-1 立项文件

类 别	归 档 文 件	保 存 单 位				
		建设单位	设计单位	施工单位	监理单位	城建档案馆
A1	立项文件					
1	项目建议书批复文件及项目建议书	▲				▲
2	可行性研究报告批复文件及可行性研究报告	▲				▲
3	专家论证意见、项目评估文件	▲				▲
4	有关立项的会议纪要、领导批示	▲				▲

注：表中符号“▲”表示必须归档保存；“△”表示选择性归档保存（若无其他说明，全书均表示此含义）。

2.2.2 项目建议书及其批复文件

项目建议书又称立项申请书，是项目单位就新建、扩建事项向发改委项目管理部门申报的书面申请文件，是项目建设筹建单位或项目法人根据国民经济的发展、国家和地方中长期规划、产业政策、生产力布局、国内外市场、所在地的内外部条件，提出的某一具体项目的建议文件，是对拟建项目提出的框架性的总体设想。

项目建议书由建设单位自行编制或委托其他有相应资质的咨询或设计单位编制并申报的文件，由建设单位收集、提供。图 2-1 所示为项目建议书首页及项目建议书批复文件示例。

天津市分布式光伏电站工程

项目建议书

项 目 名 称：天津市×××××有限责任公司

分布式光伏电站项目

项 目 单 位：天津市×××××有限责任公司

项目法人代表： 周××

项目建设地点： 天津市××

编制时间：二〇一五年九月

关于山西传媒艺术学院（筹）新校区学生公寓及食堂、浴室建设项目申请报告核准的批复

发布日期：2011年10月28日

省教育厅：

晋教财〔2011〕163号文收悉。经研究，现就该项目核准事项批复如下：

为加快我省高校新校区建设速度，推进高校新校区项目顺利实施，提高我省高等教育质量，增强人才培养力度，同意山西传媒艺术学院（筹）在晋中高校新校区建设学生公寓及食堂、浴室项目。

一、建设地址：建设项目地址位于山西传媒艺术学院（筹）晋中高校新校区内。

二、建设内容及规模：总建筑面积60802平方米，其中：学生公寓建筑面积49574平方米、食堂建筑面积9472平方米、浴室和锅炉房建筑面积1756平方米。

三、总投资及资金来源：该项目总投资17076万元，其中学生公寓投资11895万元、食堂投资4734万元、浴室和锅炉房投资447万元，资金来源全部由学校自筹解决。

四、该项目节能和环保已通过评审会议，具体意见和相关要求详见《节能审查批复》和《关于<山西传媒艺术学院新校区建设项目环境影响报告书>的批复》。招标情况详见《山西省建设项目招标方案和不招标申请核准表》。

五、项目建设全过程要严格执行项目法人负责制、招投标制、工程监理制、合同管理制等法律法规，认真组织、合理施工、采用新材料、新产品，确保节能措施的同步实施。山西传媒艺术学院（筹）新校区学生公寓及食堂、浴室建设项目必须严格执行我委核准的招标方案（招标方案核准表见附件）。

六、请山西传媒艺术学院（筹）根据本核准文件，尽快落实项目资金，进一步完善各项建设条件，抓紧组织实施。如需对本项目核准文件所规定的有关内容进行调整，请及时以书面形式向我委报告，并按照有关规定办理。

七、本核准文件有效期限为2年，自发布之日起计算。在核准文件有效期内未开工建设项目的，应在核准文件有效期届满30日前向我委申请延期。项目在核准文件有效期内未开工建设也未申请延期的，或虽提出延期申请但未获批准的，本核准文件自动失效。

项目编码：14070101215009X2011111591

图 2-1 项目建议书首页及批复文件示例

2.2.3　可行性研究报告及其批复文件

可行性研究报告是根据可行性成果编制的综合报告。它是根据国家国民经济发展的长远规划和地区布局的要求，按照建设项目隶属关系，由主管部门组织计划、经济、设计等部门，在可行性研究的基础上选择最优方案的文件。

由建设单位自行编制或委托其他有相应资质的咨询或设计单位编制的可行性研究报告，由编制单位提供。图 2-2 所示为某可行性研究报告的批复示例。

关于鄂州市体育中心工程可行性研究报告的批复

作者：

关于鄂州市体育中心工程可行性研究报告的

批　复

鄂州市政府投资工程管理中心：

你中心《关于审批鄂州市体育中心工程可行性研究报告的请示》（鄂州工管中心文（2017）42号）及《鄂州市体育中心工程可行性研究报告》等附件收悉。经研究，现将该项目可行性研究报告批复如下：

一、为我市体育事业发展需要，同意鄂州市政府投资工程管理中心建设鄂州市体育中心工程，选址于吴楚大道北侧，规划二十七号路西侧，规划二十五号路东侧。

二、建设规模及内容：总建筑面积197394.22平方米。其中：体育场44115.5平方米、体育馆36400平方米、游泳馆13000平方米、全民健身综合训练馆9731平方米、体育孵化和体育文化培训、运动主体体验、架空平台等配套设施39600平方米、TOD及绿道体育广场6000平方米；地下停车库36640平方米、设备用房11907.72平方米。室外部分主要包括室外足球场、网球场、篮球场、排球场、羽毛球场及室外广场、绿化、道路及停车场等配套设施。

三、总投资及资金来源：项目总投资199813万元，其中：建设工程费用161675万元，工程建设其它费用13062万元，基本预备费13979万元，建设期利息11097万元。资金通过社会资本方融资解决。

四、建设工期：该项目建设工期为三十六个月。

五、本项目采取PPP模式实施，根据社会资本方选择结果依法变更项目法人。

要严格按照《中共中央办公厅 国务院办公厅关于党政机关停止新建楼堂馆所和清理办公用房的通知》（中办发[2013]17号）文件精神，严禁搭建办公用房、楼堂馆所。接文后，严格按照《公共体育场馆建设标准》，委托有资质的单位编制工程初步设计报我委审批。

附：工程招标审批部门核准意见

2017年9月28日

图 2-2　可行性研究报告的批复

子单元 3　建设用地、拆迁文件

2.3.1　建设用地、拆迁文件的内容

依据 2019 年版《建筑工程文件归档规范》（GB/T 50328—2014），建筑工程建设用地、拆迁文件由选址申请及选址规划意见通知书、建设用地批准书等六项组成，见表 2-2。

表 2-2　建设用地、拆迁文件

类　别	归 档 文 件	保 存 单 位				
		建设单位	设计单位	施工单位	监理单位	城建档案馆
A2	建设用地、拆迁文件					
1	选址申请及选址规划意见通知书	▲				▲
2	建设用地批准书	▲				▲
3	拆迁安置意见、协议、方案等	▲				△
4	建设用地规划许可证及其附件	▲				▲
5	土地使用证明文件及其附件	▲				▲
6	建设用地钉桩通知单	▲				▲

2.3.2　建设用地规划许可证

建设单位向城市规划管理部门提出用地申请，需填写规划审批申报表并准备好相关文件。

规划管理部门根据城市总体规划的要求和建设项目的性质、内容以及选址定点时初步确定的用地范围界限，提出规划设计条件，核发建设用地规划许可证。

建设用地规划许可证办理需注意以下事项：

1）建设用地规划许可证规定的用地性质、位置和界线，未经原审批单位同意，任何单位和个人不得擅自变更。

2）国有土地管理部门提出拆迁安置意见后，正式确定使用国有土地的范围和数量，并待城市规划行政主管部门审定设计方案后，方可办理建设用地规划许可证。

3）使用国有土地时，城市规划行政主管部门提出选址意见通知书，待批准后，方可办理建设用地规划许可证，如图 2-3 所示。

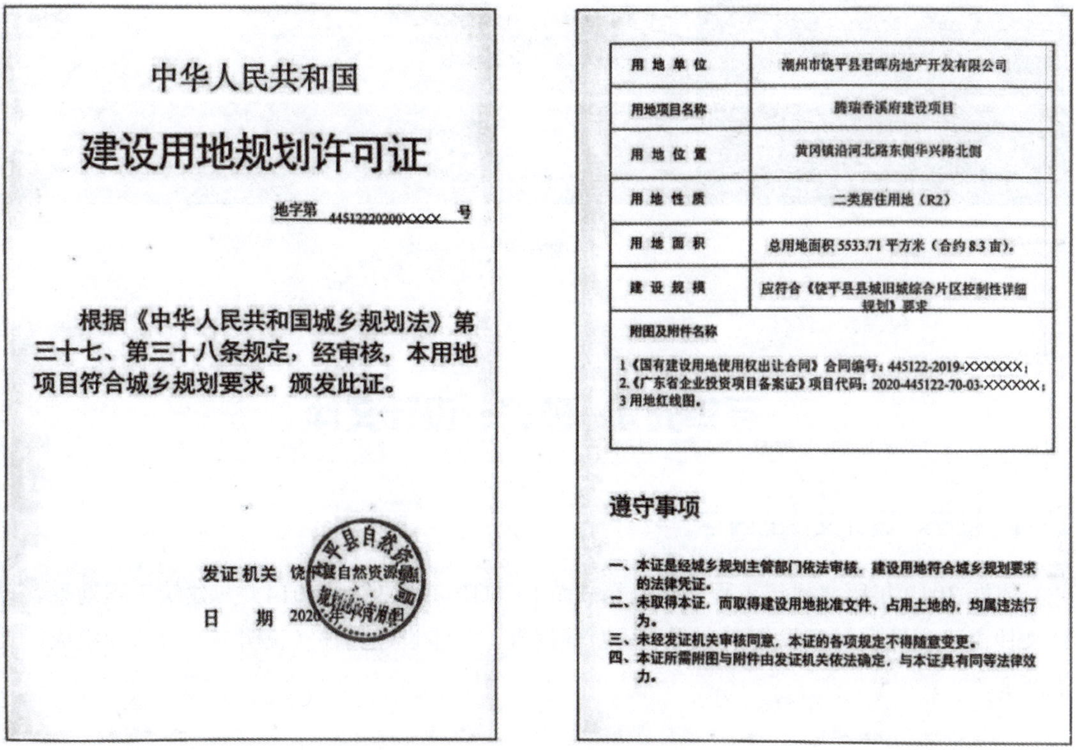
中华人民共和国

建设用地规划许可证

地字第 44512220200XXXX 号

根据《中华人民共和国城乡规划法》第三十七、第三十八条规定，经审核，本用地项目符合城乡规划要求，颁发此证。

发证机关　饶平县自然资源局

日　　期　2020年

用 地 单 位	潮州市饶平县君晖房地产开发有限公司
用地项目名称	腾瑞香溪府建设项目
用 地 位 置	黄冈镇沿河北路东侧华兴路北侧
用 地 性 质	二类居住用地（R2）
用 地 面 积	总用地面积 5533.71 平方米（合约 8.3 亩）。
建 设 规 模	应符合《饶平县县城旧城综合片区控制性详细规划》要求

附图及附件名称

1《国有建设用地使用权出让合同》合同编号：445122-2019-XXXXXX；
2.《广东省企业投资项目备案证》项目代码：2020-445122-70-03-XXXXXX；
3 用地红线图。

遵守事项

一、本证是经城乡规划主管部门依法审核，建设用地符合城乡规划要求的法律凭证。
二、未取得本证，而取得建设用地批准文件、占用土地的，均属违法行为。
三、未经发证机关审核同意，本证的各项规定不得随意变更。
四、本证所需附图与附件由发证机关依法确定，与本证具有同等法律效力。

图 2-3　建设用地规划许可证

2.3.3 土地使用证明文件及其附件

国有建设用地可通过出让和划拨两种方式交由建设单位使用。

出让是指国家将一定年限内的国有土地使用权出让给土地使用者,由土地使用者向政府支付土地使用权出让金的行为。土地出让通常有协议、招标、拍卖、挂牌几种方式。

划拨是有批准权的人民政府依法批准,在用地者缴纳补偿、安置等费用后将该幅土地交其使用,或者将土地使用权无偿交给土地使用者使用的行为。划拨土地使用权的范围包括:国家军事用地,城市基础设施和公共事业用地,国家重点扶持的能源、交通、水利等项目用地,经济适用房项目建设用地等。国有土地使用证如图 2-4 所示。

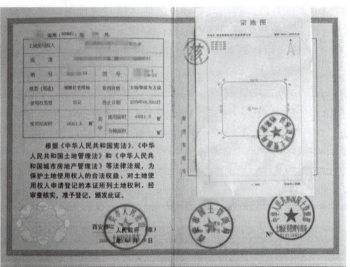

图 2-4 国有土地使用证

子单元 4 勘察、设计文件

2.4.1 勘察、设计文件的内容

依据 2019 年版《建筑工程文件归档规范》(GB/T 50328—2014),建筑工程勘察、设计文件由工程地质勘察报告、水文地质勘察报告、初步设计文件(说明书)等八项组成,见表 2-3。

表 2-3　勘察、设计文件

类别	归档文件	保存单位				
		建设单位	设计单位	施工单位	监理单位	城建档案馆
A3	勘察、设计文件					
1	工程地质勘察报告	▲	▲			▲
2	水文地质勘察报告	▲	▲			▲
3	初步设计文件（说明书）	▲	▲			
4	设计方案审查意见	▲	▲			▲
5	人防、环保、消防等有关主管部门（对设计方案）审查意见	▲	▲			▲
6	设计计算书	▲	▲			△
7	施工图设计文件审查意见	▲	▲			▲
8	节能设计备案文件	▲				▲

2.4.2　工程（水文）地质勘察报告

工程地质勘察报告是为查明建筑地区工程地质条件，而进行综合性的地质勘察工作所获得的成果而编写的报告。

水文地质勘察报告主要指工程水文地质勘察，了解并解决地下水对建筑工程造成的危害等不良影响而编写的报告。

2.4.3　初步设计文件（说明书）

设计阶段如果按两个阶段进行，分为初步设计和施工图设计，如果按照三个阶段进行则分为初步设计、技术设计和施工图设计。

子单元 5　招投标文件

依据 2019 年版《建筑工程文件归档规范》（GB/T 50328—2014），建筑工程招投标文件由勘察、设计招投标文件，勘察、设计合同等六项组成，见表 2-4。

表 2-4 招投标文件

类别	归档文件	保存单位				
		建设单位	设计单位	施工单位	监理单位	城建档案馆
A4	招投标文件					
1	勘察、设计招投标文件	▲	▲			
2	勘察、设计合同	▲	▲			▲
3	施工招投标文件	▲		▲	△	
4	施工合同	▲		▲	△	▲
5	工程监理招投标文件	▲			▲	
6	监理合同	▲			▲	▲

招标文件是招标人向潜在投标人发出并告知项目需求、招标投标活动规则和合同条件等信息的要约邀请文件，是项目招标投标活动的主要依据。

工程投标文件是指建筑工程投标人按照工程招标文件要求编制的响应性文件。投标文件一般包含两部分，即商务部分和技术部分。

勘察合同《示范文本》为非强制性使用文本，合同当事人可结合工程具体情况，根据《示范文本》订立合同，并按照法律法规和合同约定履行相应的权利义务，承担相应的法律责任。《示范文本》由合同协议书、通用合同条款和专用合同条款三部分组成。

施工合同即建筑安装工程承包合同，是发包人和承包人为完成商定的建筑安装工程，明确相互权利、义务关系的合同。

监理合同在我国一般采用《建设工程委托监理合同（示范文本）》（GF—2012—0202），示范文本的组成包括：委托监理合同、通用条件、专用条件、附录。

子单元 6　开工审批文件

2.6.1　开工审批文件的内容

依据 2019 年版《建筑工程文件归档规范》（GB/T 50328—2014），开工审批文件由建设工程规划许可证及其附件、建设工程施工许可证两项组成，见表 2-5。

表 2-5 开工审批文件

类别	归档文件	保存单位				
		建设单位	设计单位	施工单位	监理单位	城建档案馆
A5	开工审批文件					
1	建设工程规划许可证及其附件	▲		△	△	▲
2	建设工程施工许可证	▲		▲	▲	▲

2.6.2 建设工程规划许可证及其附件

建设工程规划许可证是建设单位在城市规划区内新建、改建、扩建的建筑物、构筑物、道路、管线和其他工程设施，必须持有相关批准文件向城市规划行政主管部门提出申请，根据城市规划，由城市规划行政主管部门提出规划要求，并审查设计施工图等有关文件、核发的法规性文件。

建设工程规划许可证（图 2-5）是确认有关建设工程符合城市规划要求的法律凭证，载明了项目建筑性质、栋数、层数、结构类型、面积和附件（包括总平面图、各层建筑平面图、各向立面图和剖面图）等内容。

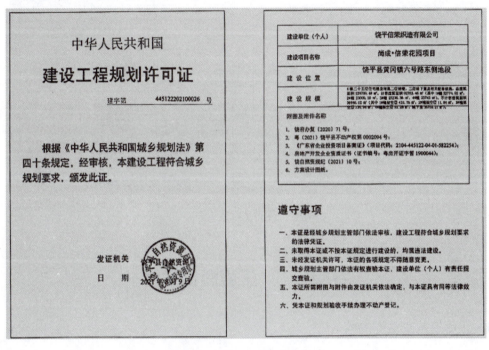

图 2-5 建设工程规划许可证

2.6.3 建设工程施工许可证（图 2-6）

建设工程施工许可证申领需满足以下条件：
1）施工场地已基本具备施工条件。
2）已经办理该建筑工程用地批准手续。
3）在城市规划区的建筑工程，已经取得规划许可证。
4）需要拆迁的，其拆迁进度符合施工要求。
5）已经确定建筑施工企业；按照规定应该委托监理的工程已委托监理单位。
6）有满足相关设计规范要求的施工图纸。
7）已在质量监督主管部门及安全监督主管部门办理相应的质量、安全监督注册手续。

8）建设资金已经落实，工期不足 1 年的，到位资金不得少于工程合同价款的 50%；工期超过 1 年的，到位资金不得少于工程合同价款的 30%。

9）法律、行政法规规定的其他条件。

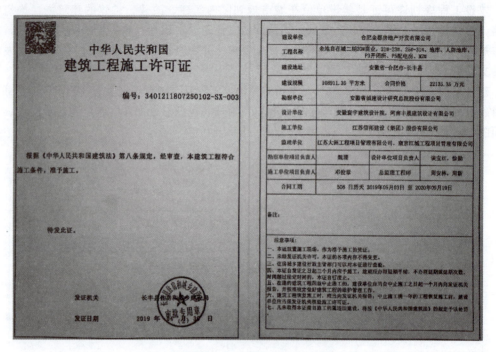

图 2-6　建设工程施工许可证

子单元 7　工程造价文件

2.7.1　工程造价文件的内容

依据 2019 年版《建筑工程文件归档规范》（GB/T 50328—2014），工程造价文件由工程投资估算材料、工程设计概算材料、招标控制价格文件、合同价格文件、结算价格文件五项组成，见表 2-6。

表 2-6　工程造价文件

类　别	归档文件	保存单位				
		建设单位	设计单位	施工单位	监理单位	城建档案馆
A6	工程造价文件					
1	工程投资估算材料	▲				
2	工程设计概算材料	▲				
3	招标控制价格文件	▲				
4	合同价格文件	▲		▲		△
5	结算价格文件	▲		▲		△

2.7.2 工程投资估算材料

投资估算是在投资决策阶段，以方案设计或可行性研究文件为依据，按照规定的程序、方法和依据，对拟建项目所需总投资及其构成进行的预测和估计，是在研究并确定项目的建设规模、产品方案、技术方案、工艺技术、设备方案、厂址方案、工程建设方案以及项目进度计划等的基础上，依据特定的方法，估算项目从筹建、施工直至建成投产所需全部建设资金总额并测算建设期各年资金使用计划的过程。投资估算的成果文件即为投资估算材料，也简称投资估算。

投资估算作为论证拟建项目的重要经济文件，既是建设项目技术经济评价和投资决策的重要依据，又是该项目实施阶段投资控制的目标值。

2.7.3 工程设计概算材料

工程设计概算由单位工程概算、单项工程综合概算、建设项目总概算三部分组成。单位工程概算按照建筑工程概算表进行编制，所使用的综合单价应编制建筑工程设计概算综合单价分析表。单项工程综合概算采用综合概算表（含其所附的单位工程概算表和建筑材料表）进行编制。设计总概算文件包括：编制说明、总概算表、各单项工程综合概算书、工程建设其他费用概算表、主要建筑安装材料汇总表。独立装订成册的总概算文件宜加封面、签署页和目录。

2.7.4 招标控制价格文件

招标控制价是指根据国家或省级建设行政主管部门颁发的有关计价依据和办法，依据拟定的招标文件和招标工程量清单，结合工程具体情况发布的招标工程的最高投标限价。

2.7.5 合同价格文件

合同价格是合同文件的核心要素。签约合同价是指合同双方签订合同时在协议书中列明的合同价格。

发承包双方应在合同条款中对下列事项进行约定：
1）预付工程款的数额、支付时间及抵扣方式。
2）安全文明施工措施费的支付计划以及使用要求等。
3）工程计量与支付工程进度款的方式、数额及时间。
4）工程价款的调整因素、方法、程序、支付及时间。
5）施工索赔与现场签证的程序、金额确认与支付时间。
6）承担计价风险的内容、范围以及超出约定内容、范围的调整方法。
7）工程竣工结算价款编制与核对、支付及时间。
8）工程质量保证金的数额、预留方式及时间。
9）违约责任以及发生合同价款争议的解决方法与时间。
10）与履行合同、支付价款有关的其他事项等。

2.7.6 结算价格文件

工程竣工结算是指工程项目完工并经竣工验收合格后，发承包双方按照施工合同的约定对所完成的工程项目进行的合同价款的计算、调整和确定，包括单位工程竣工结算、单项工程竣工结算和建设项目竣工总结算。

子单元 8 工程建设基本信息

2.8.1 工程建设基本信息的内容

依据 2019 年版《建筑工程文件归档规范》（GB/T 50328—2014），工程建设基本信息由工程概况信息表、建设单位工程项目负责人及现场管理人员名册、监理单位工程项目总监及监理人员名册、施工单位工程项目经理及质量管理人员名册四项组成，见表 2-7。

表 2-7 工程建设基本信息

类 别		归 档 文 件	保 存 单 位				
			建设单位	设计单位	施工单位	监理单位	城建档案馆
A7		工程建设基本信息					
	1	工程概况信息表	▲		△		▲
	2	建设单位工程项目负责人及现场管理人员名册	▲				▲
	3	监理单位工程项目总监及监理人员名册	▲			▲	▲
	4	施工单位工程项目经理及质量管理人员名册	▲		▲		▲

2.8.2 工程概况信息表

依据《建筑工程资料管理规程》（JGJ/T 185—2009），施工单位填写的工程概况信息表应一式四份，并应由建设单位、监理单位、施工单位、城建档案馆分别保存。工程概况信息表采用图 2-7 的格式。

工程名称			编 号	
一般情况	建设单位			
	建设用途		设计单位	
	建设地点		勘察单位	
	建筑面积		监理单位	
	工 期		施工单位	
	计划开工日期		计划竣工日期	
	结构类型		基础类型	
	层 次		建筑檐高	
	地上面积		地下面积	
	人防等级		抗震等级	
构造特征	地基与基础			
	柱、内外墙			
	梁、板、楼盖			
	外墙装饰			
	内墙装饰			
	楼地面装饰			
	屋面构造			
	防火设备			
	机电系统名称			
	其 他			

图 2-7 工程概况信息表

单元 2　建设单位资料管理

 职业素养园地

遵守规则、敬畏规则——《考工记》

　　《考工记》是我国最早的工艺美术典籍，全文 7100 余字，书中所记载的青铜炼制合金配比的规律，为世界上最早的合金配比规律。

　　《考工记》提出的制作原则：天有时、地有气、材有美、工有巧。在古往今来很多优良的设计都遵循了这四点要求。"天有时"是指时效性，看一个作品要放在具体的阶段下来看，设计应随着时代变化而变化。"地有气"是指在做建筑时必须要结合当地的需要与环境来进行设计，做出与当地环境相符的设计才是好的设计。"材有美"是指只有使用了优良的材料，才能做出优良的作品。"工有巧"是指设计的构思及制作工艺巧妙，有创造性，那么这个作品自然会脱颖而出。

 单元小结

　　本单元主要介绍了建设单位资料包含的主要内容，即在工程准备阶段形成的立项文件，建设用地、拆迁文件，勘察、设计文件，招投标文件，开工审批文件，工程造价文件，工程建设基本信息等。通过本单元的学习，可从资料的编制主体角度了解到在工程建设前期资料管理的内容及重点，帮助大家更为系统地了解和掌握建筑工程资料的管理工作。

能力训练题

1. 填空题

（1）所有的立项文件都需要在_____和_____两个单位保存。

（2）项目建议书是由建设单位自行编制或_____或_____编制并申报的文件，由建设单位收集、提供。

（3）建设单位向城市规划管理部门提出用地申请，需填写_____并准备好相关文件。

（4）国有建设用地可通过_____和_____两种方式交由建设单位使用。

（5）设计阶段如果按两阶段进行分为_____和_____，如果按照三个阶段进行则分为_____、_____和_____。

（6）依据 2019 年版《建筑工程文件归档规范》（GB/T 50328—2014），勘察、设计合同需要在_____、_____和_____单位保存。

（7）投标文件一般包含两部分，即_____和_____。

（8）建设工程规划许可证是确认有关建设工程符合城市规划要求的法律凭证，载明了_____内容。

（9）招标控制价是指根据国家或省级建设行政主管部门颁发的有关计价依据和办法，依据拟定的招标文件和招标工程量清单，结合工程具体情况发布的招标工程的_____。

（10）依据《建筑工程资料管理规程》（JGJ/T 185—2009），施工单位填写的工程概况信息表应一式四份，并应由_____、_____、_____、_____分别保存。

2．论述题

（1）依据 2019 年版《建筑工程文件归档规范》（GB/T 50328—2014），建设用地、拆迁文件的内容有哪些？

（2）简述建设工程规划许可证的申报流程。

（3）建设工程规划许可证所需报送的资料有哪些？

（4）建设工程施工许可证申领需要满足哪些条件？

（5）依据 2019 年版《建筑工程文件归档规范》（GB/T 50328—2014），工程造价文件的内容有哪些？

（6）发承包双方应在合同条款中对哪些事项进行约定？

单元 3　监理资料管理

能力目标

1. 掌握工程监理资料的内容和分类。
2. 会填写工程监理资料的各种表格。

学习重点与难点

本单元学习重点是工程监理资料的内容和分类，各种监理资料的表格样式以及各种资料的填写要求与方法。本单元学习难点是工程监理资料的填写要求与方法。

子单元 1　监理资料管理概述

施工阶段的监理资料内容应包括：施工合同文件及委托监理合同；勘察设计文件；监理规划；监理实施细则；分包单位资质报审表；设计交底与图纸会审；会议纪要；施工组织设计方案报审表；工程开工／复工报审表及其工程复工令；测量核验资料；工程变更资料；隐蔽工程验收资料；工程计量单及工程款支付证书；监理工程师通知单；监理工作联系单；来往信函；监理日志；监理月报；质量缺陷与事故的处理文件；分部工程、单位工程等验收资料；索赔文件资料；竣工结算审核意见书；工程项目施工阶段质量评估报告等专题报告；监理工作总结等。

1. 监理规划

监理规划是监理单位接受业主委托并签订委托监理合同之后，在总监理工程师的主持下，根据委托监理合同，在监理大纲的基础上，结合工程的具体情况，广泛收集工程信息和资料的情况下编制，经监理单位技术负责人批准，用来指导项目监理机构全面开展工作的指导性文件。

监理规划的作用如下：

1）指导项目监理机构全面开展监理工作。
2）建设监理主管机构对监理单位监督管理的依据。
3）业主确认监理单位履行合同的主要依据。
4）监理单位内部考核的依据和重要的存档资料。

监理规划的编制应针对项目的实际情况，明确项目监理机构的工作目标，确定具体的监理工作制度、程序、方法和措施，并应具有可操作性。

监理规划应包括下列主要内容：

1）工程概况。
2）监理工作的范围、内容、目标。
3）监理工作依据。
4）监理组织形式、人员配备及进退场计划、监理人员岗位职责。
5）监理工作制度。
6）工程质量控制。
7）工程造价控制。
8）工程进度控制。
9）安全生产管理的监理工作。
10）合同与信息管理。
11）组织协调。
12）监理工作设施。

监理规划的封面形式如图3-1所示。

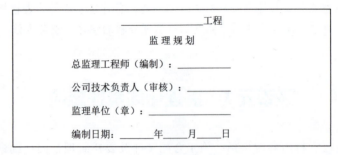

图3-1　监理规划封面

2．监理实施细则

监理实施细则是根据监理规划由专业监理工程师编写，并经总监理工程师批准，针对工程项目中某一专业或某一方面监理工作的操作性文件。

对专业性较强、危险性较大的分部分项工程，项目监理机构应编制监理实施细则。监理实施细则应符合监理规划的要求，并应结合工程项目的专业特点，做到详细具体，具有可操作性。

监理实施细则包括以下主要内容：
1）专业工程的特点。
2）监理工作的流程。
3）监理工作的控制要点。
4）监理工作的方法及措施。

监理实施细则的编制程序与依据应符合下列规定：
1）监理实施细则应在相应工程施工开始前编制完成，并必须经总监理工程师批准。
2）监理实施细则应由专业监理工程师编写。
3）编制监理实施细则的依据一般包括：已批准的监理规划，工程建设标准、工程设计文件、施工组织设计、（专项）施工方案。

监理实施细则的封面形式如图3-2所示。

```
_____工程

监理实施细则

（土建或水、暖、电）

专业监理工程师（编制）：_____

总监理工程师（审核）：_____

项目监理机构（章）：_____

日    期：_____年___月___日
```

图 3-2　监理实施细则封面

3．监理月报

监理月报应由总监理工程师组织编写，签认后报建设单位和本监理单位。

编制监理月报的基本要求为必须全面、客观、及时，并具有前瞻性和评判性。

监理月报应包括以下具体内容：

1）本月工程实施情况

① 工程进展情况，实际进度与计划进度的比较，施工单位人、机、料进场及使用情况，本期在施部位的工程照片。

② 工程质量情况，分项分部工程验收情况，工程材料、设备、构配件进场检验情况，主要施工试验情况，本月工程质量分析。

③ 施工单位安全生产管理工作评述。

④ 已完工程量与已付工程款的统计及说明。

2）本月监理工作情况

① 工程进度控制方面的工作情况。

② 工程质量控制方面的工作情况。

③ 安全生产管理方面的工作情况。

④ 工程计量与工程款支付方面的工作情况。

⑤ 合同其他事项的管理工作情况。

⑥ 监理工作统计及工作照片。

3）本月施工中存在的问题及处理情况

① 工程进度控制方面的主要问题分析及处理情况。

② 工程质量控制方面的主要问题分析及处理情况。

③ 施工单位安全生产管理方面的主要问题分析及处理情况。

④ 工程计量与工程款支付方面的主要问题分析及处理情况。

⑤ 合同其他事项管理方面的主要问题分析及处理情况。

4）下月监理工作重点

① 在工程管理方面的监理工作重点。

② 在项目监理机构内部管理方面的工作重点。

监理月报的封面如图 3-3 所示,具体内容表格形式见表 3-1。

```
_____工程
        监 理 月 报
        第_____期
____年____月____日至____年____月____日
总监理工程师(编制):_____
项目监理机构(章):_____
日    期:_____年____月____日
```

图 3-3 监理月报封面

表 3-1 监理月报

一、本月工程情况概要			
相关情况登记			
本月日历天数	天	实际工作日数	天
建设单位通知单	份	建设单位联系单	份
工程暂停令	份	监理工程师通知单	份
监理工程师备忘录	份	监理工程师联系单	份
例会会议纪要	份	专题会议纪要	份
本月工程现场大事记			
二、本月工程质量控制情况评析			
本月质量控制情况登记			
本月抽查、见证试验次数	次	试验结果不合格次数	次
设备开箱检查次数	次	检查不符合要求次数	次
本月查验分项工程	项	其中一次验收合格计	项
发出监理通知单(质量控制数)			份
工程质量情况简析(文字和图表)			
下月质量情况预计和目标			

（续）

三、本月工程进度控制情况评析			
工程开工日期		工程竣工日期	
本月计划完成至			
本月实际完成至			
本月批准延长工期	天	累计延长工期	天
发出监理通知单（进度控制类）			份
本月工程进度情况简析（文字或图表）			
下月工程进度展望			

四、本月费用控制情况评析			
工程总投资额			万元
累计完成金额占总投资额百分比			%
本月监理批准付款	万元	累计批准付款额	万元
本月发生批准索赔	万元	累计发生索赔额	万元
发出监理通知单（造价控制类）			份
工程费用控制情况简析（文字或图表）			
预计下月工程发生费用金额			

五、本月工程其他事项

4. 监理会议纪要

施工过程中，总监理工程师应定期主持召开工地会议，会议纪要应由项目监理机构负责起草，并经与各方代表会签。

监理会议纪要包括以下主要内容：

1）检查上次会议议定事项的落实情况，分析未完事项原因。
2）检查分析工程项目进度计划完成情况，提出下一阶段进度目标及其落实措施。
3）检查分析工程项目质量情况，针对存在的质量问题提出改进措施。
4）检查工程量核定及工程款支付情况。
5）解决需要协调的有关事项。
6）其他有关事宜。

总监理工程师或专业监理工程师应根据需要及时组织专题会议，解决施工过程中的各种专项问题。

会议纪要所指的会议可为工地例会、专题会议和项目监理机构内部会议。其表格形式内容要求见表3-2。

表 3-2 会议纪要

工程名称：_____

各与会单位：

现将_____会议纪要印发给你们，请查收。附会议纪要正文共__页。

项目监理机构（章）：_____

总监理工程师：_____ 日期：_____

会议地点		会议时间	
组织单位		主持人	
会议议题			
各与会单位及人员签到栏	与会单位	与会人员	
备注			

5. 监理日志

监理日志是项目监理机构在被监理工程施工期间每日记录气象、施工工作、监理工作及有关事项的日志。监理日志应真实、准确、全面地记录工程施工过程中的监理工作及相关事项。

监理日志是一项重要的文件，也是工程施工过程的一项重要依据。其表格形式内容要求见表 3-3。

表 3-3 监理日志

日期：____年__月__日　　　　　　　　　　天气：_____

星期：_____　　　　　　　　　　　　　　气温：_____

工程名称：_____

监理工作情况		
施工情况	施工单位	施工内容及进度
其他事项		
本日现场监理人员		
记录人：		总监理工程师：

附页：

6．旁站监理记录

旁站监理记录是针对单项工程而言，按照国家监理规范条例对其进行现场监督指导，并记录下施工全过程的情况。旁站监理是监理工作的一个重要环节，必须认真切实地完成并作好记录。

旁站监理工作要点包括以下几方面：

1）旁站监理的范围。

2）旁站监理的主要任务。

3）旁站监理工作的主要操作程序。

4）旁站监理必须考核的内容。

旁站监理记录的表格形式内容要求见表 3-4。

表 3-4　旁站监理记录

工程名称：			编号：	
旁站的关键部位、关键工序		施工单位		
旁站开始时间	年　月　日　时　分	旁站结束时间	年　月　日　时　分	
旁站的关键部位、关键工序施工情况：				
发现的问题及处理情况：				
		旁站监理人员（签字）： 　　　　年　月　日		

注：本表一式一份，项目监理机构留存。

7. 工程质量评估报告

工程质量评估报告为由项目监理机构审查承包单位报送的竣工资料，组织有关单位对工程质量进行预验收，并在施工单位对预验收发现的问题整改合格、总监理工程师签署工程竣工报验单的基础上提出的评估报告。报告应包括以下内容：工程概况，竣工验收经过，竣工验收监理结论，工程质量验收相关记录，竣工验收遗留的整改问题、商定的解决办法及整改复查结果，竣工验收小组成员名单及分工等。

在建设工程监理过程中，对分部（子部分）工程、重要的分项工程，项目监理机构应及时编制相应工程的质量评估报告。

工程质量评估报告应包括以下主要内容：

1）工程概况。
2）工程各参建单位。
3）工程质量验收情况。
4）工程质量事故及其处理情况。
5）竣工资料审查情况。
6）工程质量评估结论。

工程质量评估报告的封面形式如图 3-4 所示。

```
_____工程
       工程质量评估报告
   总监理工程师（编制）：_____
   公司技术负责人（审核）：_____
   监理单位（章）：_____
   日    期：_____年____月____日
```

图 3-4　工程质量评估报告封面

8. 监理工作总结

施工阶段监理工作情况结束时，监理单位应向建设单位提交监理工作总结。

监理工作总结应包括以下内容：

1）工程概况。
2）勘察、设计技术文件简况。
3）施工单位项目组织状况。
4）建设监理现场机构设置与实际变化过程。
5）投资、质量、进度控制与合同管理的措施与方法。
6）材料报验和工程报验情况。
7）监理工作情况。
8）经验与教训。

9）工程交付使用后的注意事项。

监理资料的编制及保存应按有关规定严格执行，监理资料的管理应由总监理工程师负责，并指定专人具体实施，并在各阶段监理工作结束后即整理归档。它的内容必须真实完整、分类有序，以便查找核对。

监理工作总结的封面形式如图 3-5 所示。

```
_____工程
      监理工作总结

总监理工程师（编制）：_____

技术负责人（审核）：_____

监理单位（章）：_____

日    期：_____年____月____日
```

图 3-5　监理工作总结封面

9. 监理专题报告

监理专题报告是施工过程中项目监理机构就某项工作、某一问题、某一任务或某一事件向建设单位所作的报告。

监理专题报告应用标题清楚地表明问题的性质，主题内容应详尽地阐述发生问题的情况、原因分析、处理结果及建议。

监理专题报告由报告人、总监理工程师签字，并加盖项目监理机构公章。

施工过程中的合同争议、违约处理等可采用监理专题报告，并附有关记录。

监理专题报告的封面形式如图 3-6 所示。

```
_____工程
      专题报告

报  告  人（签字）：_____

总监理工程师（签字）：_____

项目监理单位（盖章）：_____

日    期：_____年____月____日
```

图 3-6　监理专题报告封面

10. 监理工作联系单

监理工作联系单是指在施工过程中，与监理有关各方的工作联系用表。即与监理有关的某一方需向另一方或几方告知某一事项，或督促某项工作，或提出某项建议时发出的联系文件。

监理工作联系单的表格形式、内容要求见表 3-5。

表 3-5　监理工作联系单

工程名称：_____　　　　　　　　　　　　　　　　　编号：_____

事由		签收人姓名及时间	

致：_____

（附件共____页）　　　　　　　　　　　项目监理机构（章）：_____
专业监理工程师：_____　总监理工程师：_____　日期：_____

11．见证单位及见证人授权书

见证单位及见证人授权书是建设单位或建设单位委托监理单位向监督该工程的质量监督部门申报备案用表，也是通知施工单位和委托进行试验检验的试验单位的用表。

见证人员应由该工程的监理单位或建设单位中具备建筑施工知识和具有见证员资格的专业技术人员担任。

见证单位及见证人授权书的表格形式、内容要求如图 3-7 所示。

```
_____建设工程质量监督站

_____检测分中心（试验室）：

    现委托_____单位为我公司承建的_____工程见证单位，负责该工程见证取样、送样工作，具体见证人员如下：

    姓名_____ 技术职称_____ 证号_____ 电话_____
    姓名_____ 技术职称_____ 证号_____ 电话_____
    姓名_____ 技术职称_____ 证号_____ 电话_____
    姓名_____ 技术职称_____ 证号_____ 电话_____

    见证单位地址_____
    法人代表姓名_____ 电话_____
    施工单位_____

    委托单位_____（章）
    _____年____月____日
```

注：本表必须由建设单位填写，一个项目工程必须填写两名以上见证人员，本表一式两份，一份交质监站，一份交检测分中心。

图 3-7　见证单位及见证人授权书

小知识

总监理工程师

总监理工程师是由监理单位法定代表人书面授权,全面负责委托监理合同履行、主持项目监理机构工作的注册监理工程师。项目总监理工程师资格、所承担的监理项目范围数量必须符合要求。

子单元 2 进度控制资料

3.2.1 工程开工/复工报审表

工程开工/复工报审表资料要求如下:

1)用于工程项目开工及停工的恢复施工报审用表,施工单位报项目监理机构复核和批复开工及复工时间。

2)整个项目一次开工,只填报一次,如工程项目中含有多个单位工程且开工时间不同,则每个单位工程都应填报一次。

工程开工/复工报审表的表格形式、内容要求见表 3-6 和表 3-7。

表 3-6 工程开工报审表

工程名称: 编号:

致:_____(建设单位)
　_____(项目监理机构)
　我方承担的_____工程,已完成相关准备工作,具备开工条件,申请于_____年_____月_____日开工,请予以审批。
　附件:证明文件资料

施工单位(盖章)
项目经理(签字)
　　年　月　日

审核意见:

项目监理机构(盖章)
总监理工程师(签字、加盖执业印章)
　　年　月　日

审批意见:

建设单位(盖章)
建设单位代表(签字)
　　年　月　日

注:本表一式三份,项目监理机构、建设单位、施工单位各一份。

表 3-7　工程复工报审表

工程名称：_____　　　　编号：_____

致：_____（项目监理机构）

　　编号为_____《工程暂停令》所停工的_____部位（工序）已满足复工条件，我方申请于_____年_____月_____日复工，请予以审批。

　　附件：证明文件资料

施工项目经理部（盖章）

项目经理（签字）

年　月　日

审核意见：

项目监理机构（盖章）

总监理工程师（签字）

年　月　日

审批意见：

建设单位（盖章）

建设单位代表（签字）

年　月　日

注：本表一式三份，项目监理机构、建设单位、施工单位各一份。

实训案例一

（1）背景事件　建设单位已组织参加各方进行设计交底及图纸会审，图纸会审中的相关意见已经落实。《施工组织设计》已经项目监理机构审核同意。施工单位已建立相应的现场质量、安全生产管理体系。相关管理人员及特种施工人员资质已审核并已到位，主要施工机械已进场并验收完成，主要工程材料已落实到位，施工单位提出工程开工报审。

（2）范表（表 3-8）

表 3-8 工程开工报审表

| 工程名称：隆翔商务大厦 | 编号：KG-B001 |

致：隆翔置业有限公司（建设单位）
　　汉华建设工程监理有限公司隆翔商务大厦监理项目部（项目监理机构）
　　我方承担的隆翔商务大厦工程，已完成相关准备工作，具备了开工条件，特申请于 2010 年 3 月 18 日开工，请予以审批。
　　附件：证明文件资料
　　施工现场质量管理检查记录表

施工单位（盖章）
项目经理（签字）　×××
2020 年 3 月 11 日

审核意见：
1. 本项目已进行设计交底及图纸会审，图纸会审中的相关意见已经落实。
2. 施工组织设计已经项目监理机构审核同意。
3. 施工单位已建立相应的现场质量、安全生产管理体系。
4. 相关管理人员及特种施工人员资质已审查并已到位，主要施工机械已进场并验收完成，主要工程材料已落实。
5. 现场施工道路及水、电、通信及临时设施等已按施工组织设计落实。
经审查，本工程现场准备工作满足开工要求，请建设单位审批。

项目监理机构（盖章）
总监理工程师（签字、加盖执业印章）　×××
2020 年 3 月 13 日

审批意见：
本工程已取得施工许可证，相关资金已经落实并按合同约定拨付施工单位，同意开工。

建设单位（盖章）
建设单位代表（签字）　×××
2020 年 3 月 14 日

注：本表一式三份，项目监理机构、建设单位、施工单位各一份。

3.2.2 施工进度计划报审表

监理工程师应该根据工程的环境条件（工程规模、质量标准、工艺复杂程度、施工的现场条件、施工队伍的条件等），全面分析施工单位编制的施工进度计划是否是资源上保证，技术上可靠，经济上合理，财务上可行。

审核要点包括以下几方面：
1）开工、竣工日期。
2）关键线路。
3）主要工程材料及设备供应、劳动力、水、电配套能否保证施工进度计划的需要，供应是否均衡。

4）施工条件（资金、图纸、施工现场、采购的物资等）。

施工进度计划报审表的表格形式、内容要求见表3-9。

表 3-9　施工进度计划报审表

工程名称：	编号：

致：＿＿＿＿＿＿＿＿＿＿＿＿＿＿＿（项目监理机构）

　　根据施工合同约定，我方已完成＿＿＿＿＿＿＿＿＿＿工程施工进度计划的编制和批准，请予以审查。

　　附件：□施工总进度计划

　　　　　□阶段性进度计划

施工项目经理部（盖章）
项目经理（签字）
年　月　日

审查意见：

专业监理工程师（签字）
年　月　日

审核意见：

项目监理机构（盖章）
总监理工程师（签字）
年　月　日

注：本表一式三份，项目监理机构、建设单位、施工单位各一份。

实训案例二

（1）背景事件　监理人员在现场巡视检查过程中发现，2011年7月18日进场的SBS防水卷材见证取样复试未完成，施工方已用于屋面防水工程施工，监理工程师于7月25日发出《监理通知单》（T2-060）要求停止施工，但施工单位未执行通知要求，监理工程师又于7月26日发出工程暂停令（T-002），要求施工单位停止施工。施工单位根据要求于8月19日提供了SBS防水卷材见证取样复试合格的报告，并提出复工申请。

（2）范表（表 3-10）

表 3-10　工程复工报审表

| 工程名称：隆翔商务大厦 | 编号：F-002 |

致：汉华建设工程监理有限公司隆翔商务大厦监理项目部（项目监理机构）

编号为 T-002《工程暂停令》所停工的主楼屋面防水施工部位，现已满足复工条件，我方申请于 2011 年 8 月 20 日复工，请予以审批。

附件：证明文件资料

1. 特殊工种施工人员交底记录
2. 7月18日进场防水卷材复试报告
3. 合格证明书（复印件1份）

施工项目经理部（盖章）

项目经理（签字）　×××

2021 年 8 月 19 日

审核意见：

经核查，材料复试合格，同意用于本工程，同意主楼屋面天沟防水施工。

项目监理机构（盖章）

总监理工程师（签字）　×××

2021 年 8 月 19 日

审批意见：

经审查，条件已具备，同意复工要求。

建设单位（盖章）

建设单位代表（签字）　×××

2021 年 8 月 19 日

注：本表一式三份，项目监理机构、建设单位、施工单位各一份。

3.2.3　工程暂停令

工程暂停令是指施工过程中发生了需要停工处理的事件，由总监理工程师签发的暂时停止施工的指令性文件。

总监理工程师应根据暂停工程的影响范围和影响程度，依据《建设工程监理规范》（GB 50319—2013）第 6.2.2 条，按照承包合同和委托监理合同的约定签发工程暂停令。

工程暂停令的表格形式、内容要求见表 3-11。

表 3-11　工程暂停令

工程名称：_____　　　　　　　　　　　编号：_____

致：_____（施工项目经理部）

　　由于_____

_____原因，现通知你方于_____年

_____月_____日_____时起，暂停_____部位（工序）施工，并按下述要求做好后续工作。

　　要求：

项目监理机构（盖章）
总监理工程师（签字、加盖执业印章）
　　年　　月　　日

注：本表一式三份，项目监理机构、建设单位、施工单位各一份。

3.2.4　监理通知单

监理通知单是指监理单位认为在工程实施过程中需要让建设、设计、勘察、施工、材料供应等各方应知的事项而发出的监理文件。

在监理工作中，项目监理机构按委托监理合同授予的权限，对施工单位所发出的指令、提出的要求，除另有规定外，均应采用此表。监理工程师现场发出的口头指令及要求，也应采用此表予以确认。

监理工程师通知的内容，施工单位应认真执行，并将执行结果用监理通知回复单报监理机构复核。

监理通知单的表格形式、内容要求见表 3-12。

表 3-12　监理通知单

工程名称：_____　　　　编号：_____

致：_____（施工项目经理部）

事由：_____
_____
_____

内容：_____
_____
_____
_____

　　　　　　　　　　　　　　　　　　　　　　　　　　项目监理机构（盖章）
　　　　　　　　　　　　　　　　　　　　　　　　　　总／专业监理工程师（签字）
　　　　　　　　　　　　　　　　　　　　　　　　　　　　　年　月　日

注：本表一式三份，项目监理机构、建设单位、施工单位各一份。

3.2.5　监理通知回复单

监理通知回复单是指监理单位发出监理通知，施工单位对监理通知单或工程质量整改通知执行完成后，报项目监理机构请求复查的回复用表。施工单位完成监理通知回复单中要求继续整改的工作后，仍用此表回复。

监理通知回复单的表格形式、内容要求见表 3-13。

表 3-13　监理通知回复单

工程名称：　　　　　　　　　　　　　　　　　　　　　　　　编号：

致：＿＿＿＿＿＿＿＿＿＿＿＿＿＿＿＿＿＿＿＿（项目监理机构）

我方接到编号为＿＿＿＿＿＿＿＿＿＿＿＿的监理通知单后，已按要求完成相关工作，请予以复查。

附件：需要说明的情况

施工项目经理部（盖章）

项目经理（签字）

年　月　日

复查意见：

项目监理机构（盖章）

总监理工程师/专业监理工程师（签字）

年　月　日

注：本表一式三份，项目监理机构、建设单位、施工单位各一份。

 小知识

专业监理工程师

　　由总监理工程师授权，负责实施某一专业或某一岗位的监理工作，有相应监理文件签发权，具有工程类注册执业资格或具有中级及以上专业技术职称、2年及以上工程实践经验并经监理业务培训的人员。

子单元 3　质量控制资料

质量控制资料的内容主要包括：施工组织设计/（专项）施工方案报审表、工程材料/构配件/设备报审表、施工测量放线报验单、工序报验单、工程竣工预验报验单、工程质量事故报告单、工程质量整改通知单、工程质量事故处理方案报审表、工程变更单、见证取样记录表、混凝土浇筑报审书、监理抽样记录、施工试验见证取样汇总表、检验批和分项工程质量验收抽查记录表等内容。

1. 施工组织设计/（专项）施工方案报审表

施工组织设计/（专项）施工方案报审表为施工单位向项目监理机构报审施工组织设计或施工方案的用表。施工单位申报的施工组织设计必须经其企业技术负责人审批，签字盖章齐全。对重点部位、特殊工程必须报施工方案。项目监理机构审批时，必须有各专业监理工程师的审查意见。

施工组织设计/（专项）施工方案报审表的表格形式、内容要求见表3-14。

表3-14　施工组织设计/（专项）施工方案报审表

工程名称：　　　　　　　　　　　　　　　　　　　　编号：

致：_____（项目监理机构）

我方已完成_____工程施工组织设计/（专项）施工方案的编制和审批，请予以审查。

附件：□ 施工组织设计
　　　□ 专项施工方案
　　　□ 施工方案

　　　　　　　　　　　　　　施工项目经理部（盖章）
　　　　　　　　　　　　　　项目经理（签字）
　　　　　　　　　　　　　　　　年　月　日

审查意见：

　　　　　　　　　　　　　　专业监理工程师（签字）
　　　　　　　　　　　　　　　　年　月　日

审核意见：

　　　　　　　　　　　　　　项目监理机构（盖章）
　　　　　　　　　　　　　　总监理工程师（签字、加盖执业印章）
　　　　　　　　　　　　　　　　年　月　日

审批意见（仅对超过一定规模的危险性较大的分部分项工程专项施工方案）：

　　　　　　　　　　　　　　建设单位（盖章）
　　　　　　　　　　　　　　建设单位代表（签字）
　　　　　　　　　　　　　　　　年　月　日

注：本表一式三份，项目监理机构、建设单位、施工单位各一份。

2. 工程材料、构配件、设备报审表

工程材料、构配件、设备报审表为施工单位向项目监理机构报验工程材料（构配件）、设备进场使用的用表。对施工单位申报的材料（构配件）、设备的质量保证材料，项目监理机构需核对其原件，并要求施工单位在提交给项目监理机构的复印件上，注明质量保证资料原件存放单位（其上加盖项目经理部章）。

工程材料、构配件、设备报审表的表格形式、内容要求见表 3-15。

表 3-15　工程材料、构配件、设备报审表

工程名称：	编号：

致：_____（项目监理机构）

　　于_____年____月____日进场的拟用于工程_____部位的_____，经我方检验合格，现将相关资料报上，请予以审查。

　　附件：1. 工程材料、构配件或设备清单
　　　　　2. 质量证明文件
　　　　　3. 自检结果

施工项目经理部（盖章）
项目经理（签字）
年　月　日

审查意见：

项目监理机构（盖章）
专业监理工程师（签字）
年　月　日

注：本表一式二份，项目监理机构、施工单位各一份。

3. 施工测量放线报验单

施工测量放线报验单为施工单位报请项目监理机构对施工测量进行验收的用表。项目监理机构必须对报验内容进行复核，并填写复核记录。

施工测量放线报验单的表格形式、内容要求见表 3-16。

表 3-16 施工测量放线报验单

工程名称：_____ 编号：_____

致监理单位：_____

根据合同要求，我们已完成_____工程的施工放样，工作清单如下，请予查验。

附件：测量及放样资料

承包单位_____
技术负责人_____
日 期____年__月__日

工程或部位名称	放样内容	备注

监理工程师审核意见：
  □ 查验合格
  □ 纠正差错后合格
  □ 纠正差错后再报

监理工程师_____
日 期____年__月__日

4．工序质量报验单

工序质量报验单为承包单位报请项目监理机构对工序质量进行验收的用表。表中监理抽查数据及情况记录由项目监理机构现场检查人员填写。表中"检查人"一栏，监理员有权签字。

工序质量报验单的表格形式、内容要求见表 3-17。

表 3-17 工序质量报验单（通用）

工程名称：_____ 编号：_____

致：_____（监理单位名称）

兹报验：

验收时间：

本次报验内容为第_____次报验，本项目经理部已完成了自检工作且资料完整，并呈报相应资料。

施工单位（章）_____
项目经理：_____日期：_____

项目监理机构签收人姓名及时间	施工单位签收人姓名及时间

监理抽查数据及情况记录：
  收到施工单位相应自评/检查资料及验收资料共_____页，收到时间_____。

检查人：_____ 日期_____

监理审查意见：
  可以进行后续施工。
  核验未通过，不得进行下道工序施工，整改后再报。

项目监理机构（章）_____
总监理工程师：_____日期：_____

5．工程竣工预验报验单

工程竣工预验报验单为施工单位已按工程施工合同约定、完成设计文件要求的施工内容后，向项目监理机构提出工程竣工验收申请的用表。施工单位报请竣工验收的工程内容如有甩项，必须有建设单位的书面通知。项目监理机构应要求施工单位提供完整的工程竣工资料。

工程竣工预验报验单的表格形式、内容要求见表3-18。

表 3-18　工程竣工预验报验单

工程名称：＿＿＿＿＿＿＿＿＿＿＿＿　　　　　　　　　　　　编号：＿＿＿＿＿＿＿

致：＿＿＿＿＿＿＿＿＿＿＿＿（监理单位名称）

根据合同规定，我方已完成了＿＿＿＿＿＿＿＿＿＿＿＿工程项目的全部施工内容，经自检符合合同及设计要求，技术资料齐全，现报请竣工预验，请予以检查和验收。

附件：

单位工程竣工资料

施工单位（章）＿＿＿＿＿＿＿＿＿＿＿＿

项目经理：＿＿＿＿＿＿　日期：＿＿＿＿＿＿

项目监理机构签收人姓名及时间		施工单位签收人姓名及时间	

监理审查意见：

经预验收该工程：

1．构成单位工程的各分部工程全部/未全部验收合格。

2．文字资料完整/不完整，符合/不符合有关规定。

3．符合/不符合设计文件要求。

4．符合/不符合施工合同要求。

经核查，该工程初步验收合格/不合格，可以/不可以组织正式验收。

项目监理机构（章）＿＿＿＿＿＿＿＿＿＿＿＿

总监理工程师：＿＿＿＿＿＿　日期：＿＿＿＿＿＿

6．工程质量事故报告单

当施工过程中发生了工程质量问题（事故）时，施工单位应及时向项目监理机构报告，并就工程质量的有关情况填写工程质量事故报告单。工程质量事故报告单的表格形式、内容要求见表3-19。

表 3-19　事故报告单

工程名称：＿＿＿＿＿＿＿　　　　　　　　　　　　　　　编　号：＿＿＿＿＿

致：（监理单位）：＿＿＿＿＿＿＿＿＿＿＿＿＿＿＿＿＿＿＿＿＿＿＿＿＿

　　＿＿＿＿年＿＿＿＿月＿＿＿＿日＿＿＿＿时在＿＿＿＿＿＿＿＿＿＿＿＿＿＿＿＿＿＿＿＿＿见设计图纸＿＿＿＿＿＿＿＿＿＿＿＿＿＿＿＿＿＿＿＿＿＿，发生工程质量事故。报告如下：

1. 经过情况及原因的初步分析：

2. 性质：

3. 造成损失及人员伤亡：

　　损失金额＿＿＿＿＿＿＿＿元，伤＿＿＿＿＿＿＿＿人，亡＿＿＿＿＿＿＿＿人。

4. 补救措施及初步处理意见：

待进行现场调查后，再另作详细报告，并提出处理方案待审查。

承包单位＿＿＿＿＿＿＿＿＿＿＿＿＿＿＿　　　　监理单位＿＿＿＿＿＿＿＿＿＿＿＿＿＿＿

项目经理＿＿＿＿＿＿＿＿＿＿＿＿＿＿＿　　　　监理工程师＿＿＿＿＿＿＿＿＿＿＿＿＿

日　　期＿＿＿＿＿＿＿＿＿＿＿＿＿＿＿　　　　日　　期＿＿＿＿＿＿＿＿＿＿＿＿＿＿

7．工程质量整改通知单

　　工程质量整改通知单是指分项工程未达到质量检验评定要求，一经检查发现，在下达监理通知单两次后，施工单位未按时限要求改正或不按专业监理工程师下达的监理通知单要求改正时，由项目监理机构下达的文件。

　　施工单位应按工程质量整改通知单的要求整改，并用监理通知回复单报项目监理机构复核。

工程质量整改通知单的表格形式、内容要求见表 3-20。

表 3-20　工程质量整改通知单

工程名称：_____　　　　　　　　　　　　　　编号：_____

致：_____（施工单位名称）

　　经检验表明，_____部位，不符合_____的规定，现通知你方，要求：提出该部位处理的技术方案，经监理机构认可后进行处理。

　　附：检验证明

项目监理机构签收人姓名及时间		施工单位签收人姓名及时间	

施工单位（章）_____

项目经理：_____　日期：_____

8. 工程质量事故处理方案报审表

工程质量事故处理方案报审是施工单位在对工程质量事故详细调查、研究的基础上，提出处理方案后报项目监理机构审查、确认和批复。

工程质量事故处理方案报审表的表格形式、内容要求见表 3-21。

表 3-21　事故处理方案报审表

工程名称：_____　　　　　　　　　　　　　　编号：_____

致（监理单位）：_____

　　____年____月____日____时在_____（见设计图纸____）发生的事故，已于____月____日提出（事故报告单）。现提出处理方案，请予审查。

附件：
1. 事故详细报告
2. 事故处理方案

承包单位：_____

项目经理：_____　　日期：　年　月　日

监理工程师意见：	建设单位审查意见：
总监理工程师：_____ 日　期：_____	负责人：_____ 日　期：_____

9. 工程变更单

工程变更单是在施工过程中，建设单位、施工单位提出工程变更要求，报项目监理机构审核确认的用表。

工程变更单的表格形式、内容要求见表 3-22。

表 3-22　工程变更单

工程名称：_____　　　　　　　　　编号：_____

致：_____

由于_____原因，兹提出工程变更，请予以审批。

附件：

☐ 变更内容

☐ 变更设计图

☐ 相关会议纪要

☐ 其他

变更提出单位：

负责人：

　　年　月　日

工程量增／减	
费用增／减	
工期变化	

施工项目经理部（盖章） 项目经理（签字）	设计单位（盖章） 设计负责人（签字）
项目监理机构（盖章） 总监理工程师（签字）	建设单位（盖章） 负责人（签字）

注：本表一式四份，建设单位、项目监理机构、设计单位、施工单位各一份。

10．见证取样记录表

单位工程施工前，项目监理机构应根据施工单位报送的施工试验计划编制有见证取样和送检计划的表格。

见证人员应对试样的代表性和真实性负责。

见证人员应进行有见证取样和送检项目的管理，按照见证取样和送检计划，对施工现场的取样和送检进行见证，按规定填写见证取样、送样记录表。其表格形式、内容要求见表 3-23。

表 3-23　见证取样记录表

样品名称及规格	取 样 部 位	批　量	数　量	日期（取样）	合格证编号
施工单位（盖章） 取样人： 年　月　日			见证单位（盖章） 见证人： 年　月　日		

11. 混凝土浇筑报审表

施工单位在做好各项准备工作，具备浇筑混凝土之前应填写混凝土浇筑报审表，报送项目监理机构核查签发。

项目监理机构应认真核查混凝土浇筑的各项准备工作是否符合要求，并组织相关专业的施工人员共同核验。当全部符合要求并具备浇筑混凝土的条件时，签发混凝土浇筑报审表，要求相关专业的施工负责人也要会签，其表格形式、内容要求见表 3-24。

表 3-24　混凝土浇筑报审表

工程名称：_____　　　　　　　　　　编号：_____

致：_____（监理单位名称）

　　本工程_____部位的模板、钢筋、预埋件、水电安装报验通过，浇筑的准备工作已就绪，申请于_____年_____月_____日_____时至_____年_____月_____日_____时浇筑混凝土，请批准。

附：
土建工序报验单
安装工序报验单
混凝土浇筑施工方案报审表

水泥认可单号		中砂认可单号	
石子认可单号		外加剂认可单号	
混凝土配合比单号		混凝土设计坍落度	
混凝土预计浇筑量		施工值班负责人	
混凝土设计强度值		浇筑方案	
人料机准备情况		商品混凝土资料	

施工单位项目经理部（章）_____

项目经理：_____　日期：_____

项目监理机构签收人姓名及时间		施工单位签收人姓名及时间	

监理审查意见：

项目监理机构（章）_____

专业监理工程师：_____　总监理工程师：_____　日期：_____

12．监理抽验记录

当监理工程师对施工质量或材料、设备、工艺等有怀疑时，可以随时进行抽检，并填写监理抽检记录。

监理工程师在抽检过程中如发现工程质量有不合格项，应填写工程质量整改通知单，通知施工单位进行整改并进行复检，直到合格为止。

监理抽验记录的表格形式、内容要求见表 3-25。

表 3-25 监理抽验记录

监理抽检记录		编号	
工程名称		抽检日期	年　月　日

检查项目：

检查部位：

检查数量：

被委托单位：

检查结果：

处置意见：

	监理工程师（签字）：	日期： 年　月　日
监理单位名称：	总监理工程师（签字）：	日期： 年　月　日

注：本表由监理单位填写，建设单位、监理单位、施工单位各存一份。如不合格应填写《不合格项处置记录》。

13. 施工试验见证取样汇总表

施工试验见证取样汇总表为监理单位的见证人员在见证试验完成，各试验项目的试验报告齐全后，分类收集、汇总整理时填写的资料。

有见证取样和送检的各项目，凡未按规定送检或送检次数达不到要求的，其工程质量应由有相应资质等级的检测单位进行检测确定。

施工试验见证取样汇总表的表格形式、内容要求见表 3-26。

表 3-26 有见证试验汇总表

工程名称：_____
施工单位：_____
建设单位：_____
监理单位：_____
见 证 人：_____
试验室名称：_____

试验项目	应送试总次数	有见证试验次数	不合格次数	备注

施工单位： 　　　　　　　　　　　　　制表人：
　　　　　　　　　　　　　　　　　　　填表日期：　　年　　月　　日

注：此表由施工单位汇总填写。

14．检验批、分项工程质量验收抽查记录表

监理工程师在旁站、巡视、平行监理时，或对工程质量有怀疑时，可以随时进行抽验，并填写各相关检验批、分项工程施工质量验收记录（记录表格见本书施工资料章节）。

监理工程师对检验批、分项工程质量验收抽查记录可以作为监理工程师对检验批、分项工程质量验收和要求工程质量整改的依据。

小知识

项目监理机构

项目监理机构是监理单位派驻工程项目负责履行建设工程监理合同的组织机构。

子单元 4　造价控制资料

工程造价控制的依据有以下几方面：

1）"建设工程施工合同"或者协议条款。

2）分项/分部工程质量报验单（如桩基分部、基础分部、主体分部、单位工程竣工验收报告）、工序质量报验单。一般应该是验收"合格"方可支付或者结算，有些形象进度完成但尚没通过验收、质量尚没认定为"合格"的一般不予付款。

3）工程设计图纸、设计说明及设计变更、洽商。

4）施工合同的变更或协议。

5）当地政府或建设与造价主管部门的工程概（预）算定额、取费标准、调价文件等。

6）市场价格信息。

7）国家和当地其他有关经济法规和规定。

1．工程款支付报审表

工程款支付申请是施工单位根据施工合同中有关工程款支付约定的条款，向项目监理机构申请支付工程预付款、工程进度款、工程结算款的申请。

申请支付工程款金额应包括合同内工程款、工程变更增减费用、批准的索赔费用，扣除应扣预付款、保留金及施工合同中约定的其他费用。

工程款支付报审表的表格形式、内容要求见表3-27。

表3-27　工程款支付报审表

工程名称：		编号：

致：＿＿＿＿＿＿＿＿＿＿＿＿＿＿＿＿＿＿＿＿（项目监理机构）

　　根据施工合同约定，我方已完成＿＿＿＿＿＿＿＿＿＿＿＿＿＿工作，建设单位应在＿＿＿年＿＿月＿＿日前支付工程款共计（大写）＿＿＿＿＿＿＿＿＿＿＿＿＿（小写：＿＿＿＿＿＿＿＿），请予以审核。

附件：

☐ 已完成工程量报表

☐ 工程竣工结算证明材料

☐ 相应支持性证明文件

施工项目经理部（盖章）

项目经理（签字）

年　　月　　日

审查意见：

1．施工单位应得款为：

2．本期应扣款为：

3．本期应付款为：

附件：相应支持性材料

专业监理工程师（签字）

年　　月　　日

审核意见：

项目监理机构（盖章）

总监理工程师（签字、加盖执业印章）

年　　月　　日

审批意见：

建设单位（盖章）

建设单位代表（签字）

年　　月　　日

注：本表一式三份，项目监理机构、建设单位、施工单位各一份；工程竣工结算报审时，本表一式四份，项目监理机构、建设单位各一份、施工单位二份。

实训案例三

（1）背景事件　按施工合同专用合同条款第12.4条约定，地基基础工程验收工作完成后，建设单位应在2020年10月30日前支付该工程地基基础分部（桩基子分部除外）的工程款。施工单位于2020年10月19日向建设单位提出支付基础工程分部部分工程款的申请。

（2）范表（表3-28）

表 3-28　工程款支付报审表

工程名称：<u>隆翔商务大厦</u>　　　　　　　　　　　　　　　　　　　　　编号：<u>ZF-002</u>

致：<u>汉华建设工程监理有限公司隆翔商务大厦监理项目部</u>（项目监理机构）

我方已完成<u>地基基础分部工程的验收</u>工作，按施工合同，建设单位应在<u>2020</u>年<u>10</u>月<u>30</u>日前支付该项工程款共（大写）<u>壹仟玖佰玖拾叁万柒仟贰佰伍拾柒元整</u>（小写：<u>19937257.00</u>），现将有关资料报上，请予以审核。

附件：

（已完工程量报表：见附件）

□工程竣工结算证明资料

（相应的支持性证明文件：见附件）

施工项目经理部（盖章）

项目经理（签字）　×××

2020 年 10 月 19 日

审查意见：

1．施工单位应得款为：19611038.00 元；

2．本期应扣款为：408236.00 元；

3．本期应付款为：19202802.00 元。

附件：相应支持性材料

专业监理工程师（签字）　×××

2020 年 10 月 23 日

审核意见：

经审核，专业监理工程师审查结果正确，请建设单位审批。

项目监理机构（盖章）

总监理工程师（签字、执业印章）　×××

2020 年 10 月 26 日

审批意见：

同意监理意见，支付本次工程款共壹仟玖佰贰拾万贰仟捌佰零贰元整。

建设单位（盖章）

建设单位代表（签字）　×××

2020 年 10 月 28 日

注：本表一式三份，项目监理机构、建设单位、施工单位各一份；工程竣工结算报审时，本表一式四份，项目监理机构、建设单位各一份、施工单位二份。

2. 工程变更费用报审表

工程变更费用报审表是指施工单位收到总监理工程师签认的工程变更单、图纸会审记录和设计变更通知单后,在承包合同约定的期限内就变更工程价款的项目监理机构审核确认的资料。

总监理工程师应在承包合同规定的期限内签发工程变更费用报审表,在签认此表之前应与建设单位、施工单位协商。

工程变更费用报审表的表格形式、内容要求见表 3-29。

表 3-29　工程变更费用报审表

工程变更费用报审表							编号	
工程名称							日期	年　月　日
致　　　　　　　　　　　　　　　　　　　　　　　（监理单位):								
根据第（　　）号工程变更单,申请费用如下表,请审核。								
项目名称	变更前			变更后			工程款增（+）减（-）	
	工程量	单价	合价	工程量	单价	合价		
施工单位名称:				项目经理（签字）:				
监理工程师审核意见:								
				监理工程师签字:			日期:	年　月　日
监理单位名称:				总监理工程师（签字）:			日期:	年　月　日

注: 本表由施工单位填报,建设单位、监理单位、施工单位各存一份。

3. 工程款支付证书

工程款支付证书是项目监理机构在收到施工单位的工程款支付申请表后,根据承包合同和有关规定审查复核后签署的,用于建设单位应向施工单位支付工程款的证明文件。它是项目监理机构向建设单位转呈的支付证明书。

工程款支付证书的表格形式、内容要求见表 3-30。

表 3-30　工程款支付证书

工程名称：	编号：

致：_____（施工单位）
根据施工合同约定，经审核编号为_____工程款支付报审表，扣除有关款项后，同意支付工程款共计（大写）_____（小写：_____）。

其中：
1. 施工单位申报款为：
2. 经审核施工单位应得款为：
3. 本期应扣款为：
4. 本期应付款为：

附件：工程款支付报审表及附件

项目监理机构（盖章）
总监理工程师（签字、加盖执业印章）
年　月　日

注：本表一式三份，项目监理机构、建设单位、施工单位各一份。

4．工程竣工结算审核意见书

工程竣工结算审核意见书是指总监理工程师签发的工程竣工结算文件或提出的工程竣工结算合同争议的处理意见。

工程竣工结算审查应在工程竣工报告确认后依据施工合同及有关规定进行。

竣工结算审查程序应符合《建设工程监理规范》（GB 50319—2013）第 5.3.4 条的规定。当建设单位和施工单位对工程竣工结算的价款总额无法协商一致时，应按施工合同约定处理，提出工程竣工结算合同争议处理意见。

工程竣工结算审核意见书的基本内容包括：

1）合同工程价款、工程变更价款、费用索赔合计金额、依据合同规定施工单位应得的其他款项。

2）工程竣工结算的价款总额。

3）建设单位已支付的工程款、建设单位向施工单位的费用索赔合计金额、质量保修金额、依据合同规定应扣承包单位的其他款项。

4）建设单位应支付金额。

审核意见书封面形式如图3-8所示。

```
_____工程
        工程竣工结算审核意见书
总监理工程师：_____
公司技术负责人：_____
监理单位（章）：_____
日期：_____年_____月_____日
```

图3-8　审核意见书封面

> **小知识**
>
> **施工单位**
>
> 施工单位指与项目建设单位签订建设工程施工合同，承担本工程建设项目施工的企业。在工程资料中施工单位可填写项目经理部名称、分公司名称或公司名称。

子单元5　分包资质资料

在一个建设工程项目中，往往会有很多的分包工程，常见的有桩基、商品混凝土、玻璃幕墙等，还有一些水电安装、消防、火灾报警、楼宇办公自动化等系统也常有分包和转包的现象。在实际工作中，分包、转包有时候较难以界定，也难以有效地遏制和管理，许多工程出现这样那样的质量和安全事故，造成工期的严重滞后，甚至停顿，其根源很多在于非法转包或分包的环节。因此，工程分包管理应该作为监理工程师合同管理中的一个不可忽视的内容。

在对工程分包的管理中，监理工程师应该掌握以下几个原则：

1）工程分包必须是在合同中约定的非主体的工程，并经建设单位同意的部分工程。主体分部一定是不可分包的，否则就是转包了。

2）施工总承包单位不得将其承包的全部工程转包给其他人，也不得将工程肢解以后以分包的名义转包给他人。

3）分包单位应由总监理工程师经过考查、审核后才能确定。对不满意或资格不够的分包单位有权拒绝进入现场施工。需要提请注意的是在审查一些施工分包单位的资信时，要求同时查验其资质证书（确认其可承包的工程内容与等级）、安全生产许可证（因为有时候其安全生产许可证扣证期间，原则上是不允许承揽新工程的）。

4）施工总承包单位应与分包单位签订分包合同，并对分包单位的活动负责。为保证合同的履行，分包单位的任何违约行为或疏忽导致工程损害或给建设单位造成的其他损失，施工总承包单位承担连带责任。监理单位常常看不到分包合同，因此，对于他们双方的责任、权利、义务会缺乏了解，一定要注意向施工总承包单位催要分包合同，这也是审查分包单位资信、审查分包过程是否合理合法的内容之一。

5）分包工程的价款应由施工总承包单位与分包单位结算，未经施工总承包单位同意，建设单位不得以任何形式向分包单位支付工程款（合同中约定的指定分包单位除外）。

1．分包单位资格报审表

分包单位资格报审是施工总承包单位实施分包时，提请项目监理机构对其分包单位资质审查确认的批复。施工承包合同中已明确的分包单位，施工总承包单位可不再对分包单位资格进行报审。

分包单位资格报审表的表格形式、内容要求见表3-31。

表3-31　分包单位资格报审表

工程名称：＿＿＿＿＿＿＿＿＿＿＿＿＿＿＿＿＿＿＿＿　　　　　　编号：＿＿＿＿＿＿

致：＿＿＿＿＿＿＿＿＿＿＿＿＿＿＿＿（项目监理机构）

经考察，我方认为拟选择的＿＿＿＿＿＿＿＿＿＿＿＿（分包单位）具有承担下列工程的施工或安装资质和能力，可以保证本工程按施工合同第＿＿＿＿条款的约定进行施工或安装。请予以审查。

分包工程名称（部位）	分包工程量	分包工程合同额
合计		

附件：1．分包单位资质材料
　　　2．分包单位业绩材料
　　　3．分包单位专职管理人员和特种作业人员的资格证书
　　　4．施工单位对分包单位的管理制度

　　　　　　　　　　　　　　　　　　　施工项目经理部（盖章）
　　　　　　　　　　　　　　　　　　　项目经理（签字）
　　　　　　　　　　　　　　　　　　　　　　年　月　日

审查意见：

　　　　　　　　　　　　　　　　　　　专业监理工程师（签字）
　　　　　　　　　　　　　　　　　　　　　　年　月　日

审核意见：

　　　　　　　　　　　　　　　　　　　项目监理机构（盖章）
　　　　　　　　　　　　　　　　　　　总监理工程师（签字）
　　　　　　　　　　　　　　　　　　　　　　年　月　日

注：本表一式三份，项目监理机构、建设单位、施工单位各一份。

2. 试验（检验）单位资格报审表

试验（检验）单位资格报审是指施工单位拟选择的在施工过程中承担施工试验（检验）工作的试验室的资格，报项目监理机构审查确认和批复。

试验（检验）单位资格报审表的表格形式、内容要求见表 3-32。

表 3-32　试验（检验）单位资格报审表

工程名称：_____	编号：_____

致：_____（监理单位名称）

根据工程需要，我方拟选择_____（试验室名称）承担本工程的试验（检验）工作。请予以审查和批准。

附件：
1. 试验室的资质等级及试验范围
2. 法定计量部门对试验室出具的计量检定证明
3. 试验室管理制度
4. 试验人员的资格证书
5. 本工程的试验项目及其要求

施工单位（章）：_____

项目经理：_____ 日期：_____

专业监理工程师审查意见：

专业监理工程师：_____ 日期：_____

总监理工程师审查意见：

项目监理机构（章）：_____

总监理工程师：_____ 日期：_____

> **小知识**
>
> **项目经理**
> 项目经理指建筑施工的企业法人代表在某一工程项目上的全权委托代理人。

子单元 6　合同管理资料

项目实施的整个过程中都需要以合同的形式来约束参与建设的各方，合同管理将贯穿于工程建设的各个阶段。合同管理是一项涉及知识面较广，因素较多的综合管理。在建设工程施工阶段，涉及的合同大多数为建设工程勘察设计合同、建设工程施工合同、材料设备采购合同、建设工程委托监理合同以及与建设工程相关的其他合同（如专业分包合同、委托检测合同等）。

合同管理的主要内容是：工程变更、工程暂停及复工、工程延期、费用索赔、工程分包等的监理工作。

1. 工程临时／最终延期报审表

工程临时／最终延期报审是指发生了非施工单位原因，施工合同约定由建设单位承担的延期责任事件后，施工单位提出的工期索赔，报项目监理机构审核确认。

总监理工程师应在施工合同约定的期限内签发工程临时/最终延期报审表，并依据施工合同中有关工期的约定，工期拖延和影响工期事件的事实和程度，影响工期事件对工期影响的量化程度来确定工程延期的时间。

工程临时/最终延期报审表的表格形式、内容要求见表 3-33。

表 3-33 工程临时/最终延期报审表

工程名称：_____ 编号：_____

致：_____（项目监理机构）
　　根据施工合同 _____（条款），由于 _____ 原因，我方申请工程临时/最终延期 _____（日历天），请予批准。
　　附件：1. 工程延期依据及工期计算
　　　　　2. 证明材料

　　　　　　　　　　　　　　　　　　　　　施工项目经理部（盖章）
　　　　　　　　　　　　　　　　　　　　　项目经理（签字）
　　　　　　　　　　　　　　　　　　　　　　　　年　月　日

审核意见：
　　□同意工程临时/最终延期 _____（日历天）。工程竣工日期从施工合同约定的____年___月__日延迟到____年___月__日。
　　□不同意延期，请按约定竣工日期组织施工。

　　　　　　　　　　　　　　　　　　　　　项目监理机构（盖章）
　　　　　　　　　　　　　　　　　　　　　总监理工程师（签字、加盖执业印章）
　　　　　　　　　　　　　　　　　　　　　　　　年　月　日

审批意见：

　　　　　　　　　　　　　　　　　　　　　建设单位（盖章）
　　　　　　　　　　　　　　　　　　　　　建设单位代表（签字）
　　　　　　　　　　　　　　　　　　　　　　　　年　月　日

注：本表一式三份，项目监理机构、建设单位、施工单位各一份。

2. 工程费用索赔报审表

工程费用索赔报审表是施工单位向建设单位提出费用索赔的事项，报项目监理机构审查、确认和批复的资料。总监理工程师应在施工合同约定的期限内签发费用索赔报审表，或发出要求施工单位提交有关费用索赔的进一步详细资料的通知。

施工单位提出费用索赔符合《建设工程监理规范》（GB 50319—2013）第 6.4.3 款所规定的条件时，总监理工程师应予以受理，并应与建设单位、施工单位进行协商。

工程费用索赔报审表的表格形式、内容要求见表 3-34。

表 3-34　工程费用索赔报审表

工程名称：_____　　　　　　　　　　　编号：_____

致：_____（项目监理机构）

根据施工合同_____条款，由于_____的原因，我方申请索赔金额（大写）_____，请予批准。

索赔理由：_____
_____
_____
_____

　　附件：□索赔金额的计算
　　　　　□证明材料

施工项目经理部（盖章）
项目经理（签字）
　　　　　　　年　　月　　日

审核意见：
　　□不同意此项索赔。
　　□同意此项索赔，索赔金额为（大写）_____。
　　同意 / 不同意索赔的理由：_____
_____
_____
_____

　　附件：□索赔审查报告

项目监理机构（盖章）
总监理工程师（签字、加盖执业印章）
　　　　　　　年　　月　　日

审批意见：
_____
_____

建设单位（盖章）
建设单位代表（签字）
　　　　　　　年　　月　　日

注：本表一式三份，项目监理机构、建设单位、施工单位各一份。

实训案例四

（1）背景事件　因甲供进口大理石石材未按时到货，施工单位在合同约定的时间内向建设单位及项目监理机构提出了窝工损失和工期延误的索赔意向书，工程结算时施工单位向建设单位提出费用索赔。

（2）范表（表 3-35）

表 3-35　工程费用索赔报审表

工程名称：隆翔商务大厦　　　　　　　　　　　　　　　　编号：SP-002

致：汉华建设工程监理有限公司隆翔商务大厦监理项目部（项目监理机构）

根据施工合同 专用合同条款第 16.1.2 第（4）（5）条款，由于 甲供应材料未及时进场，致使工程延误，且造成我司现场施工人员停工的原因，我方申请索赔金额（大写）叁万伍仟元人民币，请予以批准。

索赔理由：因甲供进口大理石石材，未按时到货，造成我司现场施工人员窝工，及其他后续工作无法进行。

附件：□索赔金额的计算
　　　□证明材料

施工项目经理部（盖章）

项目经理（签字）×××

2021 年 8 月 15 日

审核意见：

　　□不同意此项索赔

　　（同意此项索赔，索赔金额为（大写）人民币壹万叁仟伍佰元整。

　　同意/不同意索赔的理由：由于停工 10 天中有 3 天为施工单位应承担的责任，另外有 2 天虽为开发商应承担的责任，但不影响机械使用及人员可另作安排别的工种工作，此 2 天只须赔付人工降效费，只有 5 天须赔付机械租赁费及人员窝工费。

　　5×（1000+ 15×100）+2×10×50= 13500 元

　　注：根据协议机械租赁费每天按 1000 元，人员窝工费每天按 100 元，人工降效费每天按 50 元计算。

　　附件：□索赔审查报告

项目监理机构（盖章）

总监理工程师（签字、加盖执业章）×××

2021 年 8 月 18 日

审批意见：

　　同意监理意见。

建设单位（盖章）

建设单位代表（签字）×××

2021 年 8 月 25 日

注：本表一式三份，项目监理机构、建设单位、施工单位各一份。

3．工程最终延期审批表

工程最终延期审批表是在影响工期事件全部结束后，项目监理机构在详细研究并评审影响工期的全部事件及其对工程总工期影响的基础上，批准施工单位最终有效延期时间的资料。

工程最终延期审批表的表格形式、内容要求见表 3-36。

表 3-36　工程最终延期审批表

工程名称：_____　　　　　　　　　　　　　　　　　　　　　　　　　编　号：____

致：_____（承包单位）

　　根据施工合同条款_____条的规定。我方对你方提出的_____工程延期申请（第_____号）要求延长工期_____日历天的要求，经过审核评估。

　　□最终同意工期延长_____日历天。使竣工日期（包括已指令延长的工期）从原来的____年__月__日延迟到____年____月____日。请你方执行。

　　□不同意延长工期，请按约定竣工日期组织施工。

说明：

　　　　　　　　　　　　　　　　　　　　　　　项目监理机构_____
　　　　　　　　　　　　　　　　　　　　　　　总监理工程师_____
　　　　　　　　　　　　　　　　　　　　　　　日　　　　期_____

4．合同争议、违约报告及处理意见

工程在实施过程中出现合同争议时，项目监理机构为调解合同争议所达成（或提出）的处理意见。合同争议的调解应符合《建设工程监理规范》（GB 50319—2013）第 6.6 节的规定，合同争议处理意见由总监理工程师签字盖章，并在施工合同约定的时间内送达建设单位和施工单位。

合同争议处理意见书的封面形式如图 3-9 所示。

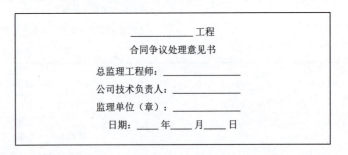

图 3-9　合同争议处理意见书封面

5．合同变更资料

合同变更资料包括施工过程中建设单位与施工单位的合同补充协议和合同解除有关资料。

施工合同解除必须符合法律程序，合同解除时项目监理机构依据《建设工程监理规范》（GB 50319—2013）第 6.7 节的规定处理善后工作，并翔实记录处理的过程和有关事项等。

> **小知识**
>
> **总监理工程师代表**
>
> 总监理工程师代表由总监理工程师授权,行使总监理工程师的部分职责和权力。总监理工程师代表可以由具有工程类执业资格的人员(如:注册监理工程师、注册造价工程师、注册建造师、注册工程师、注册建筑师等)担任,也可由具有中级及以上专业技术职称、3年及以上工程监理实践经验的监理人员担任。

子单元 7 工 作 总 结

3.7.1 工程竣工总结

某工程竣工总结格式如下:

_____工程竣工总结

1. 工程概况

1)工程项目名称。
2)设计单位。
3)施工总承包单位。
4)监理单位。
5)工程规模。

2. 管理方法、项目管理目标情况

1)建筑施工十大新技术的应用。
2)安全和文明施工管理方法。
3)开展劳动竞赛活动。

3. 工程质量控制

1)竣工核验质量等级。
2)事前、事中、事后的质量控制手段。
3)采用新技术、新材料的情况。
4)执行集团公司 ISO9001 质量保证体系情况。

4. 工程进度控制

1)工程进度的规划。
2)工程进度的检查。
3)工程进度的协调。
4)组织措施。

5. 工程投资控制情况

6. 合同管理和组织协调

3.7.2 工程质量评价意见报告

工程质量评价意见报告的表格形式、内容要求见表3-37。

表 3-37　工程质量评价意见报告

工程名称			
单位名称			
单位地址			
单位邮编		联系电话	

质量验收意见：
1. 监理单位质量责任行为履行情况。
2. 监理单位执行工程监理规范的情况。
3. 在施工过程中，执行有关法律、法规、强制性标准、设计文件、监理合同的情况。
4. 是否监督施工单位对施工过程中签发的"监理工程师通知单""监理工程师通知回复单"等按要求、按时限落实整改，并组织复查、消项。
5. 初步核定工程质量。
6. 执行旁站、巡视等监理工作的情况。
7. 对工程遗留质量缺陷等方面质量问题的处理意见。
8. 其他需要说明的情况（有关管线预留、预埋情况等）。

项目总监理工程师（签名）：	监理单位公章
法人代表（签名）：	

注：本表由监理单位填写。

 小知识

监理单位的知识管理

知识管理是对组织信息加以文档化、分类、传递和再利用。建设工程监理项目的质量控制效率取决于如何把组织所创造的知识加以收集和综合，以供监理人员进行决策。为了有效地进行知识管理，监理企业可以考虑从以下几个方面着手实施知识管理：

1）转变"知识就是权力和价值的体现"观念，在监理企业内树立起知识共享与知识创新的理念。

2）建立基于工程项目的学习型组织结构，强调组织结构的"扁平化"，尽量减少企业内部管理层次，以便使组织更适合员工的学习、交流和知识共享，适合监理的团队工作。

3）设立首席知识管理主管，统揽监理企业的知识管理活动，其任务就是要管理知识的获取、创造和应用。

4）实施基于计算机网络化管理，在这个网络化平台上，监理人员可以非常轻松、毫无障碍地进行知识的获取、交流，知识的自我评测，向企业提供有助于创新的各项建议和改革方案。

5）建立适应知识管理的配套机制：结合日常工作及业务流程来加强知识固化和共享机制、知识培训机制与知识测评机制、激励机制与企业文化机制；创造监理企业以人为本的文化氛围，让员工感受到自己是企业的真正主人，每个人在分享与创新知识上是完全平等的，让所有员工都积极主动地参与企业的经营管理活动，自愿进行知识交流、共享、创新，以提高自身素质和企业整体素质。

 相关链接

中国注册监理工程师考试网　http://www.jianlishi.com/

职业素养园地

工匠精神、精益求精——建筑大师梁思成

梁思成先生是我国著名的建筑师。1932—1940 年间，梁思成共计考察了全国二百多个市县数以千计的古建筑，并对其中大多数建筑进行了精细测绘。他们考察测绘的古建筑，囊括了由汉至清的许多重要遗存，在此基础上大致廓清了中国古代建筑的发展脉络。

《图像中国建筑史》有梁思成的古建筑手绘图，许多被毁的古建筑依靠着梁先生的手绘图进行复原。在没有 CAD 的年代，他那像高清扫描仪一样的手工绘图，一笔一画使古建筑跃然纸上，绘画水平让人叹为观止，精致严谨惊艳无数人。

请同学们课后通过查阅资料了解梁思成先生的手绘作品。

 单元小结

本单元主要介绍了建筑工程监理资料的基本内容、表格样式以及资料编制的基本要求与方法；建筑工程监理资料主要有监理管理资料、进度控制资料、质量控制资料、造价控制资料、分包资质资料、合同管理资料和工作总结等。通过学习可掌握监理资料的基本种类、编制原理、编制方法、编制要求，为在今后工作中从事资料编制工作奠定基础。

 能力训练题

1. 单选题

（1）下列不属于建设工程监理规划作用的是（　　）。

　　A．监理规划是建设监理主管机关对监理单位监督管理的依据

　　B．监理规划指导项目监理机构全面开展监理工作

　　C．监理规划指导具体监理业务的开展

　　D．监理规划是建设单位确认监理单位履行合同的主要依据

（2）开展建设工程监理的依据包括行政法规，以下属于建设行政法规的是（　　）。

　　A．《中华人民共和国建筑法》

　　B．《建设工程安全生产管理条例》

　　C．《建设工程监理范围和规模标准规定》

　　D．《建设工程监理企业资质管理规定》

（3）下列文件中，（　　）是编制设计阶段监理规划的重要依据。

　　A．施工合同　　　　　　　　　　　B．设计文件

　　C．监理合同　　　　　　　　　　　D．设计合同

（4）下列人员中，（　　）不是建设工程监理规划的参编或审查者。

　　A．企业技术负责人　　　　　　　　B．总监理工程师

　　C．专业监理工程师　　　　　　　　D．监理员

（5）监理工程师注册机关每 5 年对持"监理工程师注册证书"者复查一次，对不符合条件者，（　　）。

　　A．注销注册并收回"监理工程师注册证书"

B. 收回"监理工程师执业资格证书"和"监理工程师注册证书"

C. 暂时收回"监理工程师注册证书"

D. 重新考试、注册

(6)《建设工程质量管理条例》规定，未经（　　）签字，建筑材料、建筑构配件和设备不得在工程上使用和安装，施工单位不得进行下一道工序的施工。

A. 监理单位　　　　　　　　　B. 建设单位

C. 监理工程师　　　　　　　　D. 总监理工程师

(7) 建设工程监理进度控制是指在整个项目实施阶段开展管理活动，力求实现项目（　　）工期不超过计划工期。

A. 开工　　　　　　　　　　　B. 竣工验收

C. 主体完成　　　　　　　　　D. 实际

(8) 注册监理工程师实行（　　）制度。

A. 国家统一管理　　　　　　　B. 国务院监督管理

C. 执业资格管理　　　　　　　D. 注册执业管理

(9)（　　）应组织专业监理工程师编制设备监造计划，经监理单位技术负责人审核批准后，在设备制造开始前 10 天内报送建设单位。

A. 监理单位　　　　　　　　　B. 专业监理工程师

C. 总监理工程师　　　　　　　D. 总监理工程师代表

(10) 属于专业监理工程师在项目监理中应承担的职责是（　　）。

A. 检查施工单位人力、材料、机械投入及运行情况

B. 审核工程计量和原始凭证

C. 审定施工组织设计

D. 调解合同争议

2．多选题

(1) 项目建设单位授予监理单位的权力，应明确反映在（　　）中。

A. 监理合同　　　　　　　　　B. 监理规划

C. 监理大纲　　　　　　　　　D. 施工合同

E. 监理细则

(2) 在委托监理的工程项目中，通常应由项目建设单位完成的工作是（　　）。

A. 制订实现目标计划　　　　　B. 编写监理规划

C. 选定设计、施工单位　　　　D. 确定设计方案

E. 确定工程项目投资、进度、质量总目标

(3) 编写监理规划应注意以下要求（　　）。

A. 充分体现建设单位的要求　　B. 与施工单位的技术水平相适应

C. 基本内容的构成力求统一　　D. 表达方式标准化、格式化

E. 一般应分阶段编写

(4) 索赔审查报告附件内容应包括（　　）。

A. 总监理工程师对该索赔的评价

B. 索赔的结论

C. 索赔计算方法

D. 施工单位的索赔报告及其有关证据和资料

E. 受理索赔的工作概况

(5) 项目监理机构在施工准备阶段应做好（　　）监理工作。

A. 审查施工单位施工组织设计

B. 主持召开工地例会，编写建设工程投资匡算

C. 审核施工单位质量保证体系

D. 参加设计单位向施工单位的技术交底

E. 审核主要设备、材料清单

(6) 我国监理工程师的注册条件有（　　）。

A. 热爱祖国，拥护社会主义，遵纪守法，遵守监理工程师的职业道德

B. 已取得"监理工程师资格证书"，在监理单位执业，能胜任所担负的监理工作

C. 身体健康，符合建立专业结构合理、配套、规模适中的监理队伍的需要

D. 已取得"监理工程师资格证书"，没有在监理单位工作

E. 在两个或者更多的单位申请注册

(7) 下列内容中，监理工程师应严格遵守的职业道德包括（　　）。

A. 不同时在两个或两个以上监理单位注册和从事监理活动

B. 坚持独立自主地开展工作

C. 不出借"监理工程师执业资格证书"

D. 不泄露所监理工程各方认为需要保密的事项

E. 通知建设单位在监理工作过程中可能发生的任何潜在的利益冲突

(8) 参与工程建设各方共同使用的监理表格有（　　）。

A. 工程暂停令　　　　　　　B. 工程变更单

C. 工程款支付证书　　　　　D. 监理工作联系单

E. 监理工程师通知回复单

(9) 总监理工程师不得将（　　）等工作委托总监理工程师代表。

A. 主持编写项目监理规划

B. 审批工程延期

C. 确认工程监理机构人员的分工和岗位职责

D. 签发工程暂停令

E. 审查分包单位资质

(10)《中华人民共和国建筑法》规定，工程监理单位应当根据建设单位的委托，坚持（　　）的原则，执行监理任务。

A. 客观　　　B. 公正　　　C. 公开　　　D. 统一

E. 独立

单元4 建筑工程施工资料管理

> **能力目标**
>
> 1. 会对建筑工程土建施工资料技术管理资料、控制资料进行分类,具备分类、整理、填写常见表格的能力。
> 2. 能对建筑工程施工质量验收资料进行分类,具备编制单位工程土建部分施工验收资料的能力。

> **学习重点与难点**
>
> 本单元学习重点是工程施工质量验收资料、单位(子单位)工程安全和功能检验资料核查及主要功能抽查记录编写和分类。本单元学习难点是工程技术管理资料与工程质量保证资料的归档和组卷。

子单元1 施工资料管理概述

4.1.1 施工资料的分类

施工资料是在施工过程中实施具体项目形成的文字记录,是以资料体现工程实施具体过程存在的形式,是竣工后追溯工程实际情况的必查资料。施工资料的管理涉及与项目实施有关的建设、监理、设计、材料设备供应、材料检测以及各个主管部门等许多单位,因此在建筑工程的各类资料中最为复杂、最为重要。根据相关规定,在施工过程中所形成的资料,应该按照报验和报审程序,通过施工单位的有关部门审核后,再报送建设单位或监理单位等单位进行审核认定;报审具有时限性的要求,与工程有关的各单位宜在合同中约定清楚报验、报审的时间及应该承担的责任。如果没有约定,则施工资料的申报和审批应遵守国家和当地建设行政主管部门的有关规定,并不得影响正常施工。

对于有分包的工程,应在分包合同中明确约定施工资料的提交份数、时间、质量要求和责任。分包单位应在工程完工时,按照合同的约定将施工资料及时移交给施工总承包单位。分包工程的施工资料由施工总承包单位向建设单位负责。

目前我国的建筑工程资料管理主要是依据《建设工程文件归档规范》(GB/T 50328—2014)、《建筑工程施工质量验收统一标准》(GB 50300—2013)的规定进行的。另外各地区在此基础上根据地区差别制定了地区的规定和规程,在工程资料的管理过程中也应执行。

按照工程资料的分类方法,施工单位的文件资料用 C 类表示,施工单位的资料可划分为施工管理文件资料、施工技术文件资料、进度造价文件资料、施工物资出厂质量证明及进场检测文件资料、施工记录文件资料、施工试验记录及检测文件资料、施工质量验收文件资料、施工验收文件资料 8 个子类资料。其中施工文件包含施工管理文件资料、施工技术文件资料分别用 C1、C2 表示；进度造价文件资料、施工物资出厂质量证明及进场检测文件资料、施工记录文件资料、施工试验记录及检测文件资料分别用 C3、C4、C5、C6 来表示；施工质量验收文件资料、施工验收文件资料分别用 C7、C8 表示。

在每一小类中，发生的若干种类的文件、资料或表格等的编号，例如，C2 中的第 6 个资料，就编号为 C2-06，以此类推。

施工资料按专业和组卷可分为土建工程、水电设备安装工程、分包工程等进行资料分类管理。

在一个工程中，土建专业的地基基础、主体结构、装饰装修及屋面工程等 4 个分部工程资料，一般组卷归档在一起；水电设备安装工程则按照所属的分部工程含有的工程项目，从 C1 到 C8 的子类，分别按不同的专业组卷归档；分包工程也按所承担的项目单独组卷。单位工程的验收资料编制时只引用相关水电设备安装工程和分包工程的分部工程、分项工程和检验批的数据即可。

> **小知识**
>
> **在资料编制和管理中可能进行单独组卷的子分部（分项）工程**
>
> 土建工程有基坑工程、桩基工程、预应力工程、钢结构工程和幕墙工程。
>
> 根据施工管理文件资料的特点、工程地理位置、管理程序的不同，水电设备安装工程和分包工程有建筑给水排水及采暖工程、通风空调工程、建筑电气工程、建筑智能工程、电梯工程。

4.1.2 施工单位文件资料的管理流程

1. 施工单位管理技术资料管理流程

施工单位管理技术资料的管理流程如图 4-1 所示。

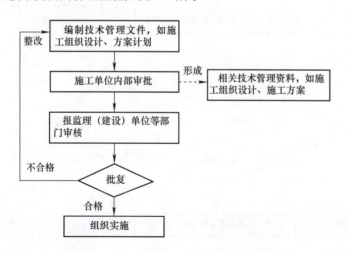

图 4-1　施工单位管理技术资料的管理流程

2. 施工物资资料的管理流程

施工物资资料的管理流程如图 4-2 所示。

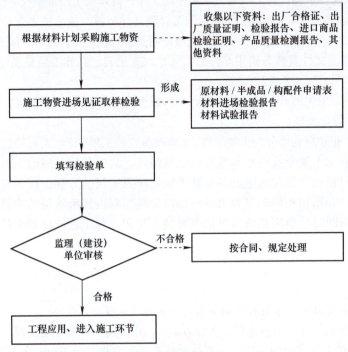

图 4-2　施工物资资料的管理流程

3．检验批质量验收程序及资料的管理流程

检验批质量验收程序及资料的管理流程如图 4-3 所示。

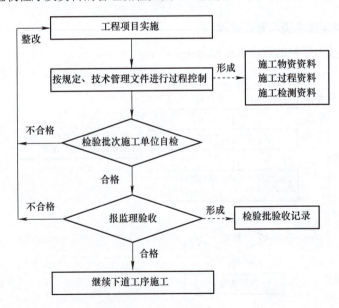

图 4-3　检验批质量验收程序及资料的管理流程

4．分项工程质量验收程序及资料的管理流程

分项工程质量验收程序及资料的管理流程如图 4-4 所示。

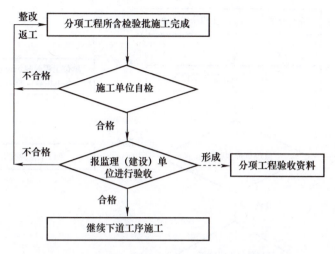

图 4-4　分项工程质量验收程序及资料的管理流程

5．子分部工程质量验收程序及资料的管理流程

子分部工程质量验收程序及资料的管理流程如图 4-5 所示。

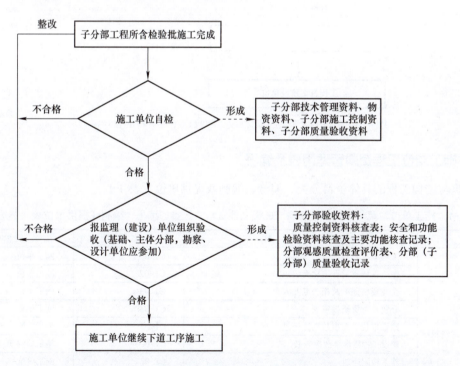

图 4-5　子分部工程质量验收程序及资料的管理流程

6．单位（子单位）工程竣工验收程序及资料的管理流程

单位（子单位）工程竣工验收程序及资料的管理流程如图 4-6 所示。

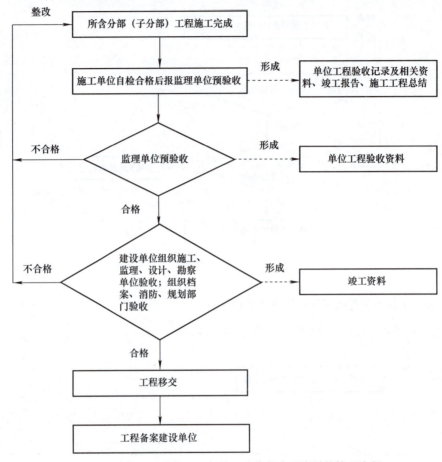

图 4-6 单位（子单位）工程竣工验收程序及资料的管理流程

4.1.3 施工单位工程资料管理用表及编号

建筑与结构工程的具体资料分类、编号、编制或提供单位见表 4-1。

表 4-1 施工单位建筑与结构工程资料（C 类文件资料）分类、编号、编制或提供单位表（节选）

类　别	归档文件资料名称	资料编号	编制或提供单位
C1 施工管理资料	工程概况表	C1-01	施工单位
	施工现场质量管理检查记录	C1-02	施工单位
	企业资质证书及相关专业人员岗位证书	C1-03	施工单位
	分包单位资质报审表	C1-04	施工单位
	建设单位质量事故勘查记录	C1-05	施工单位
	建设工程质量事故报告书	C1-06	施工单位
	施工检测计划	C1-07	施工单位
	见证试验检测汇总表	C1-08	施工单位
	施工日志	C1-09	施工单位
C2 施工技术文件	工程技术文件报审表	C2-01	施工单位
	施工组织设计及施工方案	C2-02	施工单位
	危险性较大分部分项工程施工方案	C2-03	施工单位

单元 4　建筑工程施工资料管理

（续）

类　别	归档文件资料名称	资 料 编 号	编制或提供单位
C2 施工技术文件	技术交底记录	C2-04	施工单位
	图纸会审记录	C2-05	施工单位
	设计变更通知单	C2-06	施工单位
	工程洽商记录（技术核定单）	C2-07	施工单位
C3 进度造价文件	工程开工报审表	C3-01	施工单位
	工程复工报审表	C3-02	施工单位
	施工进度计划报审表	C3-03	施工单位
	施工进度计划	C3-04	施工单位
	人、机、料动态表	C3-05	施工单位
	工程延期申请表	C3-06	施工单位
	工程款支付申请表	C3-07	施工单位
	工程变更费用报审表	C3-08	施工单位
	费用索赔申请表	C3-09	施工单位
C4 施工物资资料	出厂质量证明及检测报告		
	砂、石、砖、水泥、钢筋、隔热保温、防腐材料、轻骨料出厂证明文件	C4-01-01	供应单位
	其他物资出厂合格证、质量保证书、检测报告和报关单或商检证等	C4-01-02	供应单位
	材料、设备的相关检验报告、型式检测报告、3C强制认证合格证书或3C标志	C4-01-03	供应单位
	主要设备、器具的安装使用说明书	C4-01-04	供应单位
	进口的主要材料设备的商检证明文件	C4-01-05	供应单位
	涉及消防、安全、卫生、环保、节能的材料、设备的检测报告或法定机构出具的有效证明文件	C4-01-06	供应单位
	其他施工物资产品合格证、出厂检测报告	C4-01-07	供应单位
	进场检验通用表格		
	材料、构配件进场检验记录	C4-02-01	检测单位
	设备开箱检验记录	C4-02-02	检测单位
	设备及管道附件检验记录	C4-02-03	检测单位
	进场复试报告		
	钢材试验报告	C4-03-01	检测单位
	水泥试验报告	C4-03-02	检测单位
	砂试验报告	C4-03-03	检测单位
	碎（卵）石试验报告	C4-03-04	检测单位
	外加剂试验报告	C4-03-05	检测单位
	防水涂料试验报告	C4-03-06	检测单位
	防水卷材试验报告	C4-03-07	检测单位
	砖（砌块）试验报告	C4-03-08	检测单位
	预应力筋复试报告	C4-03-09	检测单位
	预应力锚具、夹具和连接器复试报告	C4-03-10	检测单位
	装饰装修用门窗复试报告	C4-03-11	检测单位

（续）

类　别	归档文件资料名称	资料编号	编制或提供单位
C4 施工物资资料	装饰装修用人造木板复试报告	C4-03-12	检测单位
	装饰装修用花岗石复试报告	C4-03-13	检测单位
	装饰装修用安全玻璃复试报告	C4-03-14	检测单位
	装饰装修用外墙面砖复试报告	C4-03-15	检测单位
	钢结构用钢材复试报告	C4-03-16	检测单位
	钢结构用防火涂料复试报告	C4-03-17	检测单位
	钢结构用焊接材料复试报告	C4-03-18	检测单位
	钢结构用高强度大六角头螺栓连接副复试报告	C4-03-19	检测单位
	钢结构用扭剪型高强螺栓连接副复试报告	C4-03-20	检测单位
	幕墙用铝塑板、石材、玻璃、结构胶复试报告	C4-03-21	检测单位
	散热器、供暖系统保温材料、通风与空调工程绝热材料、风机盘管机组、低压配电系统电缆的见证取样复试报告	C4-03-22	检测单位
	节能工程材料复试报告	C4-03-23	检测单位
	其他物资进场复试报告	C4-03-24	检测单位
C5 施工记录文件	隐蔽工程验收记录	C5-01	施工单位
	施工检查记录	C5-02	施工单位
	交接检查记录	C5-03	施工单位
	工程定位测量记录	C5-04	施工单位
	基槽验线记录	C5-05	施工单位
	楼层平面放线记录	C5-06	施工单位
	楼层标高抄测记录	C5-07	施工单位
	建筑物垂直度、标高观测记录	C5-08	施工单位
	沉降观测记录	C5-09	施工单位
	基坑支护水平位移监测记录	C5-10	施工单位
	桩基、支护测量放线记录	C5-11	施工单位
	地基验槽记录	C5-12	施工单位
	地基钎探记录	C5-13	施工单位
	混凝土浇灌申请书	C5-14	施工单位
	预拌混凝土运输单	C5-15	施工单位
	混凝土开盘鉴定	C5-16	施工单位
	混凝土拆模申请单	C5-17	施工单位
	混凝土预拌测温记录	C5-18	施工单位
	混凝土养护测温记录	C5-19	施工单位
	大体积混凝土养护测温记录	C5-20	施工单位
	大型构件吊装记录	C5-21	施工单位
	焊接材料烘焙记录	C5-22	施工单位
	地下工程防水效果检查记录	C5-23	施工单位

单元4 建筑工程施工资料管理

(续)

类　别	归档文件资料名称	资 料 编 号	编制或提供单位
C5 施工记录文件	防水工程试水检查记录	C5-24	施工单位
	通风(烟)道、垃圾道检查记录	C5-25	施工单位
	预应力筋张拉记录	C5-26	施工单位
	有黏结预应力结构灌浆记录	C5-27	施工单位
	钢结构施工记录	C5-28	施工单位
	网架(索膜)施工记录	C5-29	施工单位
	木结构施工记录	C5-30	施工单位
	幕墙注胶检查记录	C5-31	施工单位
	自动扶梯、自动人行道的相邻区域检查记录	C5-32	施工单位
	电梯电气装置安装检查记录	C5-33	施工单位
	自动扶梯、自动人行道电气装置检查记录	C5-34	施工单位
	自动扶梯、自动人行道整机安装质量检查记录	C5-35	施工单位
	其他施工记录文件	C5-36	施工单位
C6 施工试验记录及 检测文件	通用表格		
	设备单机试运转记录	C6-01-01	施工单位
	系统试运转调试记录	C6-01-02	施工单位
	接地电阻测试记录	C6-01-03	施工单位
	绝缘电阻测试记录	C6-01-04	施工单位
	建筑与结构工程		
	锚杆试验报告	C6-02-01	检测单位
	地基承载力检验报告	C6-02-02	检测单位
	桩基检测报告	C6-02-03	检测单位
	土工击实试验报告	C6-02-04	检测单位
	回填土试验报告(应附图)	C6-02-05	检测单位
	钢筋机械连接试验报告	C6-02-06	检测单位
	钢筋焊接连接试验报告	C6-02-07	检测单位
	砂浆配合比申请书、通知单	C6-02-08	施工单位
	砂浆抗压强度试验报告	C6-02-09	检测单位
	砌筑砂浆试块强度统计、评定记录	C6-02-10	施工单位
	混凝土配合比申请书、通知单	C6-02-11	施工单位
	混凝土抗压强度试验报告	C6-02-12	检测单位
	混凝土试块强度统计、评定记录	C6-02-13	施工单位
	混凝土抗渗试验报告	C6-02-14	检测单位
	砂、石、水泥放射性指标报告	C6-02-15	检测单位
	混凝土碱总量计算书	C6-02-16	施工单位
	外墙饰面砖样板黏结强度试验报告	C6-02-17	检测单位
	后置埋件抗拔试验报告	C6-02-18	检测单位
	超声波探伤报告、探伤记录	C6-02-19	检测单位
	钢构件射线探伤报告	C6-02-20	检测单位
	磁粉探伤报告	C6-02-21	检测单位

（续）

类　别	归档文件资料名称	资 料 编 号	编制或提供单位
C6 施工试验记录 及检测文件	高强度螺栓抗滑移系数检测报告	C6-02-22	检测单位
	钢结构焊接工艺评定	C6-02-23	检测单位
	网架节点承载力试验报告	C6-02-24	检测单位
	钢结构防腐、防火涂料厚度检测报告	C6-02-25	检测单位
	木结构胶缝试验报告	C6-02-26	检测单位
	木结构构件力学性能试验报告	C6-02-27	检测单位
	木结构防护剂试验报告	C6-02-28	检测单位
	幕墙双组分硅酮结构胶混匀性及拉断试验报告	C6-02-29	检测单位
	幕墙的抗风压性能、空气渗透性能、雨水渗透性能及平面内变形性能检测报告	C6-02-30	检测单位
	外门窗的抗风压性能、空气渗透性能和雨水渗透性能检测报告	C6-02-31	检测单位
	墙体节能工程保温板材与基层粘结强度现场拉拔试验报告	C6-02-32	检测单位
	外墙保温浆料同条件养护试件试验报告	C6-02-33	检测单位
	结构实体混凝土强度验收记录	C6-02-34	施工单位
	结构实体钢筋保护层厚度验收记录	C6-02-35	施工单位
	围护结构现场实体检验报告	C6-02-36	检测单位
	室内环境检测报告	C6-02-37	检测单位
	节能性能检测报告	C6-02-38	检测单位
	其他建筑与结构施工试验记录与检测文件	C6-02-39	检测单位
	给水排水及供暖工程		
	灌（满）水试验记录	C6-03-01	施工单位
	强度严密性试验记录	C6-03-02	施工单位
	通水试验记录	C6-03-03	施工单位
	冲（吹）洗试验记录	C6-03-04	施工单位
	通球试验记录	C6-03-05	施工单位
	补偿器安装记录	C6-03-06	施工单位
	消火栓试射记录	C6-03-07	施工单位
	安全附件安装检查记录	C6-03-08	施工单位
	锅炉烘炉试验记录	C6-03-09	施工单位
	锅炉煮炉试验记录	C6-03-10	施工单位
	锅炉试运行记录	C6-03-11	施工单位
	安全阀定压合格证书	C6-03-12	施工单位
	自动喷水灭火系统联动试验记录	C6-03-13	施工单位
	其他给水排水及供暖施工试验记录与检测文件	C6-03-14	施工单位
	建筑电气工程		
	电气接地装置平面示意图表	C6-04-01	施工单位
	电气器具通电安全检查记录	C6-04-02	施工单位
	电气设备空载试运行记录	C6-04-03	施工单位
	建筑物照明通电试运行记录	C6-04-04	施工单位

（续）

类 别	归档文件资料名称	资料编号	编制或提供单位
C6 施工试验记录 及检测文件	大型照明灯具承载试验记录	C6-04-05	施工单位
	剩余电流断路器模拟试验记录	C6-04-06	施工单位
	大容量电气线路结点测温记录	C6-04-07	施工单位
	低压配电电源质量测试记录	C6-04-08	施工单位
	建筑物照明系统照度测试记录	C6-04-09	施工单位
	其他建筑电气施工试验记录与检测文件	C6-04-10	施工单位
	智能建筑工程		
	综合布线测试记录	C6-05-01	施工单位
	光纤损耗测试记录	C6-05-02	施工单位
	视频系统末端测试记录	C6-05-03	施工单位
	子系统检测记录	C6-05-04	施工单位
	系统试运行记录	C6-05-05	施工单位
	其他智能建筑施工试验记录与检测文件	C6-05-06	施工单位
	通风与空调工程		
	风管漏光检测记录	C6-06-01	施工单位
	风管漏风检测记录	C6-06-02	施工单位
	现场组装除尘器、空调机漏风检测记录	C6-06-03	施工单位
	各房间室内风量测量记录	C6-06-04	施工单位
	管网风量平衡记录	C6-06-05	施工单位
	空调系统试运转调试记录	C6-06-06	施工单位
	空调水系统试运转调试记录	C6-06-07	施工单位
	制冷系统气密性试验记录	C6-06-08	施工单位
	净化空调系统检测记录	C6-06-09	施工单位
	防排烟系统联合试运行记录	C6-06-10	施工单位
	其他通风与空调施工试验记录与检测文件	C6-06-11	施工单位
	电梯工程		
	轿厢平层准确度测量记录	C6-07-01	施工单位
	电梯层门安全装置检测记录	C6-07-02	施工单位
	电梯电气安全装置检测记录	C6-07-03	施工单位
	电梯整机功能检测记录	C6-07-04	施工单位
	电梯主要功能检测记录	C6-07-05	施工单位
	电梯负荷运行试验记录	C6-07-06	施工单位
	电梯负荷运行试验曲线图表	C6-07-07	施工单位
	电梯噪声测试记录	C6-07-08	施工单位
	自动扶梯、自动人行道安全装置检测记录	C6-07-09	施工单位
	自动扶梯、自动人行道整机性能、运行试验记录	C6-07-10	施工单位
	其他电梯施工试验记录与检测文件	C6-07-11	施工单位
C7 施工质量 验收文件	检验批施工质量验收记录	执行《建筑工程施工质量验收统一标准》(GB 50300—2013)的规定	施工单位
	分项工程施工质量验收记录		施工单位
	分部（子分部）工程施工质量验收记录		施工单位
	建筑节能分部工程质量验收记录	C7-01	施工单位
	自动喷水系统验收缺陷项目划分记录	C7-02	施工单位
	程控电话交换系统分项工程质量验收记录	C7-03	施工单位
	会议电视系统分项工程质量验收记录	C7-04	施工单位

（续）

类别	归档文件资料名称	资料编号	编制或提供单位
C7 施工质量 验收文件	卫星数字电视系统分项工程质量验收记录	C7-05	施工单位
	有线电视系统分项工程质量验收记录	C7-06	施工单位
	公共广播与紧急广播系统分项工程质量验收记录	C7-07	施工单位
	计算机网络系统分项工程质量验收记录	C7-08	施工单位
	应用软件系统分项工程质量验收记录	C7-09	施工单位
	网络安全系统分项工程质量验收记录	C7-10	施工单位
	空调与通风系统分项工程质量验收记录	C7-11	施工单位
	变配电系统分项工程质量验收记录	C7-12	施工单位
	公共照明系统分项工程质量验收记录	C7-13	施工单位
	给水排水系统分项工程质量验收记录	C7-14	施工单位
	热源和热交换系统分项工程质量验收记录	C7-15	施工单位
	冷冻和冷却水系统分项工程质量验收记录	C7-16	施工单位
	电梯和自动扶梯系统分项工程质量验收记录	C7-17	施工单位
	数据通信接口分项工程质量验收记录	C7-18	施工单位
	中央管理工作站及操作分站分项工程质量验收记录	C7-19	施工单位
	系统实时性、可维护性、可靠性分项工程质量验收记录	C7-20	施工单位
	现场设备安装及检测分项工程质量验收记录	C7-21	施工单位
	火灾自动报警及消防联动系统分项工程质量验收记录	C7-22	施工单位
	综合防范功能分项工程质量验收记录	C7-23	施工单位
	视频安防监控系统分项工程质量验收记录	C7-24	施工单位
	入侵报警系统分项工程质量验收记录	C7-25	施工单位
	出入口控制（门禁）系统分项工程质量验收记录	C7-26	施工单位
	巡更管理系统分项工程质量验收记录	C7-27	施工单位
	停车场（库）管理系统分项工程质量验收记录	C7-28	施工单位
	安全防范综合管理系统分项工程质量验收记录	C7-29	施工单位
	综合布线系统安装分项工程质量验收记录	C7-30	施工单位
	综合布线系统性能检测分项工程质量验收记录	C7-31	施工单位
	系统集成网络连接分项工程质量验收记录	C7-32	施工单位
	系统数据集成分项工程质量验收记录	C7-33	施工单位
	系统集成整体协调分项工程质量验收记录	C7-34	施工单位
	系统集成综合管理及冗余功能分项工程质量验收记录	C7-35	施工单位
	系统集成可维护性和安全性分项工程质量验收记录	C7-36	施工单位
	电源系统分项工程质量验收记录	C7-37	施工单位
	其他施工质量验收文件	C7-38	施工单位
C8 施工验收文件	单位（子单位）工程竣工验收报验表	执行《建筑工程施工质量验收统一标准》（GB 50300—2013）的规定	施工单位
	单位（子单位）工程质量竣工验收记录		施工单位
	单位（子单位）工程质量控制资料核查记录		施工单位
	单位（子单位）工程安全和功能检验资料核查及主要功能抽查记录		施工单位
	单位（子单位）工程观感质量检查记录		施工单位
	施工资料移交书		施工单位
	其他施工验收文件		施工单位

小知识

资料员考试的知识

建设部《关于由中国建设工程造价管理协会归口做好建设工程概预算人员行业自律工作的通知》（建标〔2005〕69号）和《关于建设行业生产操作人员实行职业资格证书制度有关问题的通知》（建人教〔2002〕73号）规定，所有建筑行业从业人员必须持证上岗。

一、报名条件

1. 具有高中或非本专业中专学历，两年以上工作经历。
2. 具有本专业或相近专业中专以上学历，一年以上专业工作经历。
3. 身体健康，能胜任岗位工作。

二、报考专业

资料员。

三、考试科目

1. 资料员（包括土建、安装、市政）统考二门，分别为专业基础知识和专业管理实务。
2. 考生一次只能参加一个专业岗位的考试，重复报名者一律取消考试资格。

子单元 2　施工管理技术资料

4.2.1　施工管理资料的编制与填写要求

施工管理资料是施工单位依据企业的管理制度实施工程管理过程中，控制投资、质量、安全、工期措施，对人员、物资组织管理活动所形成的资料，包括以下资料类型：

1. 施工现场质量管理检查形成的资料

施工单位应该按照《建筑工程施工质量验收统一标准》（GB 50300—2013）的规定，填写施工现场质量管理检查记录（C1-02），一个工程的一个标段或一个单位工程通常在开工时检查，由施工单位工程负责人填写，填表时间是在开工之前，检查记录表应附有关文件的原件或复印件。表中可以直接将有关资料的名称写上，资料较多时，也可将有关资料进行编号，填写编号，注明份数。监理单位的总监理工程师（建设单位项目负责人）应对施工现场进行检查，验收核查后，返还施工单位，并签字认可。如果检查验收不合格，则施工单位必须限期改正，否则不许开工。

施工现场质量管理检查记录主要包括以下项目：

（1）项目部质量管理体系　检查项目质量体系是否健全合理，工程质量总目标、工程质量目标分解是否符合合同要求，检查质量管理机构、质量目标管理网络图是否能满足施工、是否成立项目部质量管理领导小组，质量保证体系框图是否符合管理要求，确保工程实施。

（2）现场质量责任制　检查质量负责人的分工，各项质量责任的落实规定，定期检查及有关人员奖罚制度等。

（3）主要专业工种操作上岗证书　检查电工、架子工、测量工、起重工、钢筋工、混凝土工、机械工、焊工、瓦工、防水工等工种操作上岗证书。

（4）分包单位管理制度　总承包单位应有管理分包单位的制度，主要是质量、技术的管理制度等，分包单位的针对质量、技术管理各项制度。

（5）图纸会审记录　检查施工图是否已进行图纸会审，是否有图纸会审记录。

（6）地质勘察资料　检查是否有相应勘察资质的单位出具的正式地质勘察报告。

（7）施工技术标准　检查是否有相应企业技术标准、工法、企业定额等。

（8）施工组织设计编制及审批　检查施工组织设计编写内容是否有针对性和可实施性，编制单位、审核单位、批准单位是否齐全。

（9）物资采购管理制度　检查是否具有物资采购管理制度。

（10）施工设施和机械设备管理制度　检查是否具有施工设施和机械设备管理制度。

（11）计量设备配备　检查是否具有与工程施工相配套的计量设备配备，设备的检定有效期及精度是否满足工程实施要求。

（12）检测试验管理制度　检查是否具有检测试验管理制度。

（13）工程质量检查验收制度　检查是否具有工程质量检查验收制度，是否满足质量管理要求。

施工现场质量管理检查记录（C1-02）填写样式见表4-2。

表4-2　施工现场质量管理检查记录

C1-02　　开工日期：×年×月×日

工程名称	×××教学楼工程		施工许可证号		×××
建设单位	×××		项目负责人		×××
设计单位	×××		项目负责人		×××
监理单位	×××		总监理工程师		×××
施工单位	×××	项目负责人	×××	项目技术负责人	×××
序号	项目		主要内容		
1	项目部质量管理体系		检查项目质量体系健全合理，工程质量总目标、工程质量目标分解符合合同要求，成立项目部质量管理领导小组，确保工程实施		
2	现场质量责任制		质量负责人分工明确，落实各项质量责任规定		
3	主要专业工种操作上岗证书		测量工、钢筋工、起重工、木工、混凝土工、电焊工、架子工、防水工，证书齐全		
4	分包单位管理制度		总承包单位有管理分包单位的制度，分包单位质量、技术管理各项制度健全		
5	图纸会审记录		施工图进行图纸会审，有图纸会审记录，符合要求		
6	地质勘察资料		有地质勘察报告，符合要求		
7	施工技术标准		有相应企业技术标准、工法、企业定额等，标准齐全		
8	施工组织设计编制及审批		施工组织设计编制、审核、批准齐全，符合要求		
9	物资采购管理制度		有物资采购管理制度，符合要求		
10	施工设施和机械设备管理制度		有施工设施和机械设备管理制度，符合要求		
11	计量设备配备		有管理制度和计量设施精度及控制措施，符合要求		
12	检测实验管理制度		有原材料及施工检验制度、竣工检验制度、抽测项目的检验计划，制度健全		
13	工程质量检查验收制度		具有工程质量检查验收制度，满足质量管理要求		
自检结果： 满足施工需要。			检查结论：符合要求		
施工单位项目负责人：×××　×年×月×日			总监理工程师：×××　×年×月×日		

2. 建设工程特殊工种上岗证审查

工程开工前，施工单位对电工、架子工、测量工、起重工、钢筋工、混凝土工、机械工、焊工、瓦工、防水工等特殊工种的从业人员进行登记检查，要求从业人员具有操作上岗证书，检查时原件年审应有效，填写企业资质证书及相关专业人员岗位证书（C1-03），并应具有相应证书复印件，报监理单位审核。

3. 施工日志

施工日志是记录项目实施过程中技术质量管理和生产经营活动的日记。要求从工程开工之日起至竣工之日止逐日记录，内容完整，能全面反映工程情况，一般由项目经理部确定专人负责填写。

施工日志的主要内容包括：

（1）生产情况 生产情况包括现场准备，材料进场情况，施工部位和施工内容，机械作业，安全、技术交底要求情况，班组工作以及生产存在问题等。

（2）技术质量安全活动 技术质量安全措施的贯彻实施、质量检查评定验收及发生的技术质量安全问题及处理情况记录；原材料检验结果、施工检验结果的记录；质量、安全、机械事故的记录；有关洽商、变更情况，交代的方法、对象、结果的记录；有关单位业务往来记录；有关新工艺、新材料的推广使用情况记录；气候、气温、地质以及其停电、停水、停工待料的记录；混凝土试块、砂浆试块的留置组数和时间，以及28d的强度试验报告结果的记录等。

施工日志（C1-09）填写样式见表4-3。

表4-3 施工日志

C1-09

工程名称		××教学楼		施工单位	××建筑工程公司
时间	项目	天气状况	风力	最高/最低温度	备注
白天		晴	3～4级	26℃/21℃	
夜间		阴	1～2级	16℃/8℃	
生产情况记录：（施工部位、施工内容、机械作业、班组工作、生产存在问题等） 框架五层 1．五层楼板框架梁钢筋绑扎，各工种进行埋件固定，钢筋班组17人。 五层楼板模板施工，木工班30人。 2．存在问题：木制作场地木屑清理不好，有火灾隐患，已安排木工整改。					
技术质量安全工作记录：（技术质量安全活动、检查评定验收、技术质量安全问题等） 1．监理进行钢筋质量检查。 2．监理召开监理例会，确定五层结构工期于×月××日前完成。 3．安全生产：由公司安全部长带领安全员对工地进行安全防火大检查。					
记录人		×××			

4. 工程开/复工报告

由建设单位直接分包的工程，开工时也要填写开工报告。

开工报告由施工总承包单位在完成施工准备并取得施工许可证之后填写，经施工单位的工程管理部门审核通过，法人代表或其委托人签字加盖法人单位公章，应填写开工报告，报请监理、建设单位审批。符合开工条件，由监理单位总监理工程师、建设单位项目法人签字，加盖公章后即可开工。

工程施工过程中发生停工事件时，由相关单位提出停工要求，填写工程停工报告，建设单位或建筑主管单位批准备案。当具备复工条件时填写工程复工报告，申请复工。

开工报告样表填写见表4-4；工程停/复工报告样表填写见表4-5。

表4-4 开工报告

工程名称	××××教学楼		报告日期		×年×月×日	
建设单位	×××学校	开工日期	×××	建筑造价	×××
监理单位	×××监理有限公司	结构类型	框架	建筑面积	$×××m^2$
施工单位	×××建筑工程公司	建设地点		×××区	
设计单位	×××设计院	建设单位项目负责人		×××	
勘察单位	×××勘察设计院	施工单位项目负责人		×××	
说明： 施工许可证已办理；现场管理人员已到位，专职管理人员和特种作业人员已取得资格证、上岗证；施工现场质量管理检查记录；施工现场"三通一平"已具备；已经检查确认质量、安全、技术管理制度已建立、组织机构已落实。					
（公章） 总监理工程师： （建设单位项目负责人）	（公章） 施工总承包单位项目经理：		（公章） 分包单位项目经理：		

表4-5 工程停/复工报告

工程名称	×××教学楼	施工单位	××建筑工程公司
停/复工日期	×年×月×日	预计/实际停工日期	×年×月×日至 ×年×月×日
复工条件： 停工原因：因设计单位提出对该五层结构施工图进行修改，待设计变更通知单下发后，才能组织有关人员进行继续施工。 复工条件：设计单位已修改完施工图，并已下发了设计变更通知单和设计交底，已具备组织有关人员继续进行施工的全部条件。			
请项目监理部审核批准复工。			
建设单位审批意见	监理单位审批意见		施工单位意见
具备复工条件，同意复工。 （公章） 建设单位项目负责人签字： ××× ×年×月×日	具备复工条件，同意复工。 （公章） 项目总监理工程师签字： ××× ×年×月×日		经检查已具备复工条件。请予以审核并批准复工。 （公章） 项目经理签字： ××× ×年×月×日

5. 工程竣工报告

竣工报告是指单位工程具备竣工条件后，施工单位向建设单位报告，提请建设单位组织竣工验收的报表。

施工单位在合同规定的承包项目全部完工后，自行组织有关人员进行检查验收，符合合同、设计要求和质量标准的，由施工单位生产部门填写竣工报告，法人代表签字，法人单位盖章，报请监理、建设单位审批。应附一份文字的工程竣工报告。

竣工报告填写要求：

1）工程名称、结构类型、工程地点、建设单位、施工单位、计划开工日期、实际开工日期、计划竣工日期应与开工报告相一致。

2）建筑面积：填写实际竣工面积。

3）工程造价：填写实际结算价。

4）实际竣工日期：填写达到竣工条件的日期。

5）计划工作日数：指由计划竣工日期和计划开工日期计算的日历天数。

6）实际工作日数：指由实际竣工日期和实际开工日期计算的日历天数。

7）竣工条件说明：写明应完成的工程项目的完成情况；现场建筑物四周整洁情况；技术资料是否齐全；工程质量是否验收合格，提出问题是否已整改。

8）未完工程盘点情况：填写未完甩项工程。

9）审核意见：建设单位、监理单位、施工单位负责人均须签字，注明日期并加盖单位公章。工程竣工报告填写样表见表 4-6。

表 4-6　工程竣工报告

工程名称	×××教学楼	建筑面积	×××m²
工程地点	×××区	建筑层数	×层
建设单位	×××学校	工程造价	×××万元
设计单位	×××建筑设计有限公司	勘察单位	×××建设工程有限公司
施工单位	×××建筑工程公司	监理单位	×××建设工程监理有限公司

建设单位：
　我公司承建的×××教学楼工程，已经完成施工任务，具备竣工验收条件，具体如下：
　1．完成工程设计和合同约定的各项内容。
　2．建设行政主管部门及工程质量监督机构责令整改的问题全部整改完毕。
　3．对工程质量进行了全面检查，工程质量符合有关法律、法规和工程建设强制性标准，符合设计文件及合同要求，工程质量达到　　合格　　标准（见附件单位工程质量综合评定表）。
　4．技术资料完整，主要建筑材料、建筑构配件和设备的进场试验报告齐全。
　5．已签署工程质量保修书（验收时送你单位）。
　6．其他
本单位认为工程已具备竣工验收条件，请你单位办理相关手续，于　×　年　×　月　×　日进行竣工验收。

施工单位：（盖章）　　　项目经理：（签名）×××　　法人代表：（签名）×××

总监理工程师：×××（签名）　　　　　　　　　　　　　　　　　　　　×年×月×日

6. 竣工验收证明书

竣工验收证明书是指单位工程按设计和施工合同规定的内容全部完工，达到验收规范及合同要求，满足生产、使用并通过竣工验收的证明文件。

建设单位接到竣工报告后，由建设单位项目负责人组织施工总、分包单位，设计单位，勘察单位，监理单位及有关部门，以国家颁发的施工质量验收规范为依据，按设计和施工合同的内容对工程进行全面检查和验收，通过后办理竣工验收证明书。由施工单位填写竣工验收证明书，报建设、监理等单位签认。

竣工验收证明书填写要求：

1）工程名称、结构类型、建筑面积、工程造价、工程地点与竣工报告一致。

2）层数：填写地下几层、地上几层，以斜线隔开。

3）开、竣工日期：填写实际开、竣工日期。

4）工程内容及检查情况：应简要写明工程概况并按照单位工程质量竣工验收记录逐项填写检查结果。

5）验收意见：填写工程是否通过验收，对未完工程处理意见等，对工程实体、技术资料检查验收合格后填写"同意验收"，并签字盖章，填写验收日期。

7. 工程质量保修书

建设工程实行质量保修制度。建设工程施工单位在向建设单位提交工程竣工验收报告时，应当向建设单位出具质量保修书。质量保修书中应当明确建设工程的保修范围、保修期限和保修责任等。

在正常使用条件下，建设工程的最低保修期限应符合国家规定。

4.2.2 施工技术资料的编制与填写要求

施工技术资料是施工单位用以指导、规范和科学化施工的资料，包括单位工程施工组织设计、专项施工方案、技术和质量交底记录、设计交底记录、图纸会审记录、设计变更通知单、工程洽商记录、技术联系（通知）单。

1. 单位工程施工组织设计

施工组织设计是指施工单位开工前根据工程概况、特点、建设地点及环境特征、施工条件及项目管理特点及总体要求，对工程所做的施工组织、施工工艺、施工计划等方面的设计，是指导拟建工程全过程中各项活动的技术、经济和组织的综合性文件。

施工单位编制单位工程施工组织设计，经施工单位相关部门审核，由总工程师审批后填写工程技术文件报审表（C2-01），报监理单位审定签字实施。

施工组织设计审批表填写样表见表 4-7。

表 4-7 施工组织设计审批表

工程名称	×××教学楼	编制人	×××
施工单位	×××建筑工程公司	监理单位	×××建设工程监理有限公司
部　　门	审批意见		责任人：×××
项目经理部审批	同意此施工组织设计的编制，报公司级审批		项目负责人：××× ×年×月×日
公司级审批	主要施工方案和施工方法编制详细，有针对性、合理性和先进性，具有可操作性 同意		技术部门负责人：××× （签章） ×年×月×日
	已建立健全质量管理体系及制定质量目标，质量保证措施编制详细，有可行性、针对性，能够保证目标的实现 同意		质量部门负责人：××× （签章） ×年×月×日
	已明确建立健全职业健康和安全管理体系，并制定了职业健康安全目标；有关的安全技术、管理措施编制得详细，有可行性、针对性，能够保证目标的实现 同意		安全部门负责人：××× （签章） ×年×月×日
	同意按施工组织设计施工，各部门应按施工组织要求给予配置		生产部门负责人：××× （签章） ×年×月×日
	同意该施工组织设计，可以报项目监理部审批		总工程师：××× （签章） ×年×月×日
监理（建设）单位审批	经审查，该施工组织设计对施工中的重点、难点有针对性，施工任务明确，施工方案合理，技术上可行，符合要求		监理工程师：××× （签章） ×年×月×日
	同意此施工组织设计实施		总监理工程师 （建设单位负责人）：××× （签章） ×年×月×日

2．施工方案及专项施工方案的编制

主要分部（子分部）、分项工程，重点部位，技术复杂或采用新技术的关键工序应编制专项施工方案，一般包括降低成本的技术措施、冬雨季施工措施以及环境保护和文明施工措施。施工方案应经施工单位相关部门审核，并经总工程师审批后，再填写工程技术文件报审表，报监理单位审定签字实施。施工方案用表与单位工程施工组织设计基本相同。

另外，根据建设部关于《危险性较大工程安全专项施工方案编制及专家论证审查办法》（建质〔2004〕213号）的指示精神，凡是危险性较大的工程必须编制安全专项施工方案，并且必须经过专家论证审查后，方可施工。其安全专项施工方案及专家论证审查意见，均是施工技术资料的重要组成部分。

工程涉及的基坑支护、深基坑、地下暗挖工程、降水工程、土方开挖工程、模板工程、高大模板工程、起重吊装工程、脚手架工程、拆除爆破工程、施工临时用水和用电、采用新材料新工艺的工程，都要编制专项施工方案。

3．技术交底记录

1）技术交底记录（C2-04）是分部分项工程实施过程中具体要求与指导文件，是施工操作的依据。一般按分项工程编制，编制时要符合施工图、设计变更、施工技术规范、施工质量验收标准、操作规程、施工组织设计、施工方案、分项工程施工操作技术、新技术施工方法的要求，是施工组织设计和施工方案的具体化，具有很强的可操作性。

交底时应注意关键项目、重点部位、新技术及新材料项目，结合操作要求、技术规定、质量、安全、定额、工期及注意事项，详细交代清楚。交底的方法可采用书面交底，也可采用会议交底，但是须有书面交底记录。

2）技术交底记录应根据工程性质、类别和技术复杂程度分级进行，交底人由总工程师、技术质量部门负责人、项目技术负责人、有关技术质量人员及施工人员分别负责，并由交底人和被交底人签字确认。

技术交底记录填写样表见表4-8。

表4-8 技术交底记录

C2-04

工程名称	×××教学楼	编　　号	×××
交底项目		交底日期	×年×月×日
引用规范规程			
控制要点：			
接受人：×××		交底人：×××	

4．设计交底

设计交底是建设单位在施工前组织和召集设计、监理和施工单位人员，由设计人员对工程重点部位、重要结构、新技术、新材料项目进行设计交底，并填写设计交底记录（C2-04），经各方签字后实施。

5．图纸会审记录

图纸会审记录是对已正式签署的设计文件进行交底、审查和会审，对提出的问题予以记录的技术文件。

施工前，由建设单位组织和召集设计单位、监理单位、施工单位共同参加进行图纸会审，将施工图中将要遇到的设计矛盾、技术难点进行协调解决，由施工单位进行记录整理汇总，填写图纸会审记录（C2-05），经各方签字后实施。参加会审的专业人员和单位，签字盖章齐全。

图纸会审记录（C2-05）样表填写见表4-9。

表4-9　图纸会审记录

C2-05

工程名称		×××教学楼工程		会审范围	建筑结构
主持人		×××		日　期	××年×月×日
参加人员	建设单位	×××、×××		设计单位	×××、×××
	监理单位	×××、×××		施工单位	×××、×××
序　号	图　号	提出问题		会审意见	
1	结施01	结构总说明，7.77以下柱、梁、基础是C35，板是否也是C35；7.77～11.07柱为C30，考虑到一次性浇捣，梁板是否可改为C30？		另定	补联系单
2	结施02	7轴A轴交接处是双桩，而结施3是单桩承台？		为双桩承台	
3	结施04	底板后浇带板底标高 −3.80 有误，改为 −3.45；地下室水池侧壁剖面，底板厚度250是否该改为300？		为300	
4	建施04	3-10轴交N轴剪力墙外侧为N轴中，而建施5此部分砖砌为：N轴外挑120；120如何挑出，是否从外出上做上来？			补联系单
建设单位 代表（盖章）：×××		监理单位 代表（盖章）：×××	设计单位 代表（盖章）：×××		施工单位 代表（盖章）：×××

6．设计变更通知单

设计变更针对项目设计的建筑构造、细部做法、使用功能、钢筋代换、细部尺寸修改、设计计算错误等问题提出修改意见，提出修改意见的可以是建设单位、设计单位、施工单位。设计变更必须经过设计单位同意，并提出设计变更通知单或设计变更图纸。

由设计单位或建设单位提出的设计图纸修改，应由设计单位提出设计变更联系单；由施工单位要求设计变更和确认设计的问题，施工单位应提出技术联系单，通过监理或建设单位确认后，由设计单位提供设计变更联系单。

工程设计变更时，设计单位签发设计变更通知单（C2-06），经项目总监理工程师（建设单位负责人）审定后，转交施工单位实施。

设计变更通知单（C2-06）填写样表见表4-10。

表4-10　设计变更通知单

C2-06

工程名称	××工程	变更项目	室内地面材料变更
主　送	×××	编　号	×××
抄　送	×××	日　期	××年×月×日
变更理由	建设单位要求		
变更内容： 1. 室内走廊原设计水磨石面层改为大理石面层。 2. 教室地面面层原设计水磨石改为 800mm×800mm 地面砖。			
设计单位（公章）：××××设计院			
技术负责人：×××	审核人：×××	设计人：×××	

7. 工程洽商记录

工程洽商记录应分专业办理，内容应该翔实。如果涉及设计变更，则应由设计单位出具设计变更通知单。工程洽商记录（C2-07）由提出方填写，各参加方签字。

8. 技术联系（通知）单

技术联系（通知）单是用于施工单位与建设、设计、监理等单位进行技术联系与处理时使用的文件。技术联系（通知）单应写明需解决或交代的具体内容。

技术联系（通知）单填写样表见表 4-11。

表 4-11 技术联系（通知）单

工程名称	××工程	编 号	×××
提出单位	××建筑工程有限公司	日 期	××年×月×日
事 项	钢筋代换		

提出内容：
　　施工 5 层框架梁钢筋工程时因市场没有直径 16mmHPB235 钢筋，拟用直径 16mmHRB 钢筋代换。附代换计算书及代换部位说明。
　　请予审查。

建设单位意见： 按设计变更意见处理。 （公章）： 　　负责人签字：×××	监理单位意见： 按设计单位意见处理。 （公章）： 　　监理工程师签字：×××	施工单位： （公章）： 　　技术负责人签字：×××

9. 工程质量事故处理记录

工程质量事故是指在工程建设过程中或在交付使用后，因勘察、设计、施工等过失造成工程质量不符合有关技术标准、设计文件以及施工合同规定的要求，需加固补强、返工、报废及造成人身伤亡或者重大经济损失的事故。对其发生情况及处理的记录形成工程质量事故报告和工程质量事故处理记录，填写建设工程质量事故勘查记录（C1-05）、建设工程质量事故报告书（C1-06）。

工程质量事故报告、工程质量事故处理记录填写要求：

1）工程质量事故报告日期填写填表日期，事故发生部位和直接责任人按实际情况填写。
2）事故性质：按技术问题（事故）还是责任问题（事故）分类填写。
3）事故等级：按重大事故或一般事故分类填写。
4）事故经过和原因分析：要填写事故发生经过及事故发生的主要原因。
5）预计损失：指因质量事故导致的材料、设备、建筑和人员伤亡等预计损失费用。
6）事故初步处理意见：填写事故发生后采取的紧急防护措施以及需制定的事故处理方案，对责任单位和责任人的处理意见。
7）事故处理结果：填写质量事故经处理后，工程实体质量是否符合事故处理方案的要求，是否满足工程原来对结构安全和使用功能的要求。
8）事故处理后由监理（建设）设计和施工单位技术负责人共同对事故处理结果进行验收，填写验收意见并签字盖章。

9）工程质量事故报告应由施工单位技术负责人、施工项目经理和专业技术负责人共同签字，并加盖施工单位公章。

10）工程质量事故处理记录应由施工项目经理、专业技术负责人、质检员和施工工长签字。

子单元 3　工程质量控制资料

工程质量控制资料包括施工物资资料、施工测量记录、施工记录、隐蔽工程检查验收记录、施工检测资料，其中施工测量记录、施工记录、隐蔽工程检查验收记录、施工检测资料是在施工过程当中产生的，称为施工过程资料。

4.3.1　施工物资资料管理的编制与填写要求

1. 对资料的要求

1）工程物资主要包括建筑材料、成品、半成品、构配件、设备等，建筑工程所使用的工程物资均应有出厂质量证明文件（包括产品合格证、出厂检验（试验）报告、产品生产许可证和质量保证书等）。

质量证明文件应反映工程物资的品种、规格、数量、性能指标等，并与实际进场物资相符。实行生产许可证制度的还要有许可证编号。

如批量较大，提供的出厂质量证明（合格证）又较少，或用量较少，供应单位不能提供原件时，可用复印件（抄件）备查，应加盖原件存放单位公章，并应注明原件证号、存放单位和抄件时间，并且应有抄件人签字和抄件单位盖章，具有可追溯性。出厂质量证明（合格证）应做背书，由技术员、材料采购员和材料保管员分别在合格证背面上签字，注明使用工程名称、使用部位、批量和进场日期后，交资料员整理排列编号，进入资料管理流程。出厂质量证明（合格证）应该分类编号，以便在施工试验资料、技术交底、施工日志、混凝土及砂浆配合比通知单、隐检记录、质量验收记录等资料的编制整理时填写，使工程资料的内容与实际工程一一对应相符，具有可追溯性。

质量证明文件幅面小于A4幅面纸时，应将质量证明文件按其先后顺序粘贴在质量证明文件粘贴表内。

2）涉及结构安全和使用功能的材料需要代换且改变了设计要求时，必须有设计单位签署的认可文件。涉及安全、卫生和环保的物资应有相应资质等级检测单位的检测报告，如压力容器、消防设备、生活供水设备、卫生洁具等。

3）新材料和新产品应由具备鉴定资格的单位或部门出具鉴定证书，同时具有产品质量标准和试验要求及安装、维修、使用和工艺标准等相关技术文件，使用前应按其质量标准和试验要求进行试验或检验。

4）进口材料和设备等应有商检证明（国家认证委员会公布的强制性3C产品除外），中文版的质量证明文件，性能检测报告以及中文版的安装、维修、使用、试验要求等技术文件。

5）对进场检验的要求。建筑工程采用的主要材料、半成品、成品、构配件、器具、设备等应实行进场验收，施工、供应、监理单位共同对其品种、规格、数量、外观质量及出厂质量证明文件进行检验，填写材料、构配件进场检验记录（C4-01-3），设备开箱检验记录（C4-02-2）。进场经施工单位自检合格后填写工程物资进场报验表，报监理单位审核签字。涉及安全、功能的有关物资应按工程施工质量验收规范及相关规定进行复试和有见证取样送检，及时提供相应试（检）验报告，填写试样委托单送检测单位试验。

6）管理责任。供应单位或加工单位负责收集、整理和保存所供物资原材料的质量证明文件，施工单位则需收集、整理和保存供应单位或加工单位提供的质量证明文件和进场后进行的试（检）验报告。各单位应对各自范围内工程资料的汇集、整理结果负责，并保证工程资料的可追溯性。

2．施工物资资料

（1）钢材　工程中应用钢材有钢筋、型钢及连接材料。钢材进场时应有出厂质量证明文件并进行见证取样和送检。钢材是主要的建筑材料之一，关系到建筑结构的安全，在资料管理中数量比较多，比较复杂。

1）出厂质量证明及出厂试验报告单的要求。产品的出厂合格证由其生产厂家质量检验部门提供给使用单位，用以证明其产品质量已达到各项规定的指标。其主要内容包括：出厂日期、检验部门印章、合格证的编号、钢种、规格、数量、力学性能、化学成分等数据和结论。

2）见证取样及试验要求。进场时应按炉罐（批）号及规格分批检验，核对标志及外观检查，并应按照有关标准的规定抽取试样做力学性能试验。

钢筋和型钢的必试项目有物理必试项目和化学分析。其中物理必试项目包括拉力试验，如屈服强度、抗拉强度、伸长率；冷弯试验，如冷拔低碳钢丝为反复弯曲试验。化学分析主要是分析材料中的碳（C）、硫（S）、磷（P）、锰（Mn）、硅（Si）等的含量。

钢筋和型钢的试验报告单中的各个栏目，如委托单位、工程名称及部位、委托试样编号、试件种类、钢材种类、试验项目、试件代表数量、送样时间、试验委托人等，试验报告单中试验编号、各项试验的测算数据及结论、报告日期、试验人（计算人、审核人、负责人）签字、试验单位公章等必须齐全。

3）其他要求。如果钢筋、型钢存在下列情况之一，如进口的钢筋或钢材，在加工过程中发生脆断或焊接性能不良或力学性能显著不正常的，必须做化学成分检验。

试验报告单中的指标，如果有一项不符合技术要求，则应取双倍试件进行复试，复试合格该批合格。如果复试不合格，则判定该验收批钢筋为不合格。不合格的材料不得使用，并应做出相应的处理报告。复试合格单附于此报告单的后面存档。

进口的钢筋或钢材，在加工过程中发生脆断或焊接性能不良或力学性能显著不正常的，必须做化学成分检验。对于有特殊用途要求的，还应进行相应的专项试验。

与钢材相关的资料，应有出厂质量证明及出厂试验报告单、见证取样送样单、现场试验钢材试验报告（C4-03-1），供应单位提供的钢筋机械连接形式检验报告。

钢材试验报告（C4-03-1）填写样表见表4-12。

表 4-12 钢材试验报告

C4-03-1							试验单编号：	×××
工 程 名 称		××× 教学楼				试 件 编 号		×××
委 托 单 位		××× 建筑工程公司				试 验 委 托 人		×××
钢 材 种 类		热轧带肋		规格或牌号		HRB335	生 产 厂 家	×××
代 表 数 量		30t		来 样 日 期		×年×月×日	试 验 日 期	×年×月×日
公称直径厚度			25mm				公 称 面 积	490.0mm²

试验结果	屈服点/MPa	抗拉强度/MPa	力学性能试验结果伸长率（%）	$\sigma_{b实}/\sigma_{s实}$	$\sigma_{s实}/\sigma_{s标}$	弯心直径	角度弯曲性能	结果
	385	608	26	1.58	1.14	75	180	合格
	385	605	27	1.57	1.15	75	108	合格
	化学分析							
	分析编号	化学成分（%）						其他：
		C	Si	Mn	P	S	C_{eq}	

结论：依据《钢筋混凝土用钢 第 2 部分：热轧带肋钢筋》（GB1499.2—2018）标准，符合要求。

批 准	×××	审 核	×××	试 验	×××
试 验 单 位		××× 检测中心		报 告 日 期	×年×月×日

（2）水泥

1）出厂质量证明及出厂试验报告单的要求。合格证中应含有水泥的品种、强度等级、出厂日期、强度（抗折和抗压）、安定性、试验编号等项内容和性能指标。其各项内容和性能指标应填写齐全。

水泥生产单位应在水泥出厂 7d 内提供 3d 或 7d 各项试验结果的出厂质量证明，28d 试验结果应在水泥发出日起 32d 内补报。水泥的强度应以标养 28d 试件试验结果为准。

其合格证备注栏内应由施工单位填明使用工程的名称、使用的工程部位，并加盖水泥厂印章。

2）见证取样及试验要求。水泥是主要的建筑材料之一，建筑物各个分部分项工程均有使用，关系到建筑结构的安全，在资料管理中数量比较多。水泥进场时应有出厂质量证明文件并进行见证取样和送检。

使用单位应对其包装或散装仓号、品种、强度等级、出厂日期等进行认真的检查、核对和验收，按批量见证取样及送检。

水泥复试的主要项目有抗折强度与抗压强度、凝结时间、安定性等。常用水泥的必试项目有水泥的抗压强度与抗折强度、水泥安定性、水泥初凝时间等。必要时的试验项目有细度、凝结时间等。

3）其他要求。如果水泥的批量较大，厂方提供合格证又较少，则可用复印件（如抄件）备查，复印件的管理要求同钢材。

进口水泥、出厂超过 3 个月或快硬硅酸盐水泥超过 1 个月、承重结构使用的水泥、使用部位对水泥有强度等级要求的，必须进行复试，并且原混凝土配合比应重新试配。

水泥试验报告（C4-03-2）填写样表见表 4-13。

表 4-13 水泥试验报告

C4-03-2　　　　　　　　　　　　　　　　　　　　　　　　　　　　　试验单编号：×××

委托编号		××××	试验编号		××××
委托单位		××建筑工程公司	委托日期		×年×月×日
工程名称		×××教学楼	试验日期		×年×月×日
使用部位		主体	出厂日期		×年×月×日
品　种		××	强度试验日期	3d	√
强度等级		×××		28d	√
生产厂家		××水泥厂	代表批量		200t
主要仪器设备		××××压力试验机；检定证书编号：××× ××××抗折试验机；检定证书编号：×××			
见证号		单位：××监理公司　　姓名：×××　　编号：×××			
执行标准		《通用硅酸盐水泥》（GB175—2007）			

试验项目		标准规定	试验结果						平均值
强度/MPa	3d 抗折	≥4.0	5.13		5.61		6.30		5.7
	3d 抗压	≥22.0	22.3	23.1	24.7	22.9	24.5	26.0	23.9
	28d 抗折	≥6.5	7.1		8.6		9.1		8.3
	28d 抗压	≥42.5	47.0	43.7	51.1	49.5	49.6	53.3	49
凝结时间/min	初凝	≥45min	76						
	终凝	≤10h	317						
安定性	试饼或雷氏法	雷氏夹法膨胀值 0.8mm	0.8mm 合格						
细度（%）	负压筛析法	≤10%	7.6%						

结　论	该试样所检项目均符合××××产品标准的要求。 试验单位（章）：××检测中心 　　××年×月×日	备　注	

试验人：×××	审核人：×××	技术负责人：×××

（3）砂、石材料　工程中应用的砂、石材料主要有砂、碎石、卵石。砂、石材料进场时应有出厂质量证明文件，并应按规定见证取样和送检。

1）出厂合格证要求。砂、碎石（卵石）产品的出厂合格证由其生产厂家提供给使用单位，其主要内容包括：出厂日期，检验部门印章，合格证的编号，品种，规格，数量，颗粒级配，密度，含泥量等数据和结论。

2）见证取样及试验要求。使用前应按照品种、规格、产地、批量的不同进行取样试验，取样频率应符合要求。砂的必试项目有筛分析、含泥量、泥块含量；碎石（卵石）的必试项目有筛分析，含泥量，泥块含量，针、片状颗粒含量，压碎指标。对于用来配制有特殊要求的混凝土的砂、碎石（卵石），还需做相应的项目试验。对碱—骨料有要求的工程或结构，供应单位还应提供砂、石的碱活性检验报告。

3）其他要求。有下列情况之一者的，如进口砂或碎石（卵石）、无出厂证明的砂或碎石（卵石）、对砂或碎石（卵石）质量有怀疑的、用于承重结构的砂和碎石（卵石），必须进行复试，混凝土配合比应重新试配。

砂、石合格证要编号，并与试验报告单中的试验编号对应，以便于施工试验资料、隐检记录、质量验收记录等资料的编制时填写，保证实际所用的工程、部位与施工资料一一对应相符。

与出厂质量合格证和试验报告单相关的施工资料还有施工组织设计、技术交底、洽商记录、施工日志、混凝土及砂浆配合比申请单及通知单、混凝土及砂浆试块抗压强度报告等与砂、碎石（卵石）原材料有关的资料。

砂试验报告（C4-03-3）样表见表4-14。

表4-14 砂试验报告

C4-03-3　　　　　　　　　　　　　　　　　　　　　　　　　　　　　　　试验单编号：×××

委托编号	××××	试验编号	××××
委托单位	××建筑工程公司	委托日期	×年×月×日
工程名称	××教学楼	试验日期	×年×月×日
生产厂家	××厂	代表批量	100m³
主要仪器设备	砂筛分试验筛，电子天平	检定证书编号：×××、×××	
见证员	单位：××监理公司	姓名：×××　编号：×××	
执行标准	《普通混凝土用砂、石质量及检验方法标准（附条文说明）》JGJ52—2006		

试验项目	标准要求	试验结果	试验项目	标准要求	试验结果
含泥量（%）	≥C60时，≤2.0 C55～C30时，≤3.0 ≤C25时，≤5.0	2.3	表观密度／（kg/m³）		
泥块含量（%）	≥C60时，≤0.5 C55～C30时，≤1.0 ≤C25时，≤2.0	0.6	松散堆积密度／（kg/m³）		
有机物含量(%)	不深于标准色	合格	紧密密度／（kg/m³）		
云母含量（%）	≤2.0	1.4	含水率（%）		
坚固性（%）	5次循环后其质量损失≤8%	3.1%	吸水率（%）		
碱活性化学法（%）			轻物质含量（%）		
碱活性砂浆长度法（%）			硫酸盐硫化物含量（%）		

颗粒级配

筛孔尺寸		10.0	5.0	2.50	1.25	0.630	0.315	0.160
Ⅰ区	累计筛余（%）	0	10～0	35～0	65～35	85～71	95～80	100～90
Ⅱ区		0	10～0	25～0	50～10	70～41	92～70	100～90
Ⅲ区		0	10～0	15～0	25～0	40～16	85～55	100～90
试验结果	累计筛余（%）	0	5	18	29	52	79	91
	细度模数	2.6			级配区	Ⅱ区		

结论	该试样按颗粒级配属Ⅱ区中砂。 试验单位（章）： ××检测中心 ××年×月×日	备注	

试验人：×××　　审核人：×××　　技术负责人：×××

施工技术负责人：×××　　监理工程师（建设单位代表）：×××

（4）混凝土

1）预拌混凝土。预拌混凝土供应单位必须向施工单位提供以下资料：

混凝土配合比申请书、通知单（C6-02-11），预拌混凝土运输单（C5-15），混凝土氯化物和碱总量计算书。

预拌混凝土单位应将以下资料整理存档，并具有可追溯性：

混凝土试配记录、水泥出厂合格证和试（检）验报告、砂和碎（卵）石试验报告、轻骨料试（检）验报告、外加剂合掺合料产品合格证和试（检）验报告、开盘鉴定、混凝土抗压强度报告（出厂检验混凝土强度值应填入预拌混凝土出厂合格证）、抗渗试验报告（试验结果应填入预拌混凝土出厂合格证）、混凝土坍落度测试记录（搅拌站测试记录）和原材料有害物含量检测报告。

2）现场搅拌混凝土。应有使用原材料的质量证明文件、混凝土配合比试验报告，混凝土开盘鉴定（C5-16），混凝土抗压强度检测报告（C6-02-12）和混凝土抗渗性能检测报告（C6-02-14）。

混凝土工程一般会涉及以下表格：混凝土浇灌申请书、混凝土抗压强度检测报告（C6-02-12）、混凝土抗渗试验报告（现场检验）（C6-02-14）、混凝土试块强度统计、评定记录（现场）（C6-02-13）、混凝土试块养护记录。

3）预制构件。预制构件加工单位应向施工单位提供合格证。出厂合格证中的委托单位，工程名称，构件的名称、型号、数量及生产日期，合同证编号，合同编号，混凝土设计强度的等级、配合比编号、出厂强度，主筋的种类、规格、力学性能，结构性能，生产许可证等项目应填写齐全，不得错填和漏填。

施工单位使用预制构件时，预制构件加工单位应保存各种原材料，如钢筋、钢材、钢丝、预应力筋、木材、混凝土组成材料的质量合格证明、复试报告等资料以及混凝土、钢构件、木构件的性能试验报告和有害物含量检测报告等资料，并应保证各种资料的可追溯性；施工单位必须保存加工单位提供的预制混凝土构件出厂合格证、钢构件出厂合格证以及其他构件合格证和进场后的试验检验报告。

（5）外加剂　外加剂主要包括减水剂、早强剂、缓凝剂、泵送剂、防水剂、防冻剂、膨胀剂、引气剂、速凝剂和砌筑砂浆增塑剂等。在其进场时应有出厂质量证明文件，并应按规定见证取样和送检，有试验报告。

合格证的内容包括厂家名称、产品名称、产品特性、主要成分与含量、适用范围、适宜掺量、使用方法与说明、注意事项、匀质性指标、掺外加剂混凝土性能指标、包装、质量、储存条件、出厂日期、有效期等。

外加剂使用前应按照现行产品标准和检测方法标准进行规定取样复试，应具有复试报告；承重结构使用的外加剂应实行见证取样和送检。

钢筋混凝土结构所使用的外加剂应有氯化物有害物含量的检测报告。当含有氯化物时，应做混凝土氯化物总含量的检测，其总含量应符合国家现行标准要求。

（6）掺合料

1）掺合料主要包括粉煤灰、粒化高炉矿渣粉、沸石粉、硅灰和复合掺合料等。

2）掺合料进场时应有出厂质量证明文件，并应按规定见证取样和送检，有掺合料试验报告。用于结构工程的掺合料应按规定取样复试，应有复试报告。

（7）轻骨料　轻骨料进场时应有出厂质量证明文件，使用前应按规定见证取样和送检，有轻骨料试验报告。

（8）砖与砌块　砖与砌块进场时应有出厂质量证明文件，使用前应按规定见证取样和送检，有试验报告。

见证取样和送检应按照品种、规格、产地、批量的不同进行取样试验。砖的必试项目为抗压强度。对其材质有怀疑的、用于承重结构的，应进行复试。

（9）木结构工程物资　木结构工程物资主要包括方木、原木、胶合木、胶粘剂、钢连接件、胶合木构件等。进场时应有出厂质量证明文件，包括产品合格证、检测报告等，并应进行见证取样和送检，有相应试验报告。

木构件应有含水率试验报告，结构用圆钉应有强度检测报告。

（10）建筑节能物资　建筑节能物资包括建筑砌块、板材、节能门窗、建筑密封胶、黏结苯板专用胶、耐碱玻璃纤维网格布、锚钉、绝热用模塑聚苯乙烯泡沫塑料（EPS）、绝热用挤塑聚苯泡沫塑料（XPS）及胶粉 EPS 颗粒浆料等。

建筑节能产品进场时应有出厂质量证明文件，并应按规定见证取样和送检，有试验报告。

（11）装饰装修物资　装饰装修物资主要包括抹灰材料、地面材料、门窗材料、吊顶材料、轻质隔墙材料、饰面板（砖）、石材、涂料、裱糊与软包材料和细部工程材料等。

装饰、装修工程所用的主要装饰装修物资进场时应有出厂质量证明文件，并应进行见证取样和送检，有相应试验报告。

建筑外窗应有力学、物理和保温性能试验报告以及抗风压性能、空气渗透性能和雨水渗透性能检测报告。

有隔声、隔热、防火阻燃、防水防潮和防腐等特殊要求的物资应有相应的性能试验报告。

需做污染物检测的材料，应有装饰装修材料有害物质试验报告，室内装饰装修用花岗岩石材应有放射性试验报告，人造木板及饰面人造板应有甲醛含量试验报告。

（12）幕墙工程物资　幕墙工程物资主要包括玻璃、石材、铝塑金属板、铝合金型材、钢材、黏结剂及密封材料、五金件及配件、连接件和涂料等。

幕墙工程物资主要物资应有出厂质量合格证明文件，包括产品合格证、检测报告、商检证等。

幕墙工程用玻璃、石材和铝塑板应有法定检测机构出具的性能检测报告。

幕墙应有抗风压性能、空气渗透性能、雨水渗透性能及平面变形性能的检测报告。硅胶应符合设计和现行规范的要求。酮结构胶应有国家指定检测机构出具的相容性和剥离粘结性检验报告。

玻璃、石材和金属板应有法定相应资质等级检测机构出具的性能检测报告。在正式使用前须按现行规范要求取样复试。

幕墙应使用安全玻璃，具有安全性能检测报告，并按有关规定取样复试。幕墙用铝合金型材应有涂膜厚度的检测，并符合设计和规范要求。

幕墙用防火材料应有相应资质等级国家法定检测机构出具的耐火性能检测报告。

（13）防水材料　防水材料主要包括防水涂料、防水卷材、胶黏剂、止水带、膨胀胶条、密封膏、密封胶、水泥基渗透结晶型防水材料等。其进场时应有出厂质量证明文件，并应按规定见证取样和送检，有防水涂料试验报告和防水卷材试验报告。

1）出厂合格证要求。防水材料的出厂合格证，主要内容包括出厂日期、检验部门印章、合格证的编号、品种、规格、数量、各项技术指标、包装、标识、质量、面积、产品的外观、物理性能等。

2）其他要求。防水卷材见证取样和送检频率应符合规范要求。

防水卷材在使用前应进行试验，检验内容为不透水性、拉力、柔度和耐热度等。

沥青在使用前应进行试验，试验的内容为针入度、软化点和延度等。

在配制玛蹄脂或直接使用普通石油沥青时，均应按照规范要求进行耐热度、黏结力和柔韧性等三项试验。玛蹄脂还应有试配单。

4.3.2 施工测量记录的编制与填写要求

施工测量记录是施工过程中根据规划设计进行测设或对测设的成果进行复核的记录；用测量仪器和工具，对工程的位置、垂直度及沉降量等进行度量和测定所形成的记录。记录中应有测量依据和过程，并应进行复核检查，由施工单位填写工程定位测量记录（C5-04），填报施工测量放线报验表，报监理工程师及有关人员验收签字。

（1）工程定位测量 依据规划部门提供的建筑红线或控制点的坐标，按照总平面图设计要求，测设建筑物位置、主控轴线、建筑物的 ±0.000 高程，建立场地控制网，由施工单位填写工程定位测量记录，填报施工测量放线报验表，报监理单位审核签字后，由建设单位报规划部门验线。工程定位测量记录样表填写见表 4-15。

表 4-15 工程定位测量记录

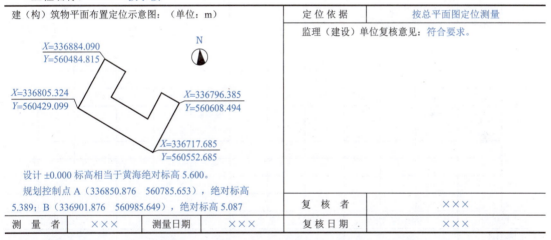

（2）基槽（孔）验线 依据场地控制网和基础平面图，检验基础正式施工前建筑物的位置、标高、基槽（孔）断面尺寸、坡度等，看其是否符合设计要求并应填写基槽（孔）验线记录（C5-05）。

（3）楼层平面放线 依据场地控制网对各楼层轴线、各层墙柱轴线与边线、门窗洞口位置及平面尺寸、楼层标高进行测设等。施工单位完成楼层平面放线后，应填写楼层平面放线记录（C5-06）。

（4）建筑物垂直度、标高、全高测量 施工单位在结构工程施工和工程竣工时，选定测量点及测量次数，对建筑物垂直度和全高进行实测，填写建筑物垂直度、标高、全高测量记录（C5-08）。

（5）建筑物沉降观测测量 施工单位依据观测方案，按工程形象（载荷阶段）测量和记录各沉降观测点的沉降值，整理填写沉降观测成果表，绘制沉降观测点分布图及沉降曲线图，编制沉降观测分析报告。建筑物沉降观测记录（C5-09）样表填写见表 4-16a、b。

表 4-16（a） 沉降观测示意图

C5-09

工程名称：×××教学楼　　　　　　　　制图日期：　×年×月×日

沉降观测平面示意图： （略）	沉降观测点示意图： 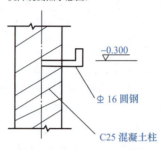 注：建筑物 ±0.000 相当于黄海标高 5.600， 沉降观测点设置在建筑物 −0.300m 处。

施工单位：×××建筑工程公司　　　　　　　　　　　项目技术负责人：×××

表 4-16（b） 沉降观测记录

工程名称：×××教学楼

共＿＿＿页　第＿＿＿页

	观测点编号	第1次			第2次			第3次			第4次		
		×年×月×日			×年×月×日			×年×月×日			×年×月×日		
		标高/m	沉降量/mm		标高/m	沉降量/mm		标高/m	沉降量/mm		标高/m	沉降量/mm	
			本次	累计		本次	累计		本次	累计		本次	累计
沉降观测结果表	M1	5.512			5.509	3	3	5.507	2	5	5.505	2	7
	M2	5.498			5.495	3	3	5.493	2	5	5.490	3	8
	M3	5.563			5.561	2	2	5.559	2	4	5.557	2	6
	M4	5.534			5.531	3	3	5.528	3	6	5.527	1	7
工程状态		三层结构完工			四层结构完工			五层结构完工			主体结构完工		
观测者		×××			×××			×××			×××		
记录者		×××			×××			×××			×××		
专业监理工程师：（建设单位项目负责人）													

施工单位：×××建筑工程公司　　　　　　　　　　　项目技术负责人：×××

4.3.3　施工记录的编制与填写要求

施工记录是施工过程中对重要工程项目或关键部位的施工方法、使用材料、构配件、操作人员、时间、施工情况等进行的记载，并经有关人员签字。

（1）交接检查验收记录　各参建单位之间在对所施工工程相互交接时，应进行交接检查验收，并填写交接检查记录（C5-03）。其记录的内容包括质量情况、遗留问题、工序要求、注意事项、成品保护等。

（2）地基验槽检查记录　所有建（构）筑物必须进行地基基槽（孔）验收，检查持力层的土质与设计要求、勘探报告的土质是否一致，土质颜色是否均匀一致，且坚硬程度是否一样，是否出现异常现象，如地基有无局部软硬不均的地方，有无坑、穴、洞、古墓、人防工程等，保证建筑物的结构安全。

地基验槽（孔）记录的内容包括基坑（孔）位置、平面尺寸、持力层核查、基底绝对高程和相对标高、基底土质、地下水位等。填写地基验槽（孔）记录（C5-12）后，由建设、勘察、设计、监理、施工单位共同验收签字，地基验槽（孔）记录（C5-12）填写样表见表4-17。

表4-17　地基验槽（孔）记录

C5-12

工程名称	×××			验收日期	×年×月×日
验槽部位	基槽（①～㉔/Ⓐ～Ⓖ轴）				
地基验槽内容	建筑物范围内浅部地层的类别、深度、分布、工程特性和变化规律符合要求，无不良地质现象，基槽内无地下水，土质及地基土层承载力符合设计要求。 附钎探记录及钎探点平面图。				
核验意见	基底土均匀密实，与地质报告相符，无软弱下卧层，基槽平面尺寸、基槽标高、边坡坡度符合设计要求。同意下道工序施工。				
建设单位：××× （公章） 项目负责人：×××	监理单位：××× （公章） 监理工程师：×××	设计单位：××× （公章） 项目负责人：×××	勘察单位：××× （公章） 项目负责人：×××		施工单位××× （公章） 项目负责人：×××

（3）地基处理记录　验槽后，是否存在出现异常现象，确实需要进行地基处理时，应先由勘察设计单位提出处理方案，施工单位记录并写成书面处理方案，按地基处理方案实施并验收。

施工单位应依据设计单位出具的处理方案进行地基处理，填写地基处理记录，报勘察、设计、监理（建设）单位检查验收。

（4）预拌混凝土运输交接　预拌混凝土供应单位应随车向施工单位提供预拌混凝土运输单（C5-15）。应检查提供运输单的混凝土等级等指标与委托单合同是否相符、实际坍落度是否符合要求。冬期施工时应测量现场出罐温度。

（5）混凝土开盘鉴定　按照试验室提供的混凝土配合比在现场首次配制使用时，由施工单位、监理单位、搅拌机组、混凝土试配单位进行开盘鉴定，保证现场施工所用材料、拌合物性能与试验条件相符，以满足设计要求和施工需要。预拌混凝土由混凝土供应单位进行开盘鉴定并保存相应资料。

填写混凝土开盘鉴定（C5-16），鉴定结论由参加各方协商填写。

（6）混凝土工程施工记录　混凝土工程施工过程中应对混凝土施工情况进行搅拌过程、浇筑过程、试块留置情况、材料使用情况、监理单位旁站见证情况进行记录，填写混凝土工程施工记录。

混凝土工程施工记录填写样表见表4-18。

表 4-18 混凝土工程施工记录

工程名称		×××工程			编　号		××××	
施工单位		×××建筑工程公司			施工部位		5层楼板	
搅拌方式		机械			施工日期		×年×月×日～×日	
振捣方法		机械			养护方法		浇水、草帘覆盖	
浇筑量/m³		×××	混凝土强度设计等级		C20	配合比报告编号		××××
记录项目 材料名称		水泥	砂	石	水	外加剂		掺合料
施工配比		1	2.34	4.52	0.6			
kg/m³		281	657	1265	168			
kg/盘		100	234	452	60			
材料试验报告编号		×××	×××	×××	×××			
坍落度设计值/cm		6.0cm			坍落度实测值/cm		5.5cm	
混凝土浇筑时间		××年×月×日×时×分至××年×月×日×时×分						
试件留置	同条件	试块编号	×××	×××				
		送样编号	××	××				
		报告编号	××	××				
	标养	试块编号	×××	×××				
		送样编号	××	××				
		报告编号	××	××				
测温情况								
日：时：分								
天气情况								
原材料温度/℃	水							
	砂							
	石							
	水泥							
拌合物	出罐温度/℃							
	入模温度/℃							
施工技术 负责人：×××					记录人：×××			

（7）混凝土浇灌、拆模申请批准单　浇筑混凝土前施工单位应对要隐蔽的钢筋工程、模板工程、水电安装工程进行检查验收，合格后，填写混凝土浇灌申请书，报监理单位审批同意后方可浇筑混凝土。

在拆除现浇混凝土结构板、梁、悬臂构件等底模前，拆模时混凝土强度应符合设计要求；当设计无要求时，应符合现行规范要求。应填写混凝土拆模申请单（C5-17），并附同条件混凝土强度等级报告，报项目专业负责人审批后报监理单位审核，通过后方可拆模。

（8）混凝土养护测温　混凝土冬施养护测温根据冬期施工方案要求进行测温记录，包括大气温度、各测温孔的实测温度、同一时间测得的各测温孔的平均温度和间隔时间等，先绘制测温点布置图，包括测温点的部位、深度等，填写混凝土养护测温记录（C5-19）。

（9）大体积混凝土养护测温记录　大体积混凝土施工应有对混凝土入模时的大气温度和养护温度记录，对内外温差记录和裂缝进行检查并记录，填写大体积混凝土养护测温记录（C5-20），大体积混凝土养护测温应附测温点布置图和温度曲线分析图。

（10）混凝土结构同条件养护试件测温　混凝土结构同条件养护试件应进行测温，填写混凝土结构同条件养护试件测温记录。同条件试件养护时间应在达到等效养护龄期时进行强度试验。

（11）构件安装　预制混凝土结构构件、钢结构、大型钢、木构件吊装，应对构件型号名称、安装位置、外观检查、楼板堵孔、清理、锚固、构件支点的搁置与搭接长度、接头处理、固定方法、标高、垂直偏差等内容检查记录，填写大型构件吊装记录（C5-21），报监理单位审核签字。

大型构件吊装记录（C5-21）样表填写见表4-19。

表4-19　预应力屋面板构件吊装记录

C5-21

工程名称		××教学楼		安装日期			×年×月×日		
施工单位		××建筑工程公司		安装部位			×××		
构件类别		预应力屋面板							
序号	构件名称型号	安装检查							质量情况
		安装位置	安装标高	固定方法	搁置与搭接长度	接头（缝）处理		端头处理	
1	1号预应力屋面板	③～⑥/Ⓑ～Ⓒ轴	31.6m	焊接	70mm	焊接混凝土灌缝		—	合格

结论：
预应力屋面板有出厂合格证、检验报告，规格、质量及外观等各项技术指标合格；安装位置及安装检查结果符合设计要求及规范的规定。

监理工程师（建设单位代表）：×××	施工技术负责人：×××	施工质检员：×××	记录人：×××

（12）焊接材料烘焙　焊接材料在使用前应进行烘焙，对烘焙方法、烘干温度、要求烘干时间、实际烘焙时间和保温要求等内容进行记录，填写焊接材料烘焙记录（C5-22）。

（13）木结构施工记录　木结构工程应对制作、安装、防腐、防火处理等施工情况进行记录，由专业施工单位提供施工记录。

仿古建筑木结构工程施工记录应由专业施工单位负责提供，并单独组卷。

（14）支护与桩（地）基工程施工记录　桩（地）基施工单位在施工过程中，应按规定做桩施工记录。检查内容主要对包括孔位、孔径、孔深、桩体垂直度、桩顶标高、桩位偏差、桩顶完整性和接桩质量等进行检查并记录。

在基坑开挖和支护结构使用期间，当设计有指标时，应以设计指标及要求为依据进行过程监测；如果设计无要求，则应按规范要求规定对重要的支护结构进行监测，保留并做好变形监测记录。

支护与桩（地）基工程施工记录由施工单位自行记录或设计表格，或按照当地管理部门要求的表格填写。

4.3.4　隐蔽工程验收记录的编制与填写要求

在施工过程中被上道工序隐蔽的重要工程或关键部位要填写隐蔽工程验收记录，记录中工程名称、隐检项目、隐检部位及日期必须填写准确；隐检依据、主要材料名称、规格型号、试验单编号应准确，有变更项目资料应填写变更单编号；检查验收人员签字应完整齐全。填写隐蔽工程验收记录（C5-01），报监理单位审核签认。

建筑与结构工程主要隐检项目及内容见表4-20。

隐蔽工程验收记录（C5-01）样表填写见表4-21。

表 4-20 建筑与结构工程主要隐检项目及内容

工程名称	隐蔽检查内容
土方工程	土方基槽、房心回填前检查基底清理、基底标高情况等
支护工程	锚杆、土钉的品种、规格、数量、位置、插入长度、钻孔直径、深度和角度等；地下连续墙的成槽宽度、深度、倾斜度、垂直度、钢筋笼规格、位置、槽底清理、沉渣厚度等
桩基工程	钢筋笼规格、尺寸、沉渣厚度、清孔情况等
地下防水工程	混凝土变形缝、施工缝、后浇带、穿墙套管、埋件件等设置的形式和构造；人防出口止水做法；防水层基层、防水材料规格、厚度、铺设方式、阴阳角处理、搭接密封处理等
结构工程（基础、主体）	用于绑扎的钢筋的品种、规格、数量、位置、锚固和接头位置、搭接长度、保护层厚度及除锈、除污情况、钢筋代用变更及预留拉结筋处理等；钢筋焊（连）接形式、焊（连）接种类、接头位置、数量及焊条、焊剂、焊口形式、焊缝长度、厚度及表面清渣和连接质量等
预应力工程	检查预留孔道的规格、数量、位置、形状、端部的预埋垫板；预应力筋的下料长度、切断方法、竖向位置偏差、固定、护套的完整性；锚具、夹具、连接点的组装等钢结构工程地脚螺栓规格、位置、埋设方法、紧固等；外墙内、外保温构造节点做法，各基层（垫层、找平层、隔离层、防水层、填充层、地龙骨）材料品种、规格、厚度、铺设厚度、方式、坡度、面层、表面质量、节点密封处理、粘接情况等
地面工程抹灰工程	具有加强措施的抹灰应检查其加强构造的材料规格、铺设、固定、搭接等
门窗工程	预埋件和锚固件、螺栓等的数量、位置、间距、埋设方式、与框的连接方式、防腐处理、缝隙的嵌填、密封材料的粘接等
吊顶工程	吊顶龙骨及吊件材质、规格、间距、连接方式、固定、表面防火、防腐处理、外观情况、接缝和边缝情况、填充和吸声材料的品种、规格及铺设、固定等
轻质隔墙工程	预埋件、连接件、拉结筋的位置、数量、连接方法、与周边墙体及顶棚的连接、龙骨连接、间距、防火、防腐处理、填充材料设置等
饰面板（砖）工程	预埋件（后置埋件）、连接件规格、数量、位置、连接方式、防腐处理等。有防水构造部位应检查找平层、防水层的构造做法，同地面基层工程检查
幕墙工程	构件之间以及构件与主体结构的连接节点的安装及防腐处理；幕墙四周、幕墙与主体结构之间间隙节点的处理、封口的安装；幕墙伸缩缝、沉降缝、防震缝及墙面转角节点的安装；幕墙防雷接地节点的安装
细部工程	预埋件或后置埋件和连接件的数量、规格、位置连接方式、防腐处理等
建筑屋面工程	基层、找平层、保温层、防水层、隔离层情况、材料的品种、规格、厚度、铺贴方式、搭接宽度、接缝处理、粘结情况；附加层、天沟、檐沟、泛水和变形缝细部做法、隔离层设置、密封处理部位等

表 4-21 隐蔽工程验收记录

C5-01						共____页 第____页			
工程名称：×××教学楼			填写日期：×年×月×日						
隐蔽工程验收记录	（子）分部分项工程检验批名称	部位（轴线、标高）	验收内容	简图说明					
	主体连续梁、构造柱钢筋	1～27/A～S轴 标高3.700～6.600	钢筋品种、数量、规格、间距、尺寸 搭接长度、焊接接头 保护层厚度 钢筋表面质量	2Φ12 Φ6@200 240 240 GZ 2Φ12 3Φ16 2Φ14 Φ8@400 Φ8@200 400 6.200 3Φ16 240 LL2 详见结施3、结施5					
检查意见	经检查符合设计和标准规定，同意验收。								
专业监理工程师：（建设单位项目专业技术负责人）	×××	质量检查部门	×××	项目技术负责人	×××	项目经理	×××	施工员	×××

4.3.5 施工检测资料的编制与填写要求

施工检测资料是对关系到使用安全和使用功能的重要已完分部分项工程质量、设备单机试运转、系统调试运行进行现场检测、试验或实物取样试验等所形成的资料。

(1) 施工检测记录 施工检测按规定应委托有相应资质的检测单位进行，并填写现场检测委托单。现场检测委托单样表填写见表 4-22。

表 4-22 现场检测委托单

委托编号	××××	检测编号	××××
工程名称	×× 工程	委托日期	×× 年 × 月 × 日
委托单位	×× 建筑工程有限公司	检测日期	×× 年 × 月 × 日
施工单位	×× 建筑工程有限公司	施工日期	×× 年 × 月 × 日
监理单位	×× 监理公司	建筑面积	×××
检测部位	6 层梁	联 系 人	×××
基体材料	混凝土	联系电话	××××××
设计要求	××××		
检测项目：钢筋保护厚度的检测。			
委托人：×××　　见证人：×××　　委托单位（章）：×× 建筑工程公司			

按照设计要求和规范规定由施工单位做施工检测的工程项目，当没有专用施工检测用表时，应填写施工检测记录。

(2) 设备单机试运转记录 由施工单位、监理单位对已安装完的设备工程进行设备单机试运转测试，填写设备单机试运转记录（C6-01-01）。

(3) 系统调试、试运行记录 由施工单位、监理单位对已安装完的排水与采暖系统、水处理系统、通风系统、制冷系统、净化系统、电气系统及智能系统等进行调试、试运行，填写系统调试、试运行记录。

(4) 锚固抗拔承载力检测 用于建筑工程结构上的预埋件、后置埋件、植筋等涉及结构安全与使用功能的工程项目，由施工单位委托检测单位检测锚固抗拔承载力，检测单位出具锚固抗拔承载力检测报告。

(5) 地基载荷试验 当设计要求或地基处理需要进行地基承载力检测时，由施工单位委托检测单位检测地基承载力，检测单位出具地基承载力检验报告（C6-02-02），并绘制检测平面示意图。

(6) 回填土 土方回填工程由施工单位委托试验单位测定土的最大干密度和最优含水率，确定最小干密度控制值，进行土方回填施工，试验单位出具土工击实试验报告（C6-02-04）。完工后施工单位委托试验单位进行现场分段、分层取样检测回填土的质量，由试验单位出具回填土密度检测报告（C6-02-05），并应附有按要求绘制的回填土取样点平面示意图。

(7) 钢筋焊接接头、机械连接接头 正式焊（连）接工程开始前及施工过程中，应对每批进场钢筋在现场条件下进行工艺检验，工艺检验合格后方可进行焊接或机械连接的施工。

钢筋连接验收批的划分及取样数量和必试项目应符合相关规定。

按焊（连）接检测，由试验单位出具钢筋机（焊）连接试验报告（C6-02-06～C6-02-07）。

(8) 砌筑砂浆 砌筑工程施工前，施工单位应委托试验单位出具砂浆配合比试验报告（C6-02-08）。

砌筑工程施工过程中的砌筑砂浆按规定留置的龄期为28d标养试件，取样数量执行规定要求，并实行见证取样和送检，由试验单位出具砂浆抗压强度试验报告（C6-02-09）。

砂浆强度不合格，或未按规定留置试件的，由检测机构进行贯入法砌筑砂浆强度检测，检测单位出具贯入法砌筑砂浆强度检测报告。

砌筑工程验收时应进行强度统计评定，填写砌筑砂浆试块强度统计、评定记录（C6-02-10）。

(9) 混凝土 混凝土施工前施工单位应委托检测机构进行混凝土强度配合比试验，试验室出具混凝土配合比试验报告。

施工过程中施工单位应按规定留置龄期为28d标养试件和同条件养护试件,取样数量执行规定要求,并实行见证取样和送检,填写混凝土、砂浆委托单,由检测单位出具混凝土抗压强度试验报告(C6-02-12)。冬期施工还应有受冻临界强度和负温转入常温28d同条件试件的抗压强度检测报告。

混凝土工程验收应进行强度统计评定,填写混凝土试块强度统计、评定记录(C6-02-13)。

抗渗混凝土应有混凝土抗渗试验报告(C6-02-14)。

有特殊性能要求的混凝土,应有专项试验检测资料。

混凝土、砂浆委托单样表填写见表4-23。

混凝土试块强度统计、评定记录(C6-02-13)样表填写见表4-24。

表4-23 混凝土、砂浆委托单

委托编号	××××	试验编号	××××
委托单位	××建筑工程公司	委托日期	××年×月×日
工程名称	××教学楼	成型日期	××年×月×日
使用部位	5层框架柱	试验日期	××年×月×日
设计强度等级	C30	龄期	28d
配合比(质量比)	水泥:中砂:石:水:泵送剂:粉煤灰 =1:××:××:××:××:××	水泥品种强度等级	××42.5
水灰比	××	砂子品种规格	中砂Ⅱ级
水泥用量	××kg/m³	石子品种规格	碎石最大粒径××mm
掺合料品种掺量	Ⅱ级粉煤灰 ××kg/m³	外加剂品种掺量	PHF泵送剂3%
坍落度(稠度)	××	试件规格长/mm×宽/mm×高/mm	150×150×150
养护条件	标准养护	试验项目	抗压强度
备注: 略			
取样人:×××	见证人:×××	选样单位(章):××建筑工程公司	

表4-24 同条件养护混凝土试块强度评定记录表

工程名称	××教学楼					编 号			××××	
施工单位	××建筑工程公司					施工部位			基础	
验收部位 构件名称	基础承台、梁					日 期			×年×月×日	
设计强度:C30											
各组 试块 试压 强度	1	2	3	4	5	6	7	8	9	10
	34.6	34.7	35.0	35.1	31.3	31.6	31.2	42.2	39.2	40.2
	40.7	39.0	38.6	36.0	36.8	36.4	36.6	36.1	36.4	36.6
	36.3	36.4	39.0	39.9	40.4	44.9	44.9	37.8	41.4	39.6
	41.2	40.5	40.4	36.1	36.9	38.4	37.8	36.6		

本批混凝土试块共38组,采用数理统计方法评定强度:

根据合格条件1:$\overline{M}f_{cu} - \lambda_1 \times sf_{cu} \geq f_{cuk}$

$\overline{M}f_{cu} = (34.6+34.7+35.0+\cdots+36.7)/38 = 37.45$ MPa

$\lambda_1 = 1.60$, $sf_{cu} = 3.01$ MPa

则 $\overline{M}f_{cu} - \lambda_1 \times sf_{cu} = 37.45 - 1.60 \times 3.01 = 32.63$ MPa $> f_{cuk} = 30.0$ MPa 符合合格规定。

根据合格条件2:$f_{cu,min} \geq \lambda_2 f_{cuk}$

则 $f_{cu,min} = 31.2$ MPa $> \lambda_2 f_{cuk} = 0.85 \times 30.0 = 25.5$ MPa 符合合格规定。

结论:该验收批混凝土试块强度评定为合格。

监理单位意见:	施工单位:
该验收批混凝土试块强度评定为合格。	该验收批混凝土试块强度评定为合格。
监理工程师签字:×××	技术负责人签字:×××

（10）混凝土结构实体检验　按照规定要对混凝土钢筋保护层厚度、混凝土实体强度进行结构实体检验，并实行见证取样或确定检测部位，委托检测机构检测，由检测机构检测出具结构同条件养护试件的混凝土抗压强度试验报告（C6-02-12）和钢筋保护层厚度检测报告。

 小资料

混凝土内部钢筋保护层厚度检测

为加强混凝土结构工程施工质量，《混凝土结构工程施工质量验收规范》（GB 50204—2015）要求对混凝土内部钢筋位置和钢筋保护层厚度进行检测，目前采用的有电磁感应法钢筋探测仪检测方法和雷达仪检测方法。

（11）建筑装饰装修工程　装饰装修工程使用的砂浆和混凝土应有配合比试验报告和强度检测报告，有抗渗要求的还应有抗渗性能检测报告。

外墙饰面砖粘贴前，应在相同基层上做样板件，并对样板件的饰面砖粘接强度进行检测，有外墙饰面砖样板黏结强度试验报告（C6-02-17），检验方法和结果判定应符合相关标准规定。

（12）地下工程防水效果检验　地下工程验收时，应对地下工程有无渗漏现象进行检查，主要检查裂缝、渗漏水部位和处理意见等内容。填写地下工程防水效果检查记录（C5-23）。如有渗漏情况应绘制背水内表面结构工程展开图。

地下工程防水效果检查记录（C5-23）样表填写见表4-25。

表4-25　地下工程防水效果检查记录

C5-23

工程名称	×××	分部工程名称	基础工程	项目经理	×××
施工单位	×××	检查部位	地下室地板、墙	检查日期	×年×月×日
检查执行标准名称及编号			×××-×××		
背水面展开图（可附图）：略					
复检结果：经检查，地下室地板、墙无渗漏现象，符合要求。					
					×年　×月　×日
验收结论	施工单位： 项目专业质量检查员（签名）：××× 项目专业技术负责人（签名）：×××			专业监理工程师（签名）：××× （建设单位项目专业技术负责人）	
			×年　×月　×日		×年　×月　×日

（13）防水工程淋（蓄）水检验　有防水要求的工程项目应有蓄水检查记录，检查蓄水方式、蓄水时间、蓄水深度、水落口及边缘封堵情况和有无渗漏现象等内容。屋面工程验收时，进行雨期观察或淋水、蓄水检查。淋水试验持续时间不得少于2h；做蓄水检查的屋面、蓄水时间不得少于24h。游泳池、消防水池等蓄水工程，有防水要求的地面工程应进行蓄水检验。填写防水工程试水检查记录（C5-24）。

防水工程试水检查记录（C5-24）样表填写见表4-26。

（14）建筑通风（烟）道检查　建筑通风（烟）道应全部做通（抽）风和漏风、串风等检查试验，并填写通风（烟）道检查记录（C5-25）。通风（烟）道检查记录（C5-25）样表填写见表4-27。

表 4-26 防水工程试水检查记录

C5-24　　工程名称：×××教学楼　　　　　　　　填写日期：×年×月×日

部 位	试验项目	试验标准	试验结果和处理情况			操作人员验收签证
			试验情况	处理情况	试验日期	
坡屋面	屋面淋水	连续淋水 2h	无渗漏、无积水	无	×年×月×日	×××
屋面檐沟	檐沟蓄水	蓄水时间 24h	无渗漏、无积水	无	×年×月×日	×××
验收意见：符合要求，同意验收。			专业监理工程师：××× （建设单位项目专业技术负责人）			施工单位项目技术负责人：×××

表 4-27 通风（烟）道检查记录

C5-25　　工程名称：×××教学楼　　　　　　　　填写日期：×年×月×日

试验项目	试验标准	单位	数量	试验结果和处理情况			操作人员验收签证
				试验情况	处理情况	试验日期	
卫生间透气道	×××	支	××	畅通、无阻塞	无	×年×月×日	×××
厨房烟道	×××	支	××	畅通、无阻塞	无	×年×月×日	×××
验收意见：符合要求，同意验收。				专业监理工程师：××× （建设单位项目专业技术负责人）			施工单位项目技术负责人：×××

（15）墙体保温性能检测　建筑工程完工后，应对外场进行保温性能检测，由检测机构出具外墙保温浆料同条件养护试件试验报告（06-02-33）。

（16）室内环境污染物检测　建筑工程应按照现行国家规范要求，工程交付使用前对室内环境进行质量验收。

由建设单位填写室内环境污染物检测委托单，委托检测机构进行检测，并出具室内环境检测报告（C6-02-37）。

小资料

桩基工程资料编制时的一般要求

1. 桩孔验线

依据主控轴线和基础平面图，检验桩孔尺寸与位置，填写基槽（孔）验线记录，填报施工测量放线报验表，报监理单位审核签字。

2. 施工记录

桩基工程施工记录，填写相应的混凝土灌注桩施工记录表、钻孔后压浆混凝土灌注桩施工记录表、钻孔后压浆灌注桩施工记录表、振动沉管灌注桩施工记录表、混凝土预制桩打桩施工记录表、静力压桩施工记录表。

3. 隐蔽工程检查验收

1）桩基工程施工过程中应进行隐蔽检查的项目在隐蔽前检查验收，填写隐蔽工程检查验收记录，报监理单位审核签字。

2）桩基工程隐蔽工程检查验收内容包括桩混凝土、钢筋笼规格与尺寸及材料试验报告、预制桩连接与混凝土强度、桩头处理后桩的位置偏差、桩截面尺寸、桩顶标高及防水处理等。

4. 施工检测

1）桩基必须进行承载力和桩身完整性检测，由检测单位出具基桩检测报告。

2）桩基工程其他检测项目应按有关规定进行。

5. 其他资料

如 C2、C3、C6、C8 类资料按表 4-1 中的施工单位文件资料要求编写执行。

子单元 4　施工质量验收记录

施工质量验收记录、单位（子单位）工程竣工验收资料，用 C7 来表示，包括检验批施工质量验收记录、分项工程施工质量验收记录、分部（子分部）工程施工质量验收记录，单位（子单位）工程施工质量竣工验收记录以及相应的施工质量控制资料核查记录、安全和功能检验资料核查及主要功能抽查记录、施工观感质量检查评价记录等内容，施工质量验收按《建筑工程施工质量验收统一标准》（GB 50300—2013）规定执行。

4.4.1　检验批施工质量验收记录表的编制与填写要求

检验批施工质量验收记录由施工项目专业质量检查员填写，专业监理工程师（建设单位项目技术负责人）组织项目专业质量检查员、专业工长等进行验收。

检验批表格编号的规则：检验批表的右上方编号 ×××××××× 是按单位工程的分部、子分部、分检验批统一进行编排的。

第 1、2 位数字 ×× 为分部工程代码。

第 3、4 位数字 ×× 为子分部工程代码。

第 5、6 位数字 ×× 为分项工程代码。

第 7、8 位数字 ×× 为各分项工程检验批验收的顺序号。

由于有些分项在不同分部、子分部中出现，或有些子分部工程在不同的分部工程中出现，造成一表多用，故括号内（×××××××）为此表在其他分部、子分部工程中使用时填写用。

如地基与基础分部工程，无支护土方子分部工程，土方开挖分项工程，其检验批表的编号为 010101××，第一个检验批表的编号为 01010101。

分部工程的代码为 01～10。地基与基础为 01，主体结构为 02，建筑装饰装修为 03，建筑屋面为 04，建筑给水排水及供暖为 05，通风与空调为 06，建筑电气为 07，智能建筑化为 08，建筑节能为 09，电梯为 10。

建筑工程分部工程、分项工程划分参照《建筑工程施工质量验收统一标准》（GB 50300—2013）中的附录 B，见表 4-28。

表 4-28 建筑工程分部工程、分项工程划分

序号	分部工程	子分部工程	分项工程
1	地基与基础	土方工程	土方开挖，土方回填，场地平整
		基坑支护	排桩，重力式挡土墙，型钢水泥土搅拌墙，土钉墙与复合土钉墙，地下连续墙，沉井与沉箱，钢或混凝土支撑，锚杆，降水与排水
		地基处理	灰土地基、砂和砂石地基、土工合成材料地基，粉煤灰地基，强夯地基，注浆地基，预压地基，振冲地基，高压喷射注浆地基，水泥土搅拌桩地基，土和灰土挤密桩地基，水泥粉煤灰碎石桩地基，夯实水泥土桩地基，砂桩地基
		桩基础	先张法预应力管桩，混凝土预制桩，钢桩，混凝土灌注桩
		地下防水	防水混凝土，水泥砂浆防水层，卷材防水层，涂料防水层，塑料防水板防水层，金属板防水层，膨润土防水材料防水层，细部构造，锚喷支护，地下连续墙，盾构隧道，沉井，逆筑结构，渗排水、自流排水，隧道排水，坑道排水，塑料排水板排水，预注浆、后注浆，结构裂缝注浆
		混凝土基础	模板、钢筋、混凝土，后浇带混凝土，混凝土结构缝处理
		砌体基础	砖砌体，混凝土小型空心砌块砌体，石砌体，配筋砌体
		型钢、钢管混凝土基础	型钢、钢管焊接与螺栓连接，型钢、钢管与钢筋连接，浇筑混凝土
		钢结构基础	钢结构制作，钢结构安装，钢结构涂装
2	主体结构	混凝土结构	模板，钢筋，混凝土，预应力，现浇结构，装配式结构
		砌体结构	砖砌体，混凝土小型空心砌块砌体，石砌体，配筋砖砌体，填充墙砌体
		钢结构	钢结构焊接，紧固件连接，钢零部件加工，钢构件组装与预拼装，单层钢结构安装，多层及高层钢结构安装，空间格构钢结构制作，空间格构钢结构安装，压型金属板，防腐涂料涂装，防火涂料涂装，天沟安装、雨篷安装
		劲钢、钢管混凝土结构	型钢、钢管现场拼装，柱脚锚固，构件安装，焊接、螺栓连接，钢筋骨架安装，型钢、钢管与钢筋连接，浇筑混凝土
		轻钢结构	钢结构制作，钢结构安装，墙面压型板，屋面压型板
		索膜结构	膜支撑构件制作，膜支撑构件安装，索安装，膜单元及附件制作，膜单元及附件安装
		铝合金结构	铝合金焊接，紧固件连接，铝合金零部件加工，铝合金构件组装，铝合金构件预拼装，单层及多层铝合金结构安装，空间格构铝合金结构安装，铝合金压型板，防腐处理，防火隔热
		木结构	方木和原木结构，胶合木结构，轻型木结构，木构件防护
3	建筑装饰装修	地面	基层，整体面层，板块面层，地毯面层，地面防水，垫层及找平层
		抹灰	一般抹灰，保温墙体抹灰，装饰抹灰，清水砌体勾缝
		门窗	木门窗安装，金属门窗安装，塑料门窗安装，特种门安装，门窗玻璃安装
		吊顶	整体面层吊顶、板块面层吊顶，格栅吊顶
		轻质隔墙	板材隔墙，骨架隔墙，活动隔墙，玻璃隔墙
		饰面板	石材安装，瓷板安装，木板安装，金属板安装，塑料板安装、玻璃板安装
		饰面砖	外墙饰面砖粘贴，内墙饰面砖粘贴
		涂饰	水性涂料涂饰，溶剂型涂料涂饰，美术涂饰
		裱糊与软包	裱糊、软包
		外墙防水	砂浆防水层，涂膜防水层，防水透气膜防水层
		细部	橱柜制作与安装，窗帘盒和窗台板制作与安装，门窗套制作与安装，护栏和扶手制作与安装，花饰制作与安装
		金属幕墙	构件与组件加工制作，构架安装，金属幕墙安装
		石材与陶板幕墙	构件与组件加工制作，构架安装，石材与陶板幕墙安装
		玻璃幕墙	构件与组件加工制作，构架安装，玻璃幕墙安装

（续）

序号	分部工程	子分部工程	分项工程
4	屋面工程	基层与保护	找平层，找坡层，隔汽层，隔离层，保护层
		保温与隔热	板状材料保温层，纤维材料保温层，喷涂硬泡聚氨酯保温层，现浇泡沫混凝土保温层，种植隔热层，架空隔热层，蓄水隔热层
		防水与密封	卷材防水层，涂膜防水层，复合防水层，接缝密封防水
		瓦面与板面	烧结瓦和混凝土瓦铺装，沥青瓦铺装，金属板铺装，玻璃采光顶铺装
		细部构造	檐口，檐沟和天沟，女儿墙和山墙，水落口，变形缝，伸出屋面管道，屋面出入口，泛水过水孔，设施基座，屋脊，屋顶窗
5	建筑给水排水及供暖	室内供水系统	给水管道及配件安装，给水设备安装，室内消火栓系统安装，消防喷淋系统安装，管道防腐，绝热
		室内排水系统	排水管道及配件安装，雨水管道及配件安装，防腐
		室内热水供应系统	管道及配件安装，辅助设备安装，防腐，绝热
		卫生器具安装	卫生器具安装，卫生器具给水配件安装，卫生器具排水管道安装
		室内供暖系统	管道及配件安装，辅助设备及散热器安装，金属辐射板安装，低温热水地板辐射供暖系统安装，系统水压试验及调试，防腐，绝热
		室外给水管网	给水管道安装，消防水泵接合器及室外消火栓安装，管沟及井室
		室外排水管网	排水管道安装，排水管沟与井池
		室外供热管网	管道及配件安装，系统水压试验及调试，防腐，绝热
		建筑中水系统及游泳池系统	建筑中水系统管道及辅助设备安装，游泳池水系统安装
		供热锅炉及辅助设备安装	锅炉安装，辅助设备及管道安装，安全附件安装，烘炉、煮炉和试运行，换热站安装，防腐，绝热
		太阳能热水系统	预埋件及后置锚栓安装和封堵，基座、支架、集热器安装，接地装置安装，电线、电缆敷设，辅助设备及管道安装，防腐，绝热
6	通风与空调	送排风系统	风管与配件制作，部件制作，风管系统安装，空气处理设备安装，消声设备制作与安装，风管与设备防腐，风机安装，系统调试
		防排烟系统	风管与配件制作，部件制作，风管系统安装，防排烟风口、常闭正风口与设备安装，风管与设备防腐，风机安装，系统调试
		除尘系统	风管与配件制作，部件制作，风管系统安装，除尘器及排污设备安装，风管与设备防腐，风机安装，系统调试
		空调风系统	风管与配件制作，部件制作，风管系统安装，空气处理设备安装，消声设备制作与安装，风管与设备防腐，风机安装，风管与设备绝热，系统调试
		空气能量回收系统	空气能量热回收装置安装，新风导入管道安装，排风管道安装，空气过滤系统安装，空气能量回收装置系统运行试验及调试
		净化空调系统	空气质量控制系统，风管与配件制作，部件制作，风管系统安装，空气处理设备安装，消声设备制作与安装，风管与设备防腐，风机安装，风管与设备绝热，高效过滤器安装，系统调试
		制冷设备系统	制冷机组安装，制冷剂管道及配件安装，制冷附属设备安装，管道及设备的防腐与绝热，系统调试
		空调水系统	管道冷热(媒)水系统安装，冷凝水系统安装，冷却水系统安装，阀门及部件安装，冷却塔安装，水泵及附属设备安装，管道与设备的防腐与绝热，系统调试
		地源热泵系统	地埋管换热系统，地下水换热系统，地表水换热系统，建筑物内系统，整体运转、调试

(续)

序号	分部工程	子分部工程	分项工程
7	建筑电气	室外电气	架空线路及杆上电气设备安装,变压器、箱式变电所安装,成套配电柜、控制柜(屏、台)和动力、照明配电箱(盘)及控制柜安装,电线、电缆导管和线槽敷设,电线、电缆穿管和线槽敷设,电缆头制作、导线连接和线路电气试验,建筑物外部装饰灯具、航空障碍标志灯安装,庭院路灯安装,建筑照明通电试运行,接地装置安装
		变配电室	变压器、箱式变电所安装,成套配电柜、控制柜(屏、台)和动力、照明配电箱(盘)安装,裸母线、封闭母线、插接式母线安装,电缆沟内和电缆竖井内电缆敷设,电缆头制作、导线连接和线路电气试验,接地装置安装,避雷引下线和变配电室接地干线敷设
		供电干线	裸母线、封闭母线、插接式母线安装,桥架安装和桥架内电缆敷设,电缆沟内和电缆竖井电缆敷设,电线、电缆导管和线槽敷设,电线、电缆穿管和线槽敷线,电缆头制作、导线连接和线路电气试验
		电气动力	成套配电柜、控制柜(屏、台)和动力、照明配电箱(盘)及控制柜安装,低压电动机、电加热器及电动执行机构检查、接线,低压电气动力设备检测、试验和空载试运行,桥架安装和桥架内电缆敷设,电线、电缆导管和线槽敷设,电线、电缆穿管和线槽敷线,电缆头制作、导线连接和线路电气试验,插座、开关、风扇安装
		电气照明安装	成套配电柜、控制柜(屏、台)和动力、照明配电箱(盘)安装,电线、电缆导管和线槽敷设,电线、电缆导管和线槽敷线,槽板配线,钢索配线,电缆头制作、导线连接和线路气试验,普通灯具安装,专用灯具安装,插座、开关、风扇安装,建筑照明通电试运行
		备用和不间断电源安装	成套配电柜、控制柜(屏、台)和动力、照明配电箱(盘)安装,柴油发电机安装,不间断电源的其他功能单元安装,裸母线、封闭母线、插接式母线安装,电线、电缆导管和线槽敷设,电线、电缆导管和线槽敷线,电缆头制作,导线连接和线路气试验,接地装置安装
		防雷及接地安装	接地装置安装,避雷引下线和变配电室接地干线敷设,建筑物等电位连接,接闪器安装
8	建筑智能化	通信网络系统	通信系统,卫星及有线电视系统,公共广播系统,视频会议系统
		计算机网络系统	信息平台及办公自动化应用软件,网络安全系统
		建筑设备监控系统	空调与通风系统,空气能量回收系统,室内空气质量控制系统,变配电系统,照明系统,给水排水系统,热源和热交换系统,冷冻和冷却系统,电梯和自动扶梯系统,中央管理工作站与操作分站,子系统通信接口
		火灾报警及消防联动系统	火灾和可燃气体探测系统,火灾报警控制系统,消防联动系统
		会议系统与信息导航系统	会议系统、信息导航系统
		专业应用系统	专业应用系统
		安全防范系统	电视监控系统,入侵报警系统,巡更系统,出入口控制(门禁)系统,停车管理系统,智能卡应用系统
		综合布线系统	缆线敷设和终接,机柜、机架、配线架的安装,信息插座和光缆芯线终端的安装
		智能化集成系统	集成系统网络,实时数据库,信息安全,功能接口
		电源与接地	智能建筑电源,防雷及接地
		计算机机房工程	路由交换系统,服务器系统,空间环境,室内外空气能量交换系统,室内空调环境,视觉照明环境,电磁环境
		住宅(小区)智能化系统	火灾自动报警及消防联动系统,安全防范系统(含电视监控系统、入侵报警系统、巡更系统、门禁系统、楼宇对讲系统、住户对讲呼救系统、停车管理系统),物业管理系统(多表现场计量及与远程传输系统、建筑设备监控系统、公共广播系统、小区网络及信息服务系统、物业办公自动化系统),智能家庭信息平台

(续)

序号	分部工程	子分部工程	分项工程
9	建筑节能	围护系统节能	墙体节能、幕墙节能、门窗节能、屋面节能、地面节能
		供暖空调设备及管网节能	供暖节能、通风与空调设备节能、空调与供暖系统冷热源节能、空调与供暖系统管网节能
		电气动力节能	配电节能、照明节能
		监控系统节能	监测系统节能、控制系统节能
		可再生能源	太阳能系统、地源热泵系统
10	电梯	电力驱动的曳引式或强制式电梯安装	设备进场验收，土建交接检验，驱动主机，导轨，门系统，轿厢，对重，安全部件，悬挂装置，随行电缆，补偿装置，电气装置，整机安装验收
		液压电梯安装	设备进场验收，土建交接检验，液压系统，导轨，门系统，轿厢，对重，安全部件，悬挂装置，随行电缆，电气装置，整机安装验收
		自动扶梯、自动人行道安装	设备进场验收，土建交接检验，整机安装验收

表格的填写：

（1）工程名称等填写

1）工程名称应填写名称的全称，与合同文件上的单位工程的名称相一致。

2）施工单位、分包单位应填写名称全称，与合同上的公章名称相一致。

3）检验部位应填写具体，如某层×轴至×轴线之间，二层①～××轴线砖砌体。

4）项目经理应是合同中指定的项目负责人。有分包单位时，也应填分包单位全称，分包单位项目经理是合同中指定的项目负责人。这些人员由填表人填写，不要本人签字。

5）施工执行标准名称及编号。施工执行标准是指企业标准（或引用的推荐标准，但必须经企业认可为企业标准），自行检验。

（2）内容的填写

1）对定性项目，如原材料、混凝土强度、砂浆强度等，可填写资料份数，其他定性项目可填写"符合要求"或"不符合要求"。

2）对定量项目，如允许偏差、计算合格点百分率项目，可直接填写检查数据，计算合格点率。超企业标准的数值，而没有超过国家验收标准的用"○"圈住，对超过国家验收标准的用"△"圈住。

（3）单位验收意见

1）对定性项目填写"符合要求"或"不符合要求"，对定量项目填写"合格"或"不合格"。

2）施工单位检验结果：填写"检验符合标准规定"。项目专业质量检查员由本人签字，并加盖岗位资格章。

3）监理（建设）单位验收意见：填写"验收合格"或"验收不合格"。专业监理工程师（建设单位项目技术负责人）签字，并加盖岗位资格章。

检验批施工质量验收记录样表填写见表4-29～表4-31。

表4-29 土方开挖工程检验批施工质量验收记录

编号：010101 □□

工程名称	××××教学楼			
分项工程名称	土方开挖	验收部位	Ⓐ~Ⓗ轴与①~②轴	
施工单位	×××建筑工程公司	项目负责人	×××	专业工长 ×××
分包单位	×××基础工程公司	项目负责人		施工班组长
施工执行标准名称及编号	×××××—××××			

		质量验收规范的规定					施工、分包单位自检记录	监理单位验收记录
		检查项目	质量要求/mm					
			柱基基坑基槽	挖方场地平整 人工/机械	管沟	地（路）面基层		
主控项目	1	标高	−50	±30 / ±50	−50	−50	−30 −40 −40 −20 −40 −50 −30 −40 −20 −30	符合要求
	2	长度、宽度（由设计中心线向两边量）	+200 −50	+300 −100 / +500 −150	+100	—	+50 +80 +50 +30 +20 +80 +60 +20 +20 +20 / +20 +60 +40 +20 +40 +60 +30 +30 +30 +30	符合要求
	3	边坡	设计要求：1:1.2				有验槽记录2份，符合要求	符合要求
一般项目	1	表面平整度	20	20 / 50	20	20	20 10 5 5 8	合格
	2	基底土性	设计要求：中砂				有验槽记录2份，符合要求	符合要求

施工、分包单位检查结果	经检验符合合格标准规定。 项目专业质量检查员：××× ×年×月×日
监理单位验收结论	验收合格。 专业监理工程师：××× ×年×月×日

表 4-30　砂和砂石地基工程检验批施工质量验收记录

编号：010302□□

工程名称		×××教学楼							
分项工程名称		砂和砂石地基		验收部位		Ⓐ~Ⓗ轴与①~⑫轴			
施工单位		×××建筑工程公司		项目负责人		×××		专业工长	×××
分包单位				项目负责人				施工班组长	×××
施工执行标准名称及编号				×××—×××					

		质量验收规范的规定		施工单位自检记录									监理单位验收记录
		检查项目	质量要求允许偏差										
主控项目	1	地基承载力符合设计要求	200kPa	有检测报告1份，符合要求									符合要求
	2	配合比符合设计要求	回填中砂	有砂进场复检和施工记录各3份，符合要求									符合要求
	3	压实系数符合设计要求	90%	有检测报告1份，符合要求									符合要求
一般项目	1	砂石料有机质含量	≤5%	3	2	2							合格
	2	砂石料含泥量	≤5%	2	2	4							合格
	3	石料粒径	≤100mm										
	4	含水量（与最优含水量比较）	±2%	1	1	1							合格
	5	分层厚度（与设计要求比较）	±50mm	20	20	30							合格

施工分包单位检查结果	经检验符合合格标准规定。
	项目专业质量检查员：×××　　　　　　　　　　　　　　　×年×月×日
监理单位验收结论	验收合格。
	专业监理工程师：×××　　　　　　　　　　　　　　　　×年×月×日

表 4-31 砖砌体工程检验批施工质量验收记录

编号：010701 □□ （020301 □□）

工程名称			×××教学楼								
分项工程名称			砖砌体工程			验收部位			Ⓐ～Ⓗ轴与①～⑫轴		
施工单位			×××建筑工程公司			项目负责人			×××	专业工长	×××
分包单位			×××建筑工程队			项目负责人			×××	施工班组长	×××
施工执行标准名称及编号			×××—×××								

质量验收规范的规定				施工、分包检查记录							监理单位验收记录
		检查项目	质量要求								
主控项目	1	砖强度等级	设计要求	出厂合格证1份，进场验收检验报告1份符合要求							符合要求
	2	砂浆强度等级	设计要求	砂浆试块试验报告2份符合要求							符合要求
	3	斜槎留置	5.2.3条	√	√	√	√	√	√	√	符合要求
	4	转角、交接处	5.2.3条	√	√	√	√	√	√	√	符合要求
	5	直槎拉结钢筋及接槎处理	5.2.4条	√	√	√	√	√	√	√	符合要求
	6	砂浆饱满度	墙 ≥80%	80	80	80	83	91			合格
			柱 ≥90%								
一般项目	1	轴线位移	≤10mm	8	3	3	0	6	4	2	5 5 7	合格
	2	垂直度（每层）	≤5mm	2	3	4	5	3	4	3	3 2	合格
	3	组砌方法	5.3.1条	√	√	√	√	√	√	√	符合要求
	4	水平灰缝厚度	5.3.2条	8	8	9	9	10	10	11	11 13 13	合格
	5	竖直灰缝厚度	5.3.2条								
	6	基础、墙、柱顶面标高	±15mm	-9	-9	0	0	8	8	0	18	合格
	7	表面平整度	5mm（清水）								
			8mm（混水）	5	5	6	6	9	8	8	9	合格
	8	门窗洞口高、宽（后塞口）	±10mm	2	2	3	4	4	3	3	4 4	合格
	9	窗口偏移	≤20mm	10	10	15	15	20	20			合格
	10	水平灰缝平直度	≤7mm（清水）								
			≤10mm（混水）	3	4	5	6	7	8	10	11 12	合格
	11	清水墙游丁走缝	≤20mm								

施工、分包单位检查结果	检验符合合格标准规定。 项目专业质量检查员：×××　　　　　　　　　　　　　×年×月×日
监理单位验收结论	验收合格。 专业监理工程师：×××　　　　　　　　　　　　　　×年×月×日

4.4.2 分项工程质量验收记录表的编制与填写要求

分项工程质量应由专业监理工程师（建设单位项目技术责任人）组织施工单位项目专业技术负责人等进行验收。

填写要求：

1）将分项工程名称填写具体，应和检验批表的名称一致。
2）检验批部位：将检验批逐项填写，并注明部位、区段。
3）施工单位检验意见：填写"符合设计要求及标准×××的合格规定"。
4）监理（建设）单位验收意见：填写"合格"或"不合格"。
5）施工单位检验结果：填写"检验符合企业标准×××合格规定"。由项目专业技术负责人签字。
6）监理（建设）单位验收结论：填写"验收合格"或"验收不合格"。由专业监理工程师（建设单位项目负责人）签认，并加盖岗位资格章。

分项工程质量验收记录样表填写见表4-32。

表4-32 钢筋加工分项工程质量验收记录

编号：□□□□□□

工程名称	×××教学楼	结构类型	框架	检验批数	10
施工单位	×××建筑工程公司	项目负责人	×××	项目技术负责人	×××
分包单位		单位负责人		项目负责人	
序号	检验批名称及部位、区段	施工、分包单位检查评定结果		监理单位验收结论	
1	一层板钢筋加工 1～20	符合设计要求及标准×××合格规定		合格	
2	一层板钢筋加工 20～40	符合设计要求及标准/×××合格规定		合格	
3	二层板钢筋加工 1～20	符合设计要求及标准×××合格规定		合格	
4	二层板钢筋加工 20～40	符合设计要求及标准/×××合格规定		合格	
5	三层板钢筋加工 1～20	符合设计要求及标准×××合格规定		合格	
6	三层板钢筋加工 20～40	符合设计要求及标准/×××合格规定		合格	
7	四层板钢筋加工 1～20	符合设计要求及标准×××合格规定		合格	
8	四层板钢筋加工 20～40	符合设计要求及标准/×××合格规定		合格	
9	五层板钢筋加工 1～20	符合设计要求及标准×××合格规定		合格	
10	五层板钢筋加工 20～40	符合设计要求及标准/×××合格规定		合格	
说明：					
施工单位检查结果	经检验符合设计要求及合格标准规定。 项目专业技术负责人：××× ×年×月×日		监理单位验收结论	验收合格。 专业监理工程师：××× ×年×月×日	

4.4.3 分部（子分部）工程质量验收记录表的编制与填写要求

分部工程、子分部工程质量验收资料在编制整理时，均包括质量控制资料核查记录、安全和功能检验资料核查及主要功能抽查记录、观感质量检查评价记录资料，不同的只是工程质量验收记录表填写不同。另外，地基基础和主体分部在检查验收时，设计单位和勘察单位参加验收，签署意见。

1. 子分部工程质量验收记录

子分部工程完成经施工单位自行检验合格后，填写施工质量验收记录相应部分内容，由项目经理交总监理工程师（建设单位项目负责人）组织相关人员验收。

（1）分项工程名称　应按照《建筑工程施工质量验收统一标准》（GB 50300—2013）规定填写相应的分项工程。也可根据当地主管部门的规定，在国家标准的基础上增加分项工程。

（2）检验批　分别填写分项工程所含有实际的检验批数量，在分项工程验收表上统计数量。

（3）施工单位检验意见　这是施工单位自检结论，填写"符合标准×××的合格规定"。

（4）验收意见　由监理工程师进行检查，检查结果合格时填写：分项和检验批划分合理，验收完整，符合设计要求及标准×××合格规定。验收不合格应写出原因及处理意见。

（5）施工质量控制资料核查记录

1）施工单位检验意见：是施工单位自检结论，填写"经检验符合要求"。

2）验收意见：由监理工程师根据资料核查和现场检查的情况，填写"符合要求"或"不符合要求"。

（6）安全和功能检验资料核查及主要功能抽查记录

1）施工单位检验意见：施工单位根据安全及功能两方面检测资料的检查情况，合格时填写"经检验符合要求"。

2）验收意见：由监理工程师根据安全和功能检查资料和现场检查情况，填写"符合要求"或"不符合要求"。

（7）施工观感质量检查评价记录　由总监理工程师组织专业监理工程师，会同参加验收人员共同进行。通过现场检查，共同确认质量评价，填写"经现场检查评价，共同确认为'好'或'一般'或'差'"。

（8）检验验收单位栏目

1）分包单位：由分包单位项目经理签字，并加盖岗位资格章。填写"验收符合标准×××合格规定"。

2）施工单位：由施工总承包单位项目经理签字，并加盖岗位资格章。填写"检验符合标准×××合格规定"。

子分部工程质量验收记录样表填写见表4-33。

表4-33　混凝土子分部工程质量验收记录

编号：□□□□

工程名称	××××教学楼		结构类型	框架	层数	5
施工单位	×××建筑工程公司		技术部门负责人	×××	质量部门负责人	×××
分包单位			分包单位负责人		分包技术负责人	
序号	分项工程名称	检验批数	施工、分包单位检查结果		验收结论	
1	模板工程	20	符合标准×××的合格规定		检验2个子分部，计4个项工程，符合设计要求及标准×××合格规定。	
2	钢筋工程	20	符合标准×××的合格规定			
3	混凝土工程	20	符合标准×××的合格规定			
4	现浇结构	20	符合标准×××的合格规定			

(续)

质量控制资料	检查施工质量控制资料30份，符合要求	符合要求
安全和功能检验报告	核查、抽查安全及主要功能检验资料和抽查资料3份，符合要求	符合要求
观感质量	经检查混凝土子分部观感质量，共同确认为好	
综合验收结论	施工质量符合设计要求和合格标准规定。	

分包单位 项目负责人： ××× ×年×月×日	施工单位 项目负责人： ××× ×年×月×日	勘察单位 项目负责人： ××× ×年×月×日	设计单位 项目负责人： ××× ×年×月×日	监理单位 总监理工程师： ××× ×年×月×日

2. 分部工程质量验收记录

分部工程与子分部工程填写的表格为同一份，填写时将括号内的子分部项目划掉，不同项目的要求如下：

（1）分项数　分别填写各子分部工程实际的分项数，即子分部工程验收表上的分项数。

（2）施工单位检验意见　施工单位根据自行检验的合格结果填写："符合标准×××合格规定"。

（3）验收意见　由监理工程师填写"检验××个子分部工程，计××个分项工程，符合设计要求及标准××合格规定"或"检验××个子分部工程、×个分项工程，其中××子分部的××分项工程，不符合设计要求及标准××合格规定"。

（4）施工观感质量检查评价　分部工程施工观感质量检查评价，填写共同确认为"好"或"一般"或"差"。

（5）检验验收单位栏目

1）施工单位。由施工总承包单位项目经理签字，并加盖岗位资格章。填写"检验符合标准×××合格规定"。

2）勘察单位。勘察单位参加地基基础分部工程验收，由项目负责人签字。填写"基坑（槽），现场检验地质条件与勘察报告相符"或"现场检验地质条件与勘察报告不符，但经处理满足设计要求"。

3）设计单位。设计单位参加地基基础、主体结构分部工程验收，由项目负责人亲自签认。填写"施工质量符合设计要求，同意验收"。对不符合设计要求的，应写明原因和处理意见。

4）监理（建设）单位。由总监理工程师（建设单位项目负责人）签字验收，总监应加盖岗位资格章，填写"符合标准合格规定，验收合格"。

分部工程质量验收记录样表填写见表 4-34。

表 4-34 主体结构分部工程质量验收记录

编号：□□

工程名称	××××教学楼	结构类型	框架	层数	5
施工单位	×××建筑工程公司	技术部门负责人	×××	质量部门负责人	×××
分包单位		分包单位负责人		分包单位技术负责人	

序号	子分部（分项）工程名称	分项数（检验批数）	施工、分包单位检查结果	验收结论
1	混凝土结构	4	符合标准×××的合格规定	检验 2 个子分部，计 5 个分项工程，符合设计要求及标准 DB23 的合格规定
2	砌体结构	1	符合标准×××的合格规定	
质量控制资料		检查施工质量控制资料 30 份，符合要求		符合要求
安全和功能检验结果		核查、抽查安全及主要功能检验资料和抽查资料 10 份，符合要求		符合要求
观感质量		经检查主体结构观感质量，共同确认为好		
综合验收结论		经检查主体结构分部工程合格。		

分包单位 项目负责人： ××× ×年×月×日	施工单位 项目负责人： ××× ×年×月×日	勘察单位 项目负责人： ××× ×年×月×日	设计单位 项目负责人： ××× ×年×月×日	监理单位 总监理工程师： ××× ×年×月×日

3. 分部（子分部）工程质量控制资料核查记录

（1）分部（子分部）工程名称 填写工程名称、施工单位、资料名称和份数（栏），由施工单位项目质量（技术）负责人填写。

（2）核查意见 由总监理工程师组织专业监理工程师参加核查，由总监理工程师（建设单位项目负责人）填写"符合要求"或"不符合要求"。

（3）结论 由施工总承包单位项目经理和总监理工程师共同确认填写"经核查符合要求"或"经核查不符合要求"，并签字，加盖岗位资格章。对结论为"不符合要求"者应写出处理意见。

分部（子分部）工程质量控制资料核查记录样表填写见表 4-35。

表 4-35　主体结构分部工程质量控制资料核查记录

编号：□□

工程名称		××××教学楼	施工单位	×××建筑公司		
序号	项目	资料名称	份数	施工单位		监理单位	
				核查意见	核查人	核查意见	核查人
1	建筑与结构	图纸会审记录、设计变更通知单、工程洽商记录、竣工图	1/7/3	符合要求			
2		工程定位测量、放线记录	1/7	符合要求			
3		钢材出厂合格证、试验报告	6/6	符合要求			
4		焊条（剂）出厂合格证	3	符合要求			
5		水泥出厂合格证、试验报告	21/21	符合要求			
6		砖（砌）块出厂合格证、试验报告	7/7	符合要求			
7		砂（石）出厂合格证、试验报告	2	符合要求			
8		混凝土、预拌混凝土试块试验报告	14	符合要求			
9		砂浆试块试验报告	14	符合要求			
10		焊接（接头）试验报告	7	符合要求			
11		隐蔽工程验收记录	35	符合要求			
12		混凝土施工记录	35	符合要求			
13		结构安装记录	7	符合要求			
14		地基基础、主体结构检验及抽样检测资料	2	符合要求			
15		分项、分部工程质量验收记录	60	符合要求			
16		新技术论证、备案及施工记录	20	符合要求			

结论：共核查 16 项，符合要求 16 项，符合要求。

施工单位项目经理：×××　　　　　　　　　　　　　　　总监理工程师：×××

　　　　　×年×月×日　　　　　　　　　　　　　　　　　　　　×年×月×日

4. 分部（子分部）工程安全和功能检验资料核查及主要功能抽查记录

（1）分部（子分部）工程名称　填写工程名称、施工单位、安全和功能检验项目和份数（栏），由施工单位项目质量（技术）负责人填写。

（2）核查意见和抽查意见　由总监理工程师组织专业监理工程师核查、抽查。有关的施工单位项目经理、项目质量（技术）负责人应参加。

（3）结论　由施工总承包单位项目经理和总监理工程师共同确认，填写"经核查及抽查符合要求"或"经核查及抽查不符合要求"，并签字，加盖岗位资格章。对"经核查及抽查不符合要求"的应加以说明和提出处理意见。

分部（子分部）工程安全和功能检验资料核查及主要功能抽查记录样表填写见表4-36。

表4-36　主体结构分部工程安全和功能检验资料核查及主要功能抽查记录

编号：□□

工程名称		××××教学楼		施工单位	×××建筑公司		
序号	项目	安全和功能检查项目	份数	抽查结果		核查（抽查）人	
				核查意见	核查人	核查意见	核查人
1	建筑与结构	楼板标高测量记录	5	符合要求	×××	符合要求	×××
2		楼板平整度测量记录	5	符合要求		符合要求	
3		沉降观测记录	1	符合要求		符合要求	

结论：
经核查安全、功能资料符合要求。主要功能进行抽查，检验结果合格符合设计和规范要求，满足使用功能，同意验收。
施工单位项目经理：×××　　×年×月×日　　　　总监理工程师：×××　　×年×月×日

注：抽查项目由验收组协商确定。

5. 分部（子分部）工程观感质量检查评价记录

（1）分部（子分部）名称　填写分部（子分部）名称。

（2）参加人员　填写总监理工程师（建设单位项目负责人）和专业监理工程师、项目经理、项目质量（技术）负责人、技术（质量）部门负责人，检查评价人数应不少于5人。

（3）项目名称　由施工单位项目质量（技术）负责人填写。

（4）抽查质量状况　各抽查点质量状况用"好"或"一般"或"差"评价，分别用"√""○""×"填写。评价时，施工企业应先自行检查，合格后由总监理工程师组织监理、施工、建设单位参加验收,通过现场检查,共同确认,质量评价等级为:"好"或"一般"或"差"。

(5)质量评价(栏)

1)每项抽检点中无"差"(×),且"好"(√)点占该项总抽查检点数50%及以上,可填写"好"。

2)每项抽检点中评为"差"(×)点数不大于20%,且不影响安全、使用功能及观感,可填写"一般"。

3)对评为"差"的应写出处理意见。

(6)综合评价(栏)

1)子分部工程中,被抽检的分项工程评价为"好"的项数占总抽检项数的50%及以上,且无"差"项,可填写"好"。

2)子分部工程中,被抽检的分项工程评价为"好"的项数占总抽检项数低于50%,且无"差"项,可填写"一般"。

3)对评为"差"的应写出处理意见。

(7)结论 由总监理工程师(建设单位项目负责人)和施工总承包单位项目经理填写,经现场检查评价共同确认为"好"或"一般"或"差",并签字,加盖岗位资格章。

4.4.4 单位(子单位)工程质量验收记录表的编制与填写要求

1. 单位(子单位)工程质量控制资料核查记录

(1)质量控制资料核查 应按工程所含有的项目进行检查。

(2)份数 由施工单位填写。

(3)核查意见 由总监理工程师组织专业监理工程师进行核查。填写"符合要求"或"不符合要求"。

(4)核查人 由总监理工程师检查并签认。

(5)结论 由总监理工程师(建设单位项目负责人)根据项目核查情况,填写"共核查×××项,其中符合要求×××项,不符合要求×××项",结论写"符合要求"或"不符合要求"。由施工(总承包)单位项目经理和总监理工程师签字,并加盖岗位资格章。

单位(子单位)工程质量控制资料核查记录样表填写见表4-37。

表4-37 单位(子单位)工程质量控制资料核查记录

工程名称		××××教学楼		施工单位		×××建筑公司	
序号	项目	资料名称	份数	施工单位		监理单位	
				核查意见	核查人	核查意见	核查人
1	建筑与结构	图纸会审记录、设计变更通知单、工程洽商记录、竣工图	7	符合要求	×××	符合要求	×××
2		工程定位测量、放线记录	7	符合要求	×××	符合要求	×××

(续)

工程名称			××××教学楼	施工单位		×××建筑公司		
序号	项目		资料名称	份数	施工单位		监理单位	
					核查意见	核查人	核查意见	核查人
3	建筑与结构	原材料出厂合格证书及进场（试）报告	钢材出厂合格证、试验报告	6	符合要求	×××	符合要求	×××
4			焊条（剂）出厂合格证	3	符合要求	×××	符合要求	×××
5			水泥出厂合格证、试验报告	21	符合要求	×××	符合要求	×××
6			砖（砌）块出厂合格证、试验报告	7	符合要求	×××	符合要求	×××
7			砂（石）出厂合格证、试验报告	2	符合要求	×××	符合要求	×××
8			防水材料、保温材料出厂合格证、试验报告	10	符合要求	×××	符合要求	×××
9			饰面砖、涂料、外加剂出厂合格证、试验报告	131	符合要求	×××	符合要求	×××
10		施工试验报告及见证检测报告	混凝土、预拌混凝土试块试验报告	14	符合要求	×××	符合要求	×××
11			砂浆试块试验报告	14	符合要求	×××	符合要求	×××
12			焊接（接头）试验报告	7	符合要求	×××	符合要求	×××
13			桩承载力、桩身质量检测报告	2	符合要求	×××	符合要求	×××
14			回填土试验报告	2	符合要求	×××	符合要求	×××
15			塑钢窗出厂合格证、进场检验报告	7	符合要求	×××	符合要求	×××
16			隐蔽工程验收记录	35	符合要求	×××	符合要求	×××
17		施工记录	地基验槽（孔）记录	2	符合要求	×××	符合要求	×××
18			桩施工记录	2	符合要求	×××	符合要求	×××
19			混凝土施工记录	35	符合要求	×××	符合要求	×××
20			结构安装记录	7	符合要求	×××	符合要求	×××
21			地基基础、主体结构检验及抽样检测资料	5	符合要求	×××	符合要求	×××
22			分项、分部工程质量验收记录	140	符合要求	×××	符合要求	×××
23			工程质量事故调查处理资料					
24			新技术论证、备案及施工记录					

结论：共核查22项，符合要求22项，符合要求。

施工单位项目负责人：×××　　　　　　　　　　　　　　　　　总监理工程师：×××
　　　　　　　　　　×年×月×日　　　　　　　　　　　　　　　　　　　　×年×月×日

2. 单位（子单位）工程安全和功能检验资料核查及主要功能抽查记录

（1）参加人员　在施工单位自行检验合格的基础上，由总监理工程师（建设单位项目负责人）组织专业监理工程师核查、抽查，施工单位相关人员也要参加检查。

（2）份数　由施工单位填写。

（3）核查意见和抽查意见　按项目分别对分部、子分部的安全和功能检测项目进行核查和抽查，核查其结论是否符合设计要求，逐项填写"符合要求"或"不符合要求"。

（4）核查（抽查）人　由总监理工程师核查及抽查并签字。

（5）结论　由总监理工程师（建设单位项目负责人）填写"共核查、抽查×××项，其中符合要求×××项，不符合要求×××项"，结论填写"符合要求"或"不符合要求"。由施工（总承包）单位项目经理和总监理工程师（建设单位项目负责人）签字，并加盖岗位资格章。

单位（子单位）工程安全和功能检验资料核查及主要功能抽查记录样表填写见表4-38。

单元 4　建筑工程施工资料管理

表 4-38　单位（子单位）工程安全和功能检验资料核查及主要功能抽查记录

工程名称		××××教学楼		施工单位	×××建筑公司	
序号	项目	安全和功能检查项目	份数	施工单位		监理单位	
				核查意见	核查人	核查意见	核查人
1	建筑与结构	地基承载力检验报告	1	符合要求		符合要求	
2		桩基承载力检验报告	1	符合要求		符合要求	
3		混凝土强度试验报告	7	符合要求		符合要求	
4		砂浆强度试验报告	7	符合要求		符合要求	
5		屋面淋水或蓄水试验记录	1	符合要求		符合要求	
6		地下室防水效果检查记录	1	符合要求		符合要求	
7		有防水要求的地面蓄水试验记录	8	符合要求		符合要求	
8		建筑物垂直度、标高、全高测量记录	1	符合要求		符合要求	
9		抽气（风）道检查记录	1	符合要求		符合要求	
10		外窗气密性、水密性、耐风压检测报告	1	符合要求		符合要求	
11		幕墙气密性、水密性、耐风压检测报告	1	符合要求		符合要求	
12		建筑物沉降观测测量记录	1	符合要求		符合要求	
13		节能、保温测试记录	1	符合要求		符合要求	
14		室内环境检测报告	1	符合要求		符合要求	
15		土壤氡气浓度检测报告	1	符合要求	×××	符合要求	×××
1	给排水与采暖	给水管道通水试验记录	2	符合要求		符合要求	
2		暖气管道、散热器压力试验记录	2	符合要求		符合要求	
3		卫生器具满水试验记录	1	符合要求		符合要求	
4		消防管道、燃气管道压力试验记录	1	符合要求		符合要求	
5		排水干管通球试验记录	1	符合要求		符合要求	
1	通风与空调	通风、空调系统试运行记录					
2		风量、温度测试记录					
3		空气能量回收装置测试记录					
4		洁净室洁净度测试记录					
5		制冷机组试运行调试记录					
1	建筑电气	照明全负荷试验记录	1	符合要求		符合要求	
2		大型灯具牢固性试验记录	1	符合要求		符合要求	
3		避雷接地电阻测试记录	1	符合要求		符合要求	
4		线路、插座、开关接地检验记录	2	符合要求		符合要求	
1	智能建筑	系统试运行记录					
2		系统电源及接地检测报告					
3							
1	建筑节能	外墙热工性能	1	符合要求		符合要求	
2		设备系统节能性能	1	符合要求		符合要求	
3							

结论：

经核查安全、功能资料符合设计和规范要求，满足使用功能，同意验收。

施工单位项目负责人：×××　　　　　　　　　总监理工程师：×××

　　　　　　×年×月×日　　　　　　　　　　　　×年×月×日

注：抽查项目由验收组协商确定。

3. 单位（子单位）工程观感质量检查评价记录

（1）参加人员　总监理工程师（建设单位项目负责人）、专业监理工程师、项目经理、技术（质量）部门负责人等质量评价人员不少于7人。

（2）质量评价　由总监理工程师（建设单位项目负责人）组织专业监理工程师会同参加验收人员共同进行，通过现场全面检查，共同确定质量评价，在应检查项目空白格处填写"好"或"一般"或"差"。

（3）综合评价　填写"好"或"一般"或"差"。

(4) 结论　由总监理工程师（建设单位项目负责人）填写"好"或"一般"或"差"。

由施工（总承包）单位项目经理和总监理工程师（建设单位项目负责人）签字，并加盖岗位资格章。

单位（子单位）工程观感质量检查评价记录样表填写见表 4-39。

表 4-39　单位（子单位）工程观感质量检查评价记录

工程名称			××××教学楼	施工单位	×××建筑工程公司		
序号		项目		抽查质量状况	质量评价		
					好	一般	差
1	建筑与结构	主体结构外观		共检查 10 点，其中合格 8 点	好		
2		主体结构尺寸、位置		共检查 10 点，其中合格 4 点		一般	
3		主体结构垂直度、标高		共检查 10 点，其中合格 4 点		一般	
4		室外墙面		共检查 10 点，其中合格 8 点	好		
5		变形缝		共检查 10 点，其中合格 8 点	好		
6		水落管、屋面		共检查 10 点，其中合格 4 点		一般	
7		室内墙面		共检查 10 点，其中合格 8 点	好		
8		室内顶棚		共检查 10 点，其中合格 9 点	好		
9		室内地面		共检查 10 点，其中合格 9 点	好		
10		楼梯、踏步、护栏		共检查 10 点，其中合格 7 点	好		
11		门窗		共检查 10 点，其中合格 7 点	好		
12		雨罩、台阶、坡道、散水		共检查 10 点，其中合格 4 点		一般	
1	给水排水与供暖	管道接口、坡度、支架		共检查 10 点，其中合格 8 点	好		
2		卫生器具、支架、阀门		共检查 10 点，其中合格 8 点	好		
3		检查口、扫除口、地漏		共检查 10 点，其中合格 4 点		一般	
4		散热器、支架		共检查 10 点，其中合格 8 点	好		
1	通风与空调	风管、支架		共检查　点，其中合格　点			
2		风口、风阀		共检查　点，其中合格　点			
3		风机、空调设备		共检查　点，其中合格　点			
4		阀门、支架		共检查　点，其中合格　点			
5		水泵、冷却塔		共检查　点，其中合格　点			
6		绝热		共检查　点，其中合格　点			
1	建筑电气	配电箱、盘、板、接线盒		共检查 10 点，其中合格 7 点	好		
2		设备器具、开关、插座		共检查 10 点，其中合格 9 点	好		
3		防雷、接地		共检查 10 点，其中合格 8 点	好		
1	建筑智能化	机房设备安装及布局		共检查　点，其中合格　点			
2		现场设备安装		共检查　点，其中合格　点			
3							
观感质量综合评价							
检查结论：好 14 项，一般 5 项，共同确定为好。							
施工单位项目负责人：×××				总监理工程师：×××			
×年×月×日				×年×月×日			

注：1. 对质量评价为差的项目应进行返修。
　　2. 观感质量检查的原始记录应作为本表附件。

4. 单位（子单位）工程质量竣工验收记录

（1）参加人员　单位（子单位）工程由建设单位项目负责人组织施工单位（含分包单位）、

设计单位、监理单位的项目负责人进行验收。

（2）单位（子单位）工程的名称　填全称，并注明是单位工程或子单位工程。

（3）验收记录　由施工单位按检查项目填写。

验收结论由监理（建设）单位填写。

综合验收结论由参加验收各方对工程总体质量水平作出评价，共同商定后，由建设单位填写。

1）分部工程。由施工单位对所含分部（子分部）工程检查合格后，由项目经理交监理单位验收。经验收组成员验收后，施工单位填写验收记录栏，注明共验收几个分部、经验收符合标准及设计要求的有×××个分部。总监理工程师在验收结论栏填写验收情况。

2）质量控制资料核查。由施工单位检查合格后，提交监理单位验收。将每个分部、子分部工程质量控制资料逐项统计，由施工单位填入验收记录栏。

3）安全和功能检验资料核查及主要功能抽查。由施工单位检验合格后，将统计核查的项数和抽查的项数分别填入验收记录栏相应的空格内。总监理工程师（建设单位项目负责人）在验收结论栏填写"符合要求"或"不符合要求"。

4）观感质量检查评价。由施工单位检查合格后，提交监理验收，施工单位按检验的项目数及符合要求的项目数填入验收记录（栏）。由总监理工程师或建设单位项目负责人组织审查，按项目核查及抽查情况填写"经现场检查评价共同确认为好（或一般或差）"。

5）综合验收结论。综合验收是在前四项内容均验收符合要求后进行的验收。由建设单位组织设计、监理、施工等相关单位的人员分别进行核查验收有关项目，并由总监理工程师组织进行现场观感质量检查。经各项目审查符合要求后，再由建设单位项目负责人在综合验收（栏）内填写"综合验收合格"。

（4）参加验收单位　参加验收的建设、勘察、设计、施工、监理单位项目负责人签字，并加盖单位公章，注明签字验收的年、月、日。

单位（子单位）工程质量竣工验收记录样表填写见表4-40。

表4-40　单（子单位）位工程质量竣工验收记录

工程名称	××××教学楼	结构类型	框架	层数/建筑面积	5/14000
施工单位	×××建筑工程公司	技术负责人	×××	开工日期	×年×月×日
项目负责人	×××	项目技术负责人	×××	完工日期	×年×月×日
序号	项目	验收记录		验收结论	
1	分部工程验收	共6个分部，核查6个分部，符合设计及标准规定6个分部		验收合格	
2	质量控制资料核查	共25项，经审查符合要求25项，经核查不合格规定0项		符合要求	
3	安全和使用功能核查及抽查结果	共核查17项，符合要求17项 共抽查7项，符合要求7项 经返工处理符合规定0项		符合要求	
4	观感质量验收	共抽查19项，符合要求19项，不符合要求0项		经现场检查评价共同确认为好	
5	综合验收结论	完成合同约定工程项目，综合验收质量合格			
参加验收单位	建设单位	监理单位	施工单位	设计单位	勘察单位
	（公章） 项目负责人： ××× ×年×月×日	（公章） 总监理工程师： ××× ×年×月×日	（公章） 项目负责人： ××× ×年×月×日	（公章） 项目负责人： ××× ×年×月×日	（公章） 项目负责人： ××× ×年×月×日

小知识

建筑类企业实施知识管理的重要性和可行性

在建筑工程领域，建筑工程资料管理是项目管理的一项重要工作，是当前企业管理者与技术人员共同关注的问题。知识管理与建筑工程资料管理的融合，为建筑工程项目质量提供了新的基础保障，也为其发展注入了新的活力。

在建筑施工企业的所有知识资源中，土建工程所涉及的合同、方案、图纸规范等属于显性知识，显性知识可较容易地进行传播，反之，隐性知识是存在于个人脑海中的经验、知识和感觉，这些知识需要进行大量的分析与总结工作才能被转化为显性知识。因此，隐性知识也被局限于个人行为，并由于个人的交流与理解能力的差异很难保证在传播过程中不受影响。对于建筑企业来说，工程技术人员及管理人员在不断参与项目施工与管理的过程当中，积累了大量的实际经验及体会，如果这些隐形知识不能及时在企业内部传播，那么企业的这些宝贵财富就很难得到广泛利用，并随着时间与人员的流失而受到损耗。知识管理对我国建筑企业的核心竞争力的提升及信息发展具有重要的现实意义。

知识管理的有效建立和实施为资料管理持续改进拓宽了渠道，搭建了平台。通过知识管理在建筑工程资料管理中的深化研究和应用，既能够促进资料管理的实施，又能够反作用于知识管理，使其不断应用信息技术得到完善和提高。知识管理与资料管理的有效融合、相互促动是建筑工程企业全面提升自身核心竞争力的有效途径。

 职业素养园地

爱岗敬业、认真负责

中华民族历来有"敬业乐群""忠于职守"的传统。尧舜时期，大禹治水，三过家门而不入；神农氏舍身为民，冒着生命危险尝遍百草，这些都反映了先辈们在自然灾害面前表现出的巨大智慧、毅力和意志。

随着时代的发展，人们还赋予了"敬业"新的时代内涵。95后快递小哥李庆恒获评杭州市高层次人才，他对全国的邮编、区号、航空编码了然于心，打包的快件从1.5m高处摔下3次不破，能从数百件物品里一眼挑出航空禁寄物品。做一件事情做到极致就是优秀，李庆恒将爱岗敬业、踏实肯干的精神发挥到极致。

新时代的我们应该有"干一行，爱一行，专一行，精一行"的意识，在平凡的岗位上成就自身的不平凡。

 单元小结

本单元对施工单位土建工程实施过程中发生的资料进行整理和分类，通过列表的方法给出了表格的名称及编号，对编制工程资料有引导作用，对施工过程中产生的施工技术管理资料，施工质量控制资料中的施工物资资料、施工检测资料、施工验收资料进行了阐述，并对经常用到的比较重要的表格进行了样表填写，可以在实际工作中作为参考。

施工资料管理的根本依据在于国家的相关标准和规范的规定，由于各省、市、自治区根据工程特点、地理位置差别、管理程序不同，制定了区域性的规定和规程，造成了资料管理的程序和资料表格类别式样差别很大，资料管理的归档要求也有所不同。但是，万变不离其宗，同一名称表格的填写项目的差别以及区域性增加的资料表格，其宗旨都是围绕标准和规范来填写的。所以只要掌握标准和规范，参照给出的样本填写，不同表格的填写编制也不是难题。

本单元内容涵盖资料员岗位资格考试的部分知识点，可以作为资料员岗位资格考试的学习资料。

能力训练题

1. 单选题

（1）建筑工程资料是对工程（　　）的处理以及对工程进行检查、维修、管理、使用、改建、扩建、工程结算、决算、审计的重要技术依据。

　　A．隐蔽工程　　　　　　　　B．质量及安全事故
　　C．施工质量问题　　　　　　D．施工安全问题

（2）（　　）是指具有独立的设计文件，竣工后可以独立发挥生产能力或工程效益的工程，并构成建设工程项目的组成部分。

　　A．建设工程项目　　　　　　B．单位工程
　　C．分部工程　　　　　　　　D．单体工程

（3）观感质量是指通过观察和必要的（　　）所反映的工程外在质量。

　　A．检查　　B．量测　　C．抽查　　D．监测

（4）施工总承包单位负责汇总各分包单位编制的施工资料，分包单位负责其分包范围内施工资料的收集、整理、汇总，并对其提供资料的真实性、完整性及有效性（　　）。

　　A．认真管理　　B．检查　　C．核查　　D．负责

（5）建设单位的文件资料采用（　　）的英文编号。

　　A."A"　　B."B"　　C."C"　　D."D"

（6）施工单位的文件资料采用（　　）的英文编号。

　　A."A"　　B."B"　　C."C"　　D."D"

（7）（　　）是施工单位用以指导、规范和科学化施工的资料。

　　A．施工管理资料　　　　　　B．施工技术资料
　　C．施工物资资料　　　　　　D．施工检测资料

（8）（　　）是指重要工程或关键部位在掩埋（盖）前，由施工单位、监理（建设）单位（有时需勘察、设计单位参加）共同对工程的相关资料和实物质量进行检查验收所形成的记录（必要时应附简图）。

　　A．施工管理资料　　　　　　B．施工记录
　　C．隐蔽工程检查验收记录　　D．施工检测记录

(9) 如果预制构件的合格证是抄件（如复印件），则应注明原件的（　　）、存放单位、抄件的时间，并有抄件人、抄件单位的签字和盖章。
    A. 编号　　　　　　　　　　　　B. 日期
    C. 生产单位　　　　　　　　　　D. 厂家的地址

(10) 对于下列情况之一者，如进口水泥、出厂超过（　　）个月或快硬硅酸盐水泥超过1个月、承重结构使用的水泥、使用部位对水泥有强度等级要求的，必须进行复试，并且混凝土应重新试配。
    A. 1　　　　　B. 2　　　　　C. 3　　　　　D. 6

(11) 水泥的强度应以标养（　　）d试件试验结果为准。
    A. 7　　　　　B. 3　　　　　C. 28　　　　　D. 56

(12) 水泥的合格证、试验报告不仅应与实际所用的工程、部位的水泥相符，还应与所施工工程的（　　）对应一致。
    A. 质量　　　　B. 名称　　　　C. 施工资料　　　D. 地点

(13) 对于下列情况之一者，如进口砂或碎（卵）石、无出厂证明的砂或碎（卵）石、对砂或碎（卵）石质量有怀疑的、用于承重结构的砂和碎（卵）石，必须进行复试，混凝土应（　　）。
    A. 进行检测　　B. 进行监测　　C. 送检　　　　D. 重新试配

(14) 建筑节能产品进场时应有出厂质量证明文件，并应按规定见证取样和（　　），有试验报告。
    A. 检测　　　　B. 监测　　　　C. 试验　　　　D. 送检

(15) 室内装饰装修用花岗岩石材应有放射性试验报告，人造木板及饰面人造板应有（　　）含量试验报告。
    A. 乙醚　　　　B. 甲醛　　　　C. 苯酚　　　　D. 毒物

(16) 通常把对建筑工程项目的基槽（孔）轴线、放坡边线等几何尺寸进行（　　）的工作叫做基槽（孔）验线。
    A. 复验　　　　B. 测量　　　　C. 抄测　　　　D. 检查

(17) 对于重要和大型的工程应由（　　）委托有资质的测量单位进行沉降观测。
    A. 监理单位　　　　　　　　　　B. 建设单位
    C. 管理部门　　　　　　　　　　D. 施工单位

(18) 地基验槽（孔）的目的是检查地基的土质与勘探报告的土质是否一致，标高和设计图样的要求是否一致，以满足地耐力的要求，保证建筑物的（　　）。
    A. 质量　　　　B. 安全　　　　C. 结构安全　　　D. 施工质量

(19) 涉及混凝土结构安全的重要部位应进行（　　）检验，并实行见证取样或确定检测部位，填写"混凝土、砂浆委托单"和"钢筋保护层厚度检测委托单"，委托检测机构检测。
    A. 结构实体　　B. 结构质量　　C. 结构安全　　　D. 全面

(20) 对于游泳池、消防水池等蓄水工程、屋面工程和有防水要求的地面工程，应进行（　　）。
    A. 防水试验　　　　　　　　　　B. 淋（蓄）水检验
    C. 质量检测　　　　　　　　　　D. 浇水试验

（21）建筑工程完工后，应对外墙进行（　　）检测，由检测机构出具"墙体传热系数检测报告"。

A．整体性能　　B．隔热性能　　C．保温性能　　D．御寒性能

（22）基坑工程施工过程中应进行隐蔽检查的项目，在（　　）前检查验收，填写"隐蔽工程检查验收记录"，报监理单位审核签字。

A．完工　　B．隐蔽　　C．验收　　D．竣工

（23）检验批质量验收记录表由施工项目（　　）填写，监理工程师（建设单位项目技术负责人）组织项目质量检查员等进行验收。

A．资料员　　B．质量检查员　　C．施工员　　D．技术负责人

（24）检验批表的右上方编号××××××××，第5、6位数字××指的是（　　）。

A．分部工程代码　　　　　　B．子分部工程代码
C．分项工程代码　　　　　　D．各分项工程检验批验收的顺序号

（25）分部工程质量验收记录，勘察单位只可确认（　　）分部工程。

A．地基基础　　　　　　B．主体结构
C．屋面工程　　　　　　D．装饰装修工程

（26）子分部工程观感质量检查评价，抽检的项数综合评价为"好"的项数低于50%，且无"差"项，结论可填写："经现场检查评价共同确认，认为（　　）"。

A．好　　B．一般　　C．差　　D．良好

（27）分部工程观感质量检查评价，由施工单位先自行检查合格后，再由总监理工程师（建设单位项目负责人）组织专业监理工程师、项目经理、项目质量（技术）负责人、技术（质量）部门负责人进行检查评价。检查评价人数不少于（　　）人。

A．3　　B．5　　C．7　　D．9

（28）单位工程质量竣工验收记录，验收结论栏由（　　）填写。

A．建设单位　　　　　　B．施工单位
C．监理单位　　　　　　D．设计单位

（29）单位工程质量竣工验收记录，综合验收结论由参加验收各方共同商定后，再由（　　）填写，应对工程质量是否符合设计和规范要求及总体质量水平作出评价。

A．建设单位　　　　　　B．施工单位
C．监理单位　　　　　　D．设计单位

（30）单位工程观感质量检查评价，由施工单位先自行检查合格后，再由总监理工程师（建设单位项目负责人）组织专业监理工程师、项目经理、项目质量（技术）负责人、技术（质量）部门负责人检查评价，人数不少于（　　）人。

A．3　　B．5　　C．7　　D．9

（31）有粘接预应力筋孔道灌注的水泥浆应参照（　　）要求留置试块，出具抗压强度报告，即"砂浆抗压强度检测报告"。

A．混凝土　　B．钢筋　　C．砂浆　　D．砖

（32）钢结构隐蔽工程检查验收地脚螺栓规格、位置、埋设方法、紧固、压型金属板在支承构件上搭接情况等，填写（　　）。
  A．钢结构安装记录　　　　　　　B．隐蔽工程检查验收记录
  C．螺栓检查记录　　　　　　　　D．钢结构支承构件检查记录

（33）填写分部名称、工程名称、施工单位、资料名称和份数（栏）由（　　）填写。
  A．监理单位监理工程师　　　　　B．建设单位项目负责人
  C．施工单位项目质量负责人　　　D．施工单位资料员

（34）分部工程质量控制资料核查记录，核查意见栏由总监理工程师组织专业监理工程师参加核查，由（　　）填写"符合要求"或"不符合要求"。
  A．总监理工程师　　　　　　　　B．专业监理工程师
  C．监理员　　　　　　　　　　　D．见证员

（35）分部工程质量验收记录应由（　　）将自行检验合格部分内容填写好后，由项目经理交总监理工程师组织相关人员验收。
  A．施工单位项目技术负责人　　　B．施工单位项目经理
  C．施工单位资料员　　　　　　　D．建设单位项目工作人员

（36）单位工程质量控制资料核查记录，核查人栏由（　　）签认。
  A．建设单位项目负责人　　　　　B．总监理工程师亲自
  C．总监理工程师委托专业监理工程师　D．专业监理工程师

（37）单位工程安全和功能检验资料核查及主要功能抽查记录由（　　）签字，并加盖岗位资格章。
  A．施工单位项目经理　　　　　　B．总监理工程师
  C．建设单位项目负责人　　　　　D．施工单位项目经理和总监理工程师

（38）对工程中所涉及深基坑、地下暗挖工程、高大模板工程的（　　），施工单位还应当组织专家进行论证审查。
  A．施工方法　　　　　　　　　　B．施工组织设计
  C．专项施工方案　　　　　　　　D．技术措施

（39）国家对严重危及生产安全的工艺、设备实行（　　）制度。
  A．淘汰　　　　　　　　　　　　B．改善
  C．更新　　　　　　　　　　　　D．逐步淘汰

（40）验收工作是建筑工程在（　　）单位自行质量检查评定的基础上进行的。
  A．建设　　　B．监理　　　C．施工　　　D．设计

（41）进场验收是对进入施工现场的材料、构配件、设备等按相关标准规定要求进行检验，对产品达到合格与否（　　）。
  A．作出确认　　　　　　　　　　B．进行记录
  C．进行分析　　　　　　　　　　D．向上级汇报

（42）所谓检验就是对检验项目中的性能进行量测、检查、试验等，并将结果与（　　）要求进行比较，以确定每项性能是否合格所进行的活动。
  A．标准规定　　　　　　　　　　B．监理
  C．建设单位　　　　　　　　　　D．常规

（43）建筑工程采用的（　　）材料、半成品、成品、建筑构配件、器具和设备应进行现场验收。

　　A．全部　　　　B．主要　　　　C．多数　　　　D．大宗

（44）各工序应按施工技术标准进行质量控制，每道工序（　　），应进行检查。

　　A．完成后　　　B．施工前　　　C．过程中　　　D．全过程

（45）在每道工序的质量控制中之所以强调按企业标准进行控制，是考虑企业标准的控制指标（　　）行业和国家标准指标的因素。

　　A．详细于　　　B．应严于　　　C．具体于　　　D．全面于

（46）分项工程质量验收合格应符合分项工程所含的检验批（　　）合格质量的规定。

　　A．80%符合　　B．90%符合　　C．75%符合　　D．应均符合

（47）涉及安全和使用功能的分部工程应进行（　　）。

　　A．抽查　　　　　　　　　　　B．检验资料的复查

　　C．最终质量的综合检验　　　　D．质量综合评价

（48）工程质量不合格包括（　　）发现试块强度等不满足要求等问题，难以确定是否验收时，应请具有资质的法定检验单位检测。

　　A．个别检验批　　　　　　　　B．个别分项工程

　　C．多数检验批　　　　　　　　D．多数分项工程

（49）通过返修或加固处理仍不满足安全使用要求的分部工程、单位（子单位）工程，（　　）验收。

　　A．可降价　　　B．宜　　　　　C．不宜　　　　D．严禁

（50）在不影响安全和主要使用功能条件下，可按处理技术方案和协商文件进行验收，责任方应承担（　　）责任。

　　A．技术　　　　B．经济　　　　C．组织　　　　D．一定

2．案例题

（1）某办公楼工程共6层，其中2～4层部分轴线上为有粘接预应力梁，其施工顺序有检查锚具（张拉端、固定端）、千斤顶、张拉设备，检查混凝土强度、预应力筋质量，确定张拉顺序，进行张拉、封锚、灌浆等，应有施工记录资料如下：

1）预应力筋张拉前应检查固定、张拉端质量情况及顺序编号等，填写（　　）。

　　A．有粘接预应力孔道灌浆记录　　B．预应力筋封锚记录

　　C．预应力筋张拉记录　　　　　　D．预应力筋固定、张拉端施工记录

2）预应力筋张拉时应记录张拉顺序（示意图）、张拉力、伸长值等，并按规定见证张拉，填写（　　）。

　　A．预应力钢筋力学性能试验报告　B．预应力钢筋性能检测报告

　　C．预应力筋张拉记录　　　　　　D．预应力筋固定、张拉端施工记录

3）预应力筋张拉完毕后应及时进行封锚处理与检查，填写（　　）。

　　A．预应力锚具、夹具和连续器性能试验报告

　　B．预应力筋封锚记录

　　C．有粘接预应力筋孔道灌浆记录

　　D．预应力筋张拉记录

4)预应力筋张拉后应及时灌浆,留置水泥浆试块,填写(　　)。
　　A．有粘接预应力孔道灌浆记录　　B．砂浆抗压强度检测报告
　　C．预应力筋封锚记录　　　　　　D．水泥出厂质量证明文件

(2) 镜湖山庄工程为8幢7层的楼房,房地产开发公司委托××建设监理公司负责工程施工质量监理,监理组由4人组成,总监1人,监理工程师2人,材料见证员1人,进行监理工作。

1)分项工程质量由(　　)组织项目技术负责人等进行验收,并填表记录。
　　A．总监理工程师　　　　　　　　B．监理工程师
　　C．材料见证员　　　　　　　　　D．项目经理

2)检验批部位,将检验批逐项填写,并注明(　　)以便检查是否有未检查到的部位。
　　A．部位　　　B．区段　　　C．轴线编号　　　D．部位、区段

3)施工单位检验结果栏后,填写"合格"或"不合格",由(　　)签字。
　　A．质量员　　　　　　　　　　　B．资料员
　　C．项目技术负责人　　　　　　　D．项目经理

4)监理单位验收结论栏,填写"合格"或"不合格",由(　　)签认,并加盖岗位资格章。
　　A．总监理工程师　　　　　　　　B．专业监理工程师
　　C．监理员　　　　　　　　　　　D．见证员

(3) 某教学大楼由××建筑工程有限公司承建施工,业主委托××建设监理公司负责工程施工质量监理,该工程已全面完工。

1)工程完工后首先应由(　　)组织有关人员进行检查评定。
　　A．建设单位　　　　　　　　　　B．施工单位
　　C．监理单位　　　　　　　　　　D．设计单位

2)施工单位自行检查评定合格后,应填写(　　)并附相应竣工资料。
　　A．单位工程竣工预验收报验表　　B．单位工程竣工验收报验表
　　C．单位工程验收报验表　　　　　D．单位工程质量报告

3)施工单位自验合格后,将"单位工程竣工预验收报验表"及竣工资料报(　　)申请工程竣工预验收。
　　A．上级主管部门　　　　　　　　B．建设单位
　　C．项目监理部　　　　　　　　　D．质量监督部门

4)监理单位接到工程竣工预验收申请后,总监理工程师组织项目监理部人员与(　　)进行检查验收,合格后总监理工程师签署意见。
　　A．有关人员　　　　　　　　　　B．建设单位
　　C．质量监督部门　　　　　　　　D．施工单位

(4) 根据《建筑工程施工质量验收统一标准》,单位工程质量验收合格应符合下列规定:

1)单位工程所含分部工程的质量均应验收(　　)。
　　A．合格　　　B．通过　　　C．符合规定　　　D．符合要求

2)质量控制资料应(　　)。
　　A．齐全　　　B．完整　　　C．基本正确　　　D．真实

3）单位工程所含分部工程有关安全和功能的检测资料应（　　）。

　　A．基本齐全　　　B．基本正确　　　C．完整　　　D．基本真实

4）观感质量验收应（　　）。

　　A．一致通过　　　　　　　　　B．基本美观

　　C．无大的缺陷　　　　　　　　D．符合要求

（5）××建筑工程公司在××工厂厂房施工时发现一根梁的根部有一个大孔洞，监理单位发出整改通知单，对事故处理提出以下意见和要求。

1）经（　　）应重新进行验收。

　　A．返工重做　　　　　　　　　B．局部返修

　　C．建设单位同意　　　　　　　D．设计单位认可

2）经有资质的检测单位检测鉴定能够达到（　　）的，应予以验收。

　　A．使用要求　　　　　　　　　B．监理要求

　　C．设计要求　　　　　　　　　D．竣工目的

3）经有资质的检测单位检测鉴定达不到设计要求，但经（　　）核算认可能够满足结构安全和使用功能的，可予以验收。

　　A．新设计单位　　　　　　　　B．原设计单位

　　C．建筑设计师　　　　　　　　D．总监理工程师

4）用高一级强度的细石混凝土返修，（　　）可按技术处理方案和协商文件进行验收。

　　A．没有改变梁的尺寸，但梁强度仍受严重影响

　　B．增加一根支柱但仍能满足安全使用要求

　　C．经监理员同意

　　D．虽不能满足安全使用要求，但使用方同意

单元 5　建筑施工安全资料管理

能力目标

1. 会进行施工现场安全资料分类与组卷。
2. 会填写施工现场安全管理方面的相关资料。

学习重点与难点

本单元学习的重点是施工现场安全管理资料的分类和相关内容。难点是施工现场安全管理资料各类表格内容的填写。

子单元 1　施工现场安全资料管理职责

5.1.1　通用职责

1）建设、施工、监理等单位应将现场安全资料的形成和积累纳入工程建设管理的各个环节，逐级建立健全工程施工现场安全资料岗位责任制，对施工现场安全资料的真实性、完整性和有效性负责。

2）施工现场安全资料应随工程进度同步收集、整理，并保存到工程竣工。

3）建设、施工、监理等单位主管施工现场安全工作的负责人应负责本单位施工现场安全资料的全过程管理工作。施工过程中，施工现场安全资料的收集、整理工作应有专人负责。

5.1.2　建设单位管理职责

1）应向施工单位提供现场及毗邻区域内供水、排水、供电、供气、供热、通信、广播电视等地上、地下管线资料，气象和水文观测资料，毗邻建筑物、构筑物、地下工程的有关资料。

2）在编制工程概算时，应确定建设工程安全作业环境及文明安全施工措施所需费用，并负责统计费用支付的情况。

3）在申请领取施工许可证时，负责提供建设工程有关安全措施的资料。

4）监督、检查各参建单位工程现场安全资料的建立和积累。

5.1.3　监理单位管理职责

1）负责监理单位施工现场安全资料的管理工作。

2）对施工单位工程施工现场安全资料的形成、积累、组卷进行监督、检查。

3）对施工单位报送的施工现场安全资料进行审核，并予以签认。

5.1.4 施工单位管理职责

1）负责施工单位施工现场安全资料的管理工作。

2）施工总承包单位督促检查各分包单位编制施工现场安全资料。分包单位负责其承包范围内施工现场安全资料的编制、收集和整理，向施工总承包单位提供备案。

小知识

施工现场安全员

施工现场安全员是协助项目经理履行安全生产职责的专职助理，其主要职责是协助项目经理做好安全管理工作，除进行安全法律法规的宣传、安全教育，指导班组开展安全生产、职业病防护、施工现场管理与文明施工外，其具体业务工作还包括：参与施工安全技术措施的编制和审查，进行施工现场的安全检查，负责事故管理以及安全生产资料的管理等。

子单元 2　施工现场安全资料分类与组卷

建设工程施工现场安全资料按资料来源分为建设单位施工现场安全资料（AQ-A）、监理单位施工现场安全资料（AQ-B）、施工单位施工现场安全资料（AQ-C）三大类。其中监理单位施工现场安全资料（AQ-B）由监理管理资料（AQ-B1）和监理工作记录（AQ-B2）两部分组成，施工单位施工现场安全资料（AQ-C）由工程项目安全管理资料（AQ-C-1），工程项目生活区资料（AQ-C-2），工程项目脚手架资料（AQ-C-3），工程项目安全防护资料（AQ-C-4），工程项目施工用电资料（AQ-C-5），工程项目塔式起重机、起重吊装资料（AQ-C-6），工程项目机械安全资料（AQ-C-7），工程项目保卫消防资料（AQ-C-8）和其他资料（AQ-C-9）组成。建设工程施工现场安全整理范围和保存表见表5-1。

表5-1　建设工程施工现场安全整理范围和保存表

类别及编号	工程安全资料名称	表格编号资料来源	保存单位			
			建设单位	监理单位	施工单位	租赁单位
A类建设单位施工现场安全资料	建设工程施工许可证	建设单位	√	√	√	
	施工现场安全监督备案登记表	建设单位	√	√	√	
	地上、地下管线及建（构）筑物资料移交单	建设单位	√	√	√	
	安全防护、文明施工措施费用支付统计	建设单位	√	√	√	
	夜间施工审批手续	建设单位	√		√	
B类监理单位施工现场安全资料	AQ-B1 监理管理资料					
	监理合同（含安全监理工作内容）	监理单位	√	√		
	监理规划（含安全监理方案）、安全监理实施细则	监理单位		√	√	
	施工单位安全管理体系、安全生产人员的岗位证书及审核资料	监理单位		√	√	
	施工单位的安全生产责任制、安全管理规章制度及审核资料	监理单位		√	√	
	安全监理专题会议纪要	监理单位	√	√	√	
	安全事故隐患、安全生产问题的报告、处理意见等有关文件	监理单位	√	√	√	

(续)

类别及编号	工程安全资料名称	表格编号资料来源	保存单位			
			建设单位	监理单位	施工单位	租赁单位
B类 监理单位 施工现场 安全资料	AQ-B2 监理工作记录					
	工程技术文件报审表	监理单位	√	√	√	
	施工现场起重机械拆装报审表	监理单位		√	√	√
	施工现场起重机械验收核查表	监理单位		√	√	√
	安全防护、文明施工措施费用支付申请表	监理单位	√	√	√	
	安全防护、文明施工措施费用支付表	监理单位	√	√	√	
	安全隐患报告书	监理单位		√	√	
	工作联系单	监理单位		√	√	
	监理通知	监理单位	√	√	√	
	工程暂停令	监理单位	√	√	√	
	监理通知回复单	监理单位		√	√	
	工程复工报审表	监理单位	√	√	√	
C类 施工单位 施工现场 安全资料	AQ-C-1 工程项目安全管理资料					
	工程概况表	AQ-C-1-1		√	√	
	工程施工总平面布置图	AQ-C-1-2		√	√	
	项目重大危险源控制措施表	AQ-C-1-3		√	√	
	项目重大危险识别汇总表	AQ-C-1-4	√	√	√	
	危险性较大的分部分项工程专家论证表	AQ-C-1-5	√	√	√	
	建设工程施工安全监督备案表	AQ-C-1-6	√	√	√	
	建设工程项目开工现场安全状况审查表	AQ-C-1-7	√	√	√	
	安全监督联系单	AQ-C-1-8	√	√	√	
	单位工程施工过程安全达标检查评定等级认定书	AQ-C-1-9		√	√	
	建设工程施工安全达标等级认定书	AQ-C-1-10	√	√	√	
	安全管理目标考核表	AQ-C-1-11			√	
	项目安全责任目标分解表	AQ-C-1-12			√	
	项目经理安全责任目标考核表	AQ-C-1-13			√	
	施工技术人员安全责任目标考核表	AQ-C-1-14			√	
	施工管理人员安全责任目标考核表	AQ-C-1-15			√	
	安全员安全责任目标考核表	AQ-C-1-16			√	
	班（组）长安全责任目标考核表	AQ-C-1-17			√	
	专项施工组织设计（方案）审批表	AQ-C-1-18	√	√	√	
	安全技术交底书	AQ-C-1-19			√	
	夜间施工申报表	AQ-C-1-20	√	√	√	
	项目部安全检查记录表	AQ-C-1-21			√	
	事故隐患整改通知	AQ-C-1-22	√	√	√	
	事故隐患整改情况报告书（反馈单）	AQ-C-1-23	√	√	√	
	三级安全教育记录卡	AQ-C-1-24			√	

（续）

类别及编号	工程安全资料名称	表格编号资料来源	保存单位			
			建设单位	监理单位	施工单位	租赁单位
C类 施工单位 施工现场 安全资料	安全教育汇总表	AQ-C-1-25			√	
	变换工种安全教育记录卡	AQ-C-1-26			√	
	年度安全培训考核记录	AQ-C-1-27			√	
	特种作业人员名册	AQ-C-1-28			√	
	特种作业交接班记录	AQ-C-1-29			√	
	劳动防护用品、安全设施采购发放登记表	AQ-C-1-30			√	
	安全标志台账	AQ-C-1-31			√	
	建设系统企业职工伤亡事故快报表	AQ-C-1-32			√	
	企业职工伤亡事故调查报告书	AQ-C-1-33	√	√	√	
	伤亡事故登记表	AQ-C-1-34			√	
	施工现场职工伤亡事故月报表	AQ-C-1-35			√	
	建设系统企业职工伤亡事故月（年）报表（一）	AQ-C-1-36			√	
	建设系统企业职工伤亡事故月（年）报表（二）	AQ-C-1-37			√	
	工伤事故复工报告表	AQ-C-1-38		√	√	
	AQ-C-2 工程项目生活区资料					
	临时设施安全检查验收表	AQ-C-2-1			√	
	AQ-C-3 工程项目脚手架资料					
	钢管扣件式支撑体系验收表	AQ-C-3-1		√	√	
	落地式（或悬挑）脚手架安全检查验收表	AQ-C-3-2		√	√	
	工具式脚手架安装验收表	AQ-C-3-3		√	√	
	AQ-C-4 工程项目安全防护资料					
	基坑支护安全检查验收表	AQ-C-4-1			√	
	模板工程安全检查验收表	AQ-C-4-2			√	
	模板拆除申请报告书	AQ-C-4-3		√	√	
	"四口""五临边"安全防护检查验收表	AQ-C-4-4			√	
	AQ-C-5 工程项目施工用电资料					
	临时用电检查安全验收表	AQ-C-5-1			√	
	接地电阻测试记录	AQ-C-5-2			√	
	绝缘电阻测试记录	AQ-C-5-3			√	
	施工现场电工（巡检维修）记录	AQ-C-5-4			√	
	AQ-C-6 工程项目塔式起重机、起重吊装资料					
	塔式起重机安装检查验收表（自检）	AQ-C-6-1		√	√	√
	AQ-C-7 工程项目机械安全资料					
	物料提升机（龙门架、井字架）安全检查验收表	AQ-C-7-1		√	√	
	人货电梯安装试运行验收表（自检）	AQ-C-7-2		√	√	√
	人货电梯安装验收表（自检）	AQ-C-7-3		√	√	√
	搅拌机安装检查验收表	AQ-C-7-4			√	
	钢筋弯曲机安装验收表	AQ-C-7-5			√	

(续)

类别及编号	工程安全资料名称	表格编号资料来源	保存单位			
			建设单位	监理单位	施工单位	租赁单位
C类施工单位施工现场安全资料	钢筋冷拉安装验收表	AQ-C-7-6			√	
	圆盘锯安装验收表	AQ-C-7-7			√	
	平刨安装验收表	AQ-C-7-8			√	
	电焊机安装验收表	AQ-C-7-9			√	
	安全防护用具及机械设备使用登记表	AQ-C-7-10			√	
	A-Q-C-8 工程项目保卫消防资料					
	安全奖罚登记表	AQ-C-8-1			√	
	动火审批表	AQ-C-8-2	√	√	√	
	A-Q-C-9 其他资料					
	班（组）班前安全活动记录	AQ-C-9-1			√	
	施工安全管理日志	AQ-C-9-2			√	

 小知识

"三宝" "四口" "五临边"

"三宝"是指安全帽、安全带、安全网；"四口"是指楼梯口、电梯口、预留洞口、通道口；"五临边"是指沟、坑边，槽和深基础周边，楼层周边，楼梯侧边，平台或阳台边，屋面周边。

子单元 3　施工现场安全管理资料编制与常用表格

5.3.1　AQ-C-1　工程项目安全管理资料（表 5-2～表 5-21、图 5-1）

表 5-2　AQ-C-1-1　工程概况表

编号：×××××××

工程名称	××工程		工程地点	××区××路××号	
建筑面积/m²	12528.36	层数/幢数、建筑物总高/m	地下一层地上十层/××、××	结构类型	框剪
工程总造价/万元	×××	施工许可证号及发证机关	×××××××	施工企业安全生产许可证号	×××××××
合同工期		××年××月××日至××年××月××日	实际开工日期	××年××月××日	
单位名称			主要负责人	联系电话（办公、手机）	
建设单位	××集团		×××	×××××××	
勘察单位	××勘察设计院		×××	×××××××	
设计单位	××设计院		×××	×××××××	
施工单位	××建筑公司		×××	×××××××	
监理单位	××监理公司		×××	×××××××	
施工安全监督机构	××安全监督站		×××	×××××××	
主要安全管理人员姓名			证书号	联系电话	
项目经理	×××		×××××××	×××××××	
技术负责人	×××		×××××××	×××××××	
项目安全经理或项目安全主管	×××		×××××××	×××××××	
总监理工程师	×××		×××××××	×××××××	

注：本表由施工单位填写，监理单位、施工单位各存一份。

单元5 建筑施工安全资料管理

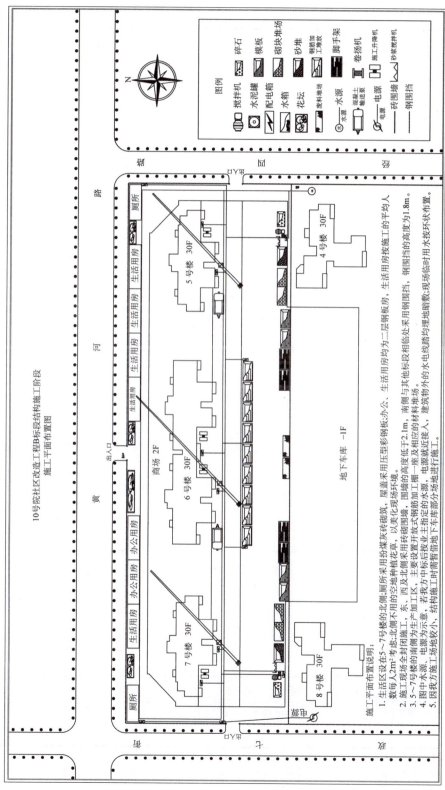

图 5-1 AQ-C-1-2 工程施工总平面布置图

说明：临时围墙、仓库、办公住宿、场内道路、塔式起重机及龙门架、卷扬机、搅拌机、水电线路及配电箱、排水、材料堆放位置应标明。

表 5-3　AQ-C-1-3　项目重大危险源控制措施表

编号：　××××××

工程名称	××工程		
危险源名称	塔式起重机		
危险源出现在场所与部位	塔式起重机的塔身结构变形		
危险源的控制措施	1．将塔式平衡臂对应到变形部位，转臂过程要平稳并锁住 2．根据情况采用焊接等手段，将塔式起重机结构变形或断裂、开焊部位加固 3．更换损坏结构		
可能导致事故类别及危险程度	死亡事故 极其危险，不能继续作业	风险等级	1级

制表人（签字）：×××　　　　部门负责人（签字）：×××　　　　××年××月××日

注：1．本表由施工单位填写，监理单位、施工单位各存一份。
　　2．1级：极其危险，不能继续作业；2级：高度危险，要立即整改；3级：显著危险，需要整改；4级：一般危险，需要注意；5级：稍有危险，可以接受。

表 5-4 AQ-C-1-4 项目重大危险源识别汇总表

编号：××××××

序号	作业活动	危险源	可能导致伤害	危险级别	现有控制措施	备注
1	基础施工	坍塌	人员伤亡	2级	b、c、d、e	
2		高空坠落	人员伤亡	2级	c、e	
3	脚手架搭设和拆除	高空坠落	人员伤亡	2级	c、e	
4		倾覆	财产损失/人员伤亡	2级	a、c、d、e	
5	模板安拆	物体打击	人员伤亡	2级	c、f	
6	施工用电	触电	人员伤亡	2级	a、b、c、d、e	
7	焊接作业	火灾	财产损失/人员伤亡	2级	a、b、c、d、e	
8		爆炸	财产损失/人员伤亡	2级	a、b、c、d、e	
9		触电	人员伤亡	2级	a、b、c、d、e	
10		电光刺眼	电光眼	2级	f	
11	混凝土施工	吸入水泥	水泥肺	2级	f	
12	木工作业	火灾	财产损失/人员伤亡	2级	a、b、c、d、e	
13	起重机械安装和起重吊装	倒塌	财产损失/人员伤亡	2级	a、c、d、e	
14		物体打击	人员伤亡	2级	c、f	
15		高空坠落	人员伤亡	2级	c、e	
16	机械作业	噪声	噪声耳	2级	f	
17		机械伤害	人员伤亡	2级	f	
18	龙门架和外用电梯安装	倒塌	财产损失/人员伤亡	2级	a、b、c、d、e	
19		高空坠落	人员伤亡	2级	c、e	
20	防火和保温作业	中毒	人员伤亡	2级	c、d、e	
21		火灾	人员伤亡	2级	a、b、c、d、e	
22		灼烫	人员伤亡	2级	f	
23	装修作业	中毒	人员伤亡	2级	c、d、e	
24		火灾	财产损失/人员伤亡	2级	a、b、c、d、e	
25	暑季施工	中暑	人员伤亡	2级	c、d、e	
26	生活区	中毒	人员伤亡	2级	c、d、e	
27	办公区	火灾	财产损失/人员伤亡	2级	a、b、c、d、e	

编制：××××　　批准：××××　　时间：××××年××月××日

注：a. 制定管理方案；b. 制定管理规定；c. 培训与教育；d. 制定应急预案；e. 加强现场监督检查；f. 保持现有的措施。

表 5-5　AQ-C-1-5　危险性较大的分部分项工程专家论证表

编号：×××××××

工程名称	×××工程		
施工总承包单位	×××集团公司	项目负责人	×××
分包单位		项目负责人	×××
危险性较大分项工程名称	起重吊装工程		

专家一览表

姓　名	性　别	年　龄	工作单位	职　务	职　称	专　业
×××	男	45	××集团公司	总工程师	工程师	工业与民用建筑
×××	男	41	××集团公司	工程师	工程师	安全工程管理
×××	×	××	××××××	×××	×××	×××××

专家论证意见：

大型构件起重吊装严格依照《龙门架及井架物料提升机安全技术规范》进行

××年××月××日

专家签名	组长（签字）：××× 专家（签字）：×××
项目经理部	（章） ××年××月××日

注：本表由施工单位填写，建设单位、监理单位、施工单位各存一份。

表 5-6　AQ-C-1-6　建设工程施工安全监督备案表

×××市建设工程安全施工措施

审查备案表

工程名称：×××工程
工程地址：×××区××路××号
建设单位（盖章）：×××公司
监理单位（盖章）：×××监理公司
施工单位（盖章）：×××建设集团公司

×××市建设委员会
××年××月××日

一、基本情况

工程名称	×××工程		
工程地址	××区××路××号		
结　　构	框架	层　　数	地下×层，地上××层
建筑面积（规模）	31512.03m²	造　　价	3007万元
开工时间	××年××月××日	竣工时间	××年××月××日
建设单位	×××公司		
项目负责人	×××	电话	×××××××××××
勘察单位	×××勘察院		
单位负责人	×××	电话	×××××××××××
设计单位	×××设计有限公司		
单位负责人	×××	电话	×××××××××××
监理单位	×××监理公司		
总监理工程师	×××	电话	×××××××××××
施工单位	×××建设集团公司		
项目经理	×××	电话	×××××××××××
安全生产许可证号	×××××××		
备　　注			

（续）

二、安全施工措施有关情况

项　　目	落实情况
安全施工组织设计（方案）	已编制
危险性较大的分部分项工程专项施工方案	已编制
施工现场的总平面布置图	已布置
施工现场三通一平、五牌一图、安全宣传标语和安全警示标志	已齐备
预防主要伤害发生的措施，包括：防高处坠落、防触电、防机械伤害、防物体打击、防坍塌、防火灾、防中毒	已编制
文明施工的主要措施，包括：大门、围墙、场地、宣传栏、食堂、住宿、药箱、公厕	已到位
安全措施费用计划及落实证明	已落实
办理工伤保险、意外伤害保险、安全生产风险抵押的证明	已办理
施工单位企业经理（法人代表）与项目经理鉴定的安全生产目标责任书	已签定
项目入场人员安全培训情况（计划）	已培训
施工现场安全生产事故应急救援预案	已编制

三、施工单位企业经理（法人代表）、项目经理、安全管理人员名单

序　号	姓　　名	性　别	年　龄	岗　位	资格证号	考核证号	电　话
1	×××	男	54	法人代表	×××××××	×××××××	××××××××××
2	×××	男	45	项目经理	×××××××	×××××××	××××××××××
3	×××	男	33	安全管理人员	×××××××	×××××××	××××××××××

四、建设单位项目负责人及安全管理人员名单

序　号	姓　　名	性　别	年　龄	职　务	电　话
1	×××	男	36	经理	××××××××××
2	×××	男	35	安全管理员	××××××××××

（续）

五、工程监理单位人员名单

序 号	姓 名	性 别	年 龄	职 务	资 格 证 号	电 话
1	×××	男	43	总监理工程师	×××××××	××××××××××
2	×××	男	37	总监理工程师代表	×××××××	××××××××××
3	×××	男	35	安全监理员	×××××××	××××××××××

六、起重机械设备及施工机具一览表

序 号	设备名称	规格型号	台 数	生产厂家	生产许可证号	产品合格证号	检测报告	安全状况
1	塔式起重机	QTZ-63	1	江汉建工			合格	良好
2	钢筋切断机	GJ40	2	郑州			合格	良好
3	钢筋弯曲机	GW40	3	郑州			合格	良好
4	钢筋调直机	G16-8	3	江苏锡山			合格	良好
5	砂浆搅拌机	HJ-350	2	山东济南			合格	良好
6	混凝土搅拌机	HJ-350	2	陕西			合格	良好
7	电焊机	DN-75	2	上海			合格	良好

建设单位意见（盖章）	项目负责人签字： ××× ××年××月××日
监理单位意见（盖章）	总监理工程师签字： ××× ××年××月××日
施工单位意见（盖章）	企业法人代表签字： ××× ××年××月××日
建设行政主管部门安全监管部门（机构）审查意见（盖章）	××年××月××日

表5-7 AQ-C-1-7 建设工程项目开工现场安全状况审查表

施工单位	×××集团公司	电　话	××××××××××××
工程名称	××工程	建筑面积	31512.07m²
工程地点	××区××路××路	结构层数	地下1层，地上17层
序　号	安全防护项目内容	准备状况	审查情况
一	施工组织设计的安全技术措施及特殊项目的专门安全技术措施	已编写施工组织设计，冬、雨期施工方案，各种应急预案	符合要求
二	安全管理体系及规章制度	各种管理体系已编制，规章制度上墙	符合要求
三	工地临建设施 — 围墙大门	已施工完成	符合要求
	厨房、灶具	已完成	符合要求
	厕所、垃圾池	已完成	符合要求
	办公、住宿等	已完成	符合要求
四	其中：现场安全卫生设施 1. 机械设备 2. 安全帽、安全带、安全网 3. 脚手架材料 4. 安全标志牌 5. 场地硬化、绿化 6. 消防 7. 其他	机械设备已进场 安全帽、安全带、安全网在工地仓库；脚手架材料已准备完成；安全标志牌已悬挂；场地内已硬化和绿化；消防设施符合要求	符合要求
五	结　论	合　格	合　格

施工项目负责人签名：×××　　　　　　　　　　　　检查人签名：×××

表 5-8　AQ-C-1-9　单位工程施工过程安全达标检查评定等级认定书

单位名称	×××建设集团公司		
工程名称	×××工程		
开工日期	××年×月×日	结构层数、面积	地下1层，地上17层，31512.07m²
监督申请编号	×××××××	评定时形象进度	地上一层
项目经理	×××	安全员	×××
监督	工地自查分数	企业自查评定分数	市安检站审查核定分数
项目安全管理　　10分	8	8	8
文明施工　　20分	18	18	18
脚手架　　10分	9	9	9
基坑与模板　　10分	10	10	10
"三宝""四口"　　10分	8	8	8
施工用电　　10分	10	10	10
井架、龙门架　　10分	10	10	10
塔式起重机　　10分	10	10	10
起重吊装　　5分	3	3	3
施工机具　　5分	3	3	3
综合评定得分　　100分	89	89	89
评定等级	优良	优良	优良
经办人	×××	×××	×××
单位盖章	××年××月××日	××年××月××日	××年××月××日

注：本表为深基础施工到-3m，主体施工至+3m或一层主体完成时评定，超过八层后每超过八层加评一次；本表一式三份，核定后各存一份。

表 5-9 AQ-C-1-10 建设工程施工安全达标等级认定书

建设工程施工安全达标等级认定书

工程名称：	×××工程
建设单位：	×××公司
设计单位：	×××设计有限公司
施工单位：	×××建设集团
填表时间：	××年××月××日

工程名称	×××工程				
工程地点	××区××路××路				
施工单位	×××建设集团公司	/ 分公司（处）		×××工程	项目部
工程层数	地下×层、地上×层	高度、结构	86.5m，框剪结构	工程造价	3007万元
开工日期	××年××月××日	竣工日期	××年××月××日	监督申请号	
项目经理姓名、证号	××× ×××	安全员姓名、证号	××× ×××	监督起止时间	××年××月××日 至××年××月××日

项次	检查项目达标及分值	企业评定分数	安监站（监督室）复查
1	安全管理　　10分	8	8
2	文明施工　　20分	18	18
3	脚手架　　　10分	9	9
4	基坑及模板　10分	10	10
5	"三宝"、"四口"10分	8	8
6	施工用电　　10分	10	10
7	井架、龙门架 10分	10	10
8	塔吊　　　　10分	10	10
9	起重吊装　　5分	3	3
10	施工机具　　5分	3	3
12	综合评定得分　100分	89	89
	参加检查人员	×××　×××　×××	×××

安全施工基本状况及企业自评等级	自评等级：省级或市级　　企业负责人：×××　　单位盖章： 　　　　　　　　　　　　　　　　　　　　　　　　　　　××年××月××日
建设（或监理）单位意见	负责人：×××　　　　　　建设（监理）单位（盖章） 　　　　　　　　　　　　　　　　　　　　　　××年××月××日
市安监站（监督科室）或县（市）区安监督站监督结论、初评意见	初评意见：同意　　　　　　室主任：××× 　　　　　　　　　　　　　　　　　　　　××年××月××日
安监站核定安全达标等级	核定意见：同意　　　　　　站长（室主任）：××× 　　　　　　　　　　　　　　　　　　　　　××年××月××日

填 表 说 明

1. 此表工程终结时由企业自评，建设（监理）单位签署意见后申报。

2. 评定核定办法按住建部《建筑施工安全检查标准》和省、市建设行政主管部门专项规定执行，以项目施工过程中企业检查、安全监督情况综合评定。

3. 安全施工基本状况主要填写工地施工过程中建筑施工安全事故及处理结案简况、项目安全管理、安全投放、安全检查、实际效果等基本情况。

4. 本表填写时一式三份，核定等级后由企业安全部门、项目安全资料员、安监站各自存档。

表 5-10 AQ-C-1-13 项目经理安全责任目标考核表

单位工程名称：××住宅楼　　　姓名：×××　　　　　　××年××月××日

内　容	安全责任目标考核内容	标　准　分	实　得　分
管理安全目标 20 分	本月安全管理目标	5	4
	上月安全管理目标执行落实情况	15	12
保证项目 50 分	认真执行国家安全生产法律、法规，与工人签订劳动合同；贯彻执行建筑施工中安全强制性条文，落实安全防护经费	10	9
	制定本项目的安全管理制度和签定本项目部管理人员安全生产责任书	5	3
	组建项目部安全管理机构、配备专（兼）职安全管理人员	5	5
	每月组织一次安全检查和安全设施（备）验收	10	10
	每月组织一次安全例会，组织学习安全知识，通报本月安全生产情况，布置下月安全生产工作，并做好会议记录	10	8
	及时给工人办理建筑意外伤害保险，发生安全事故及时上报，并组织抢救，对事故严格按"四不放过"的原则处理	5	3
	审查项目管理人员安全管理目标，督促落实并组织定期考核	5	4
一般项目 30 分	审批安全技术措施，安排人力和物力计划	5	4
	现场施工用电、建筑施工垂直运输设备安装完毕，组织验收合格后，向有关部门申报验收	5	5
	组织工人三级安全教育，开展查隐患堵漏洞等形式的安全活动	5	4
	严格执行特种工持证上岗，不断提高普通工持证上岗率	5	4
	组织开展创安全文明施工现场，不断改善劳动者的工作环境和生活卫生条件	5	4
	审批本月《建筑工程施工安全月报表》	5	5
安全总结	优良 被考核人：×××		
考核评语	优良 安全领导小组组长：×××		
签名	参加考核人员：×××　×××　×××　×××		

表 5-11　AQ-C-1-18　专项施工组织设计（方案）审批表

工程名称	×××工程	工程地点	××区××路××路
建设单位	×××公司	建设面积	31512.03m²
结构类型	框架	工程造价	3007 万元
设计单位	×××设计有限公司	监理单位	×××监理公司
层数、高度	地下×层、地上××层　87m	建筑物跨度	××m
开、竣工日期	××年××月××日至××年××月××日	编制人	×××
项目负责人	×××	项目安全负责人	×××

参加会审人员签字：×××　　×××　　×××

单位	××监理公司	××建设集团公司	××建设集团
职务	总监理工程师	总工程师	项目经理
职称	监理工程师	工程师	工程师
签名	×××	×××	×××

审批结论	同意 技术负责人签字盖章　　　　　　　　　　　　　××年××月××日
建设单位审批	同意 　　　　　　　　　　　　　　　签字盖章 　　　　　　　　　　　　　　　××年××月××日

注：若企业按贯标要求制定了标准表格可以使用。

表 5-12　AQ-C-1-19　安全技术交底书

单位工程名称	××工程	交底日期	××年××月××日
分部分项工程名称	钢结构	生产班组名称	钢结构安装

安全技术交底内容：

钢结构工程中，高层和超高层施工安全问题十分突出，应该采取有力措施，保证安全施工。具体安全措施有：

1. 在柱、梁安装后而未设置浇筑楼用的压型钢板时，为便于柱子螺栓等施工的方便，可在钢梁上铺设适当数量的走道板。走道板可附设吊耳和扶手。

2. 钢结构吊装时，为防止工具和物料飞出，人员坠落，可架设安全平网和安全竖网。平网设置在梁面以上 2m 处，当楼层高度低于 4.5m 时，安全平网可隔层设置。平网要求在建筑平面范围满铺。竖网铺设在建筑物外围，高度一般为两节柱的高度。

3. 为便于接柱施工，在接柱处要设操作平台。

4. 施工需要的各种电气、焊接设备，要存放在备用平台上，平台随结构安装逐渐升高。备用平台的螺栓必须全部加以紧固。电气设备要接地，每层楼面分别设置配电箱，供每层楼面施工用电需要。

5. 为便于施工登高，吊装柱子前要先将登高钢梯固定在钢柱上，为便于进行柱梁节点紧固高强螺栓和焊接，需要在柱梁节点下方安装挂篮脚手。

6. 当风速为 10m/s 时，高空吊装施工应停止；当风速达到 15m/s 时，所有工作均应停止。

7. 施工时还应注意防火，配备必要的灭火设备和消防人员。

交底人签名	×××	安全员签名	×××	接受交底人签名	×××

表5-13　AQ-C-1-21　项目部安全检查记录表

工程名称	××工程	检查时间	××年××月××日
检查人员	×××　×××	受检队组	钢筋

检查记录：

现场钢筋堆放混乱，使用机械无警示牌（标志）

记录人：　×××　　　　　　　　　　　工地负责人：×××

整改要求：

现场钢筋原材整理并堆放整齐，使用机械悬挂警示牌（标志）

自　××　月　××　日

负责整改人签字：　×××　　　　　　　　　整改时间：到　××　月　××　日

复查意见：

现场钢筋原材整理已堆放整齐，使用机械已悬挂警示牌（标志）

复查人：　×××　　　　　　　　　　　　　　　　××年××月××日

注：此表一式两份，由项目安全员和受检队组各存一份。

表 5-14　AQ-C-1-22　事故隐患整改通知

××年××月××日　　　　　　　　　　　　（××××）安检字　××　号

×××建设集团　　公司：

　　__××__月__××__日，经__××市安监站×监督科__　　检查发现你单位存在如下事故隐患。请接通知后，限__××__月__××__日，按有关安全技术规范和规程规定，采取相应措施整改，并经公司复查后，将整改完成情况及时反馈通知发出单位。

存在问题：

1. 外架脚手板防护不到位。

2. 电梯井未做防护。

3. 临时防护不到位。

4. 楼梯未做防护。

5. 外架连墙局部未采用软拉结。

受检单位签章： 负责人签字：××× 电话：×××××××× ××年　××月　××日	通知发出单位签章： 经办人：××× ××　年　××月　××日

表 5-15　AQ-C-1-23　事故隐患整改情况报告书（反馈单）

　　___×××市___ 安监站（安检科）：

　　我 ___××工程___ 工地于 __××__ 月 __×××__ 日，接收到贵站（科）_____××_____ 字 _____××_____ 号事故隐患整改通知书，现将提出要求整改的事项，我们进行整改落实的情况报告如下，请核查。

　　1．外架防护已整改到位。

　　2．电梯井防护已整改到位。

　　3．临时防护已整改。

　　4．楼梯防护已按规范整改。

　　5．外架连墙局部未采用软拉结已按要求整改。

　　项目及负责人签（盖）章　　　　　企业主管部门复查意见　　　　　项目监理监督意见

　　××年××月××日　　　　　　　××年××月××日　　　　　　××年××月××日

　　注：一式四份，安全监督站、监理单位、公司主管部门、自存。

表 5-16 AQ-C-1-24 三级安全教育记录卡

序号：__×××××××__

姓　　名__×××__出生年月__××年×月×日__

文化程度__××__部　　门__×××__

班　　组__××班组__进场日期__××年××月××日__

带班师傅__×××__家庭住址__××省××县××乡××村__

身份证号__×××××××××××××××××__

照　片

三级安全教育内容		教　育　人	受　教　育　人
公司教育	安全教育的主要内容：国家、省市及有关部门制定的安全生产方针、政策、法规、标准、规程和企业安全规章制度等	签名： 公司一级的安全负责人	签名： 项目一级的安全负责人（项目经理或安全员）
			××年××月××日
处队（项目）教育	安全教育的主要内容：工地安全制度、文明工地标准、施工现场环境、工程施工特点及可能存在的不安全因素等	签名： 项目一级的安全负责人（项目经理或安全员）	签名： 各班组负责人
			××年××月××日
班组岗位教育	安全教育的主要内容：本工种的安全操作规程、事故案例剖析、劳动纪律和岗位讲评等	签名： 各班组负责人	签名： 各工种工人
			××年××月××日

表 5-17　AQ-C-1-31　安全标志台账

工程名称	××工程	填表日期	××年××月××日
名称	数量	悬挂位置	备注
安全帽标志	2	大门口及通道口	
钢筋机械加工规程	3	钢筋车间	
木工机械加工规程	2	木工车间	
安全通道标志	2	通道口	

制表人：×××　　　　　　　　　　　　　　　　安全员：×××

表 5-18　AQ-C-1-32　建设系统企业职工伤亡事故快报表

事故发生的时间	××年××月××日××时××分
事故发生的工程名称	××工程
事故发生的地点	××市××路与××路交叉口

事故发生的企业（包括总、分包企业）

名　称	经济性质	资质等级	直接主管部门	业　别
总包：×××	国企	特级	住建部	
分包：×××	集体	一级	省建设厅	

事故伤亡人员　其中：死亡　1　人，重伤　1　人，轻伤　0　人

姓　名	伤亡程度	用工形式	工　种	级　别	性　别	年　龄	事故类别
×××	死亡	合同	钢筋工		男	43	
×××	重伤	合同	钢筋工		男	23	

事故的简要经过及原因初步分析（必须说明在从事何种工作时发生的事故，事故发生在现场或工程的部位及起因）	从事钢筋绑扎时，三层楼面，木工钢管倾斜
事故发生后采取的措施及事故控制的情况	现场停工，并将伤者送往××医院
报告单位　　　　　×××	报告时间　　　　××年××月××日

表 5-19 AQ-C-1-36 建设系统企业职工伤亡事故月（年）报表（一）

××年××月

单位名称（盖章）：×××工程集团公司　　　隶属关系：××市

经济类型：　　　　　　　　　　　企业资质等级：特级　　　表 A-1

职工平均人数/人			伤亡事故件数/件				伤亡人数/人							受伤害人损失工作日总数/工日	直接经济损失/万元
本企业职工		分包人员	一级重大事故	二级重大事故	三级重大事故	四级重大事故	总计		本企业职工				分包人员			
总计	小计							死亡	重伤	小计		其中：临时工		死亡	重伤		
		其中：临时工								死亡	重伤	死亡	重伤				
1	2	3	4	5	6	7	8	9	10	11	12	13	14	15	16	17	18	19

单位负责人签章：×××　填表人签章：×××　电话：××××××××　填报日期：××年××月××日

单元 5 建筑施工安全资料管理

表 5-20　AQ-C-1-37　建设系统企业职工伤亡事故月（年）报表（二）

填报单位：（盖章）×××工程集团公司　　　　　××年××月　　　　　表 A-2

事故件数/件 事故类别	序号	伤亡合计/人		土石方工程		模板		脚手架		洞口与临边		井字架与龙门架		塔式起重机		施工机具		现场临时用电线路		外电线路		拆除		其他	
		死亡	重伤	死亡	重伤	死亡	重伤	死亡	重伤	死亡	重伤	死亡	重伤	死亡	重伤	死亡	重伤	死亡	重伤	死亡	重伤	死亡	重伤	死亡	重伤
		1	2	3	4	5	6	7	8	9	10	11	12	13	14	15	16	17	18	19	20	21	22	23	24
总计	1																								
物体打击	2																								
车辆伤害	3																								
机具伤害	4																								
起重伤害	5																								
触电	6																								
高处坠落	7																								
坍塌	8																								
中毒和窒息	9																								
火灾和爆炸	10																								
其他伤害	11																								

单位负责人签章：×××　　　　　　　　　填表人签章：×××
电话：××××××××××　　　　　　填报日期：××年××月××日

注：各表及表内校核关系：
1. 表 A-1：（1）=（2）+（4）；（5）=（6）+（7）+（8）+（9）；（10）=（12）+（16）；（11）=（13）+（17）；
（2）≥（3）；（12）≥（14）；（13）≥（15）。
2. 表 A-2：（1）=（2）=（4）+（6）+（8）+（10）+（12）+（14）+（16）+（18）+（20）+（22）+（24）。
（3）+（5）+（7）+（9）+（11）+（13）+（15）+（17）+（19）+（21）+（23）。
3. 表 A-2 中事件总数"总计"（第一行、第一列）= 表 A–1 中伤亡事故件数"总计"。
表 A-2 中死亡"总计"（第一行、第二列）= 表 A–1 中伤亡人数死亡"总计"。
表 A-2 中重伤"总计"（第一行、第三列）= 表 A–1 中伤亡人数重伤"总计"。

179

表5-21 AQ-C-1-38 工伤事故复工报告表

填报单位：×××工程集团公司

姓名	性别	年龄	工种	级别	本工种工龄	伤亡部位	伤害程度

发生事故日期	年 月 日 时 分	事故类别	歇工日期
复工日期	年 月 日		

发生事故金额/元	工地（队、车间）劳资签字	分公司（处、厂）技安部门签批	
其中 歇工工资/元			复工教育情况等
其中 医疗费用/元	年 月 日	年 月 日	

工地（队、车间）负责人签字：×××　工地（队、车间）技安员签字：×××　××年××月××日

注：本报告由工地（队、车间）技安员填写一式三份。批准后一份自存，一份报分公司（处、厂）项目部、技安部门，一份转报公司主管安全部门。

5.3.2 AQ-C-2 工程项目生活区资料(表 5-22)

表 5-22 AQ-C-2-1 临时设施安全检查验收表

工程名称: ××工程　　　　　　　　　　××年××月××日

设施名称: 办公室

结构形式: 彩钢板房　　数量: 10 间　　安设地点: 工地东南角

检查部位	结构设计及安全状况
墙及屋面	结构设计符合要求
参加检验人员	×××　×××　×××　×××
检验评语意见	同意使用

项目负责人签字: ×××　　　　　　　　　　检验负责人签字: ×××

注: 本表适用于施工现场各种临建工棚、办公、宿舍及散装水泥罐等设施。

5.3.3 AQ-C-3 工程项目脚手架资料（表 5-23 和表 5-24）

表 5-23 AQ-C-3-1 钢管扣件式支撑体系验收表

工程名称	×× 工程			
施工单位	×× 建筑公司		分包单位	
支撑体系的类别			高度	××m
验收部位	钢管扣件		安装日期	××年××月××日
序号	检查项目	检查内容与要求		验收结果
1	安全施工方案	模板支撑体系工程应有专项安全施工技术方案（或设计），审批手续完备、有效		手续完备、有效
		高度超过 8m，或跨度超过 18m，施工总荷载大于 10kN/m²，或集中线荷载大于 10kN/m² 的支撑体系，其专项方案应经过专家论证，并根据专家意见进行修改		同意
		支撑体系的材质应符合有关要求		符合有关要求
		施工前应有技术交底，交底应有针对性		合格
2	构造要求	立杆基础必须坚实，满足立柱承载力要求，立杆下部必须设置纵横向扫地杆，立杆与结构应有可靠拉接		合格
		立杆的构造应符合《建筑施工扣件式钢管脚手架安全技术规范》（JGJ130—2011）的有关规定		合格
		立杆、横杆的间距必须按安全施工技术方案（计算书）要求搭设		合格
		可调螺栓杆的伸出长度应符合方案的要求		合格
		立杆最上端的自由端长度应符合方案的要求		合格
3	剪刀撑	采用满堂红支撑体系时，四边与中间每隔 4 排支架立杆应设置一道纵向剪刀撑，由底到顶连续设置；高于 4 m 时，其两端与中间每隔 4 排立杆从顶层开始向下每隔 2 步设置一道水平剪刀撑		合格
		剪刀撑应按规范要求设置		合格
4	其他要求			
验收结论：验收结果符合有关规范要求、同意验收。				
验收人签名	项目技术负责人	安装单位负责人		其他验收人员
	×××	×××		×××

监理单位意见：同意验收。

监理工程师（签字）：×××

注：本表由施工单位填报，监理单位、施工单位各存一份。

表 5-24　AQ-C-3-2　落地式（或悬挑）脚手架安全检查验收表

工程名称	××工程	施工总承包单位	××建设集团公司
施工作业队伍	××建筑工程公司	负责人	×××
验收部位	落地式脚手架	搭设高度	15m
验收时间	××年××月××日		

序号	检查项目	检查内容	验收结果
1	施工方案	符合《建筑施工扣件式钢管脚手架安全技术规范》（JGJ130—2011）规范要求	合格
		悬挑式脚手架和高度20m以上的落地式脚手架搭设前必须编制安全专项施工方案，附设计计算书，审批手续齐全，搭设前需有技术交底，特殊脚手架应有专家论证	
2	立杆基础	脚手架基础必须平整、坚实，有排水措施，架体必须支搭在底座（托）或通长脚手板上。纵、横向扫地杆应符合要求	合格
3	钢管、扣件要求	钢管、扣件有复试检测报告，应采用外径48～51mm，壁厚3～3.5mm的钢管	合格
		钢管无裂纹、弯曲、压扁、锈蚀	
4	架体与建筑结构拉结	脚手架必须按楼层与结构拉结牢固，拉结点垂直、水平距离符合要求，拉结必须使用刚性材料。20m以上的高大脚手架须有卸荷措施	合格
5	剪刀撑设置	脚手架必须设置连续剪刀撑，宽度及角度符合要求。搭接方式应符合规范要求	合格
6	立杆、大横杆、小横杆的设置要求	立杆间距应符合要求；立杆对接必须符合要求	合格
		大横杆宜设置在立杆内侧，其间距及固定方式应符合要求；对接须符合有关规定	
		小横杆的间距、固定方式、搭接方式等应符合要求	
7	脚手板及密目网的设置	操作面脚手板铺设必须符合规范要求。操作面护身栏杆和挡脚板的设置符合要求。操作面下方净空超过3m时须设一道水平网。架体须用密目网沿内侧进行封闭，并固定牢固	合格
8	悬挑设置情况	悬挑梁设置应符合设计要求；外挑杆件与建筑结构连接牢固，且挑梁无变形；立杆底部应固定牢固	合格
9	其他	卸料平台、泵管、缆风绳等不能固定在脚手架上；脚手架与外电架空线之间的距离应符合规范要求，特殊情况须采取防护措施；走道搭设符合要求；门洞口的防护搭设符合要求	合格
10	其他增加的验收项目		

验收结论：
验收结果符合相关规范要求，同意验收。

验收人签名	项目技术负责人	搭设单位负责人	其他验收人员
	×××	×××	×××

监理单位意见：
同意验收。
监理工程师（签字）：×××　　　　　　　　　　　　　　　　　　××年××月××日

注：本表由施工单位填报，监理单位、施工单位各存一份。

5.3.4　AQ-C-4　工程项目安全防护资料（表5-25和表5-26）

表5-25　AQ-C-4-1　基坑支护安全检查验收表

工程名称	××工程	架体名称	
搭设高度		验收日期	××年××月××日

序号	验收内容		验收要求	验收结果
1	施工方案	专项施工方案设计计算书	有专项施工方案计算书	合格
2	临边防护	临边防护 其他防护	开挖深度超过2m的，必须设立两道防护栏杆，用密目网封闭，夜间应设红色标志灯	合格
3	坑壁支护	坑槽边坡 深坑支护 支护设施	开挖深度超过1.5m的，应根据土质和深度情况放坡或加可靠支撑，边坡设置应符合要求；基坑深度超过5m或不到5m但情况复杂的，必须编制安全专项施工方案，并组织专家进行论证，经企业技术负责人和总监理工程师签字后，方可施工	合格
4	排水措施	排水措施 临边建筑 沉降措施	雨期施工期间必须有良好的排水措施	合格
5	坑边荷载	积土、料具堆放 机械设备与坑边距离	与坑边距离符合要求	合格
6		上下通道	通道通畅，符合规范要求	合格
7	土方开挖	施工机械进场 挖土作业	施工机械与坑边距离符合要求	合格
8	变形监测	基坑支护变形监测 毗邻建筑物等监测	有监测记录、符合要求	合格

验收 签字	搭设负责人：××× 安全负责人：×××	使用负责人：××× 项目负责人：×××
验收 结论	基坑支护检验符合相关规范、验收合格。 技术负责人：×××	××年××月××日

表 5-26 AQ-C-4-4 "四口""五临边"安全防护检查验收表

施工单位：××建筑公司　　　　　　　　　　　　工程名称：××工程

序号	检查项目	检查内容	合格（√）	不合格（×）
1	预留洞口	按规定设置有效牢固的防护，≤$2m^2$ 的用盖板，≤$10m^2$ 的用安全网或钢丝网，≥$10m^2$ 的用栏杆围护	√	
2	通道口	搭设防护棚，棚宽大于 50cm，多层建筑用竹笆满铺，高层建筑棚顶要双层铺设，层距 60cm	√	
3	电梯井口	安装标准化门栅栏或护栏	√	
4	楼梯口	安装临时钢管护栏或钢筋护栏或立挂安全网	√	
5	阳台周边	装设临时护栏，长度≥2m 应设立柱，或砌临时挡墙	√	
6	楼面周边层顶周边	外脚手架及立网设置要与施工同步，高于施工企业面>1.2m 或设可靠临时护栏高度>1.2m	√	
7	井架通道侧边卸料台侧边	多层建筑二道防护栏杆，加踢脚板外挂安全网；高层建筑外挂安全密目网或竹笆	√	
8	深基坑槽周边	有防护栏杆或其他安全防护措施，并有明显标志，夜间红灯示警	√	
9	独立柱基管笼施工	四周设防护栏，并设明显标志		×
10	临时地下水池、灰池、积水坑等	应距人行道 2m 以上距离，边砌矮墙或护栏，有识别标志	√	
验收结论	符合《建筑施工安全检查标准》（JGJ59—2011）标准、有关规范规定及施工方案要求，验收合格。			

验收负责人：×××　　参加验收人：×××　×××　×××　　　　××年××月××日

5.3.5　AQ-C-5　工程项目施工用电资料（表5-27～表5-29）

表5-27　AQ-C-5-1　临时用电检查安全验收表

工程名称：××工程

分 部 验 收	分 项 验 收	验 收 内 容	验 收 结 果
外电防护	外电防护距离及防护措施	水平距离	符合要求
		垂直距离	符合要求
		防护措施	符合要求
接地与接零保护系统	接地分类	工作接地	符合要求
		重复接地	符合要求
		防雷接地	符合要求
	接地装置	接地体	符合要求
		接地线	符合要求
		接地位置	符合要求
	接零保护系统	导线截面	符合要求
		统一标志	符合要求
配电箱开关箱	三级配电	总配电箱	符合要求
		分配电箱	符合要求
		开关箱	符合要求
	二级保护	总漏电保护器	符合要求
		末级漏电保护器	符合要求
	配电装置	隔离开关	符合要求
		闸具	符合要求
		线路标记	符合要求
现场照明	照明供电	额定电压	符合要求
		安全电压	符合要求
	照明装置	室外照明	符合要求
		室内照明	符合要求

（续）

分 部 验 收	分 项 验 收	验 收 内 容	验 收 结 果
现场照明	照明装置	金属卤化物灯具	符合要求
配电线路	架空线路	杆具	符合要求
		横担档距	符合要求
		相序	符合要求
		线径	符合要求
	电缆线路	架设	符合要求
		直埋	符合要求
		最大弧度	符合要求
	负荷线路	电缆	符合要求
		过道保护	符合要求
电器装置	电器装置	开关	符合要求
		熔断器	符合要求
		安装使用	符合要求
变配电线路	变电装置	变压器型号	符合要求
		联接组别	符合要求
		接地系统	符合要求
	配电装置	配电屏（盘）	符合要求
		自备电源	符合要求
用电档案	施工组织设计	消防安全措施等	符合要求
		平面图、立面图、计算书	符合要求
		系统接线图	符合要求
	检测记录	接地、绝缘电阻测试	符合要求
	电工检查	巡视维修记录	符合要求
		档案、管理	符合要求
验收结论	检验项目均符合相关规范要求，验收合格。 安全负责人：××× 技术负责人：×××　　　　　　　　项目负责人：××× 　　　　　　　　　　　　　　　××年××月××日		

表5.28 AQ·C5·2 接地电阻测试记录

××年××月××日　　　　　　　　　　　　　　　　　　　　编号：No.××××

工程名称	××工程	分部分项工程名称	主体分部	施工单位	××建筑工程公司
仪表型号	ZC-8/500V	引下形式			
接地种类	规定阻值/Ω	测验日期	季节系数	测验结果	
工作接地	≤4	××年××月××日	1Ω	合格	
重复接地	≤10	××年××月××日	1Ω	合格	
防雷接地	≤10	××年××月××日	1Ω	合格	
(注明测试点位置) 测验布置简图	(略)		验收单位验核意见 合格 签章 ××年××月××日		

表 5-29　AQ-C-5-4　施工现场电工（巡查维修）记录

　　　　　　　　　　　　　　记录人：（签字）×××　　　　　　　　××年××月××日

　　　　　　　　　　　　　　记录人：（签字）×××　　　　　　　　××年××月××日

　　　　　　　　　　　　　　记录人：（签字）×××　　　　　　　　××年××月××日

5.3.6　AQ-C-6　工程项目塔式起重机、起重吊装资料（表5-30）

表5-30　AQ-C-6-1　塔式起重机安装检查验收表（自检）

规格型号：××××××　　　　　　　　　　机械编号：No.××××

单位名称：××建筑工程公司　　　　　　　工程名称：××工程

验收部位	验收要求	× / √	验收部位	验收要求	× / √
位置与轨道	布设位置合理，符合组织要求	√	钢丝绳与吊索具	钢丝绳符合作业要求	√
	架空管线最小距离大于规定时有防护架	√		滑轮组件活络无裂纹损伤	√
	路轨两外侧堆物距塔式起重机转尾大于50cm	√		绳卡轧件必须合理正确紧固	√
路基与轨道	路基坚实、平整、有排水设施	√	限位与保险装置	大小吊勾无变形磨耗损伤	√
	路基箱或枕木铺设符合要求，夹板道钉使用正确	√		力矩限制器（吨、米限位）	√
				吊钩高度限制	√
	拉杆设置正确牢固轨距偏差小于1/1000，间距<6m	√		变幅限位器	√
				行走限位器	√
	轨接头间距为0.3~0.6cm，接头高低差小于0.2cm	√		升降驾驶室乘人梯笼限位器	√
				驾驶室防坠保险装置和避震器	√
	轨接应处于轨枕或路基上，两轨间无杂物	√		卷扬机绳筒保险装置	√
	路轨顶面平整倾斜度小于1/1000	√		吊钩保险装置	√
金属结构	无疲劳、损伤，焊缝无漏、裂、脱焊	√	限位与保险装置	塔式起重机夹轨钳齐全有效，道档牢固	√
	法兰及其他螺栓齐全、紧固正确	√		驾驶室能密闭，门窗玻璃完好，门能上锁	√
	超高时所设扶墙支撑数量、质量符合要求	√	限位与保险装置	塔式起重机配重正确按规定堆放	√
制传动	各制动调整合理	√	其他	塔式起重机油漆无起壳脱皮，保养良好	√
	各传感器无异声，润滑良好	√	其他	已落实持证专职司机	√
电气	电缆电气路绝缘良好有防破损措施	√	其他	指挥有专人并持有上岗证书，执行"十不吊"	√
	地面近塔式起重机处有专用控制开关电箱	√	其他	塔式起重机安装拆除使用专业队伍，有安全措施	√
	避雷接地装置正确可靠，电阻<4Ω	√	定机定人	机械性能挂牌已落实	√

5.3.7 AQ-C-7 工程项目机械安全资料（表5-31～表5-34）

表5-31 AQ-C-7-1 物料提升机（龙门架、井字架）安全检查验收表

工程名称		×××工程	设备型号编号	××××
安装单位及资质证书号		××安装单位	安装高度	40m
验收项目		验收项目及要求		验收结果
架体安装		架体安装正确，螺栓紧固		符合要求
		垂直度偏差≤3‰，且最大不超过200mm（新制作≤1.5‰）		符合要求
		架体与吊篮间隙控制在5～10mm		符合要求
		缆风绳组数符合规范要求，使用钢丝绳ϕ≥9.3mm，与地面夹角为45°～60°；地锚设置符合规范要求		符合要求
		架高在20m以下设一组缆风绳，21～30m设两组		符合要求
		附墙材质和架体相同，连接牢靠，位置正确，间隔不大于9m		符合要求
		井架顶部自由高度不得超过6m		符合要求
吊篮		两侧应设置高度1m的安全挡板或挡网，顶板采用50mm厚木板，前后设工具安全门，不得使用单根钢丝绳提升		符合要求
传动机构		卷扬机安装牢固，设置前桩后锚，安装卷筒保险		符合要求
		钢丝绳缠绕整齐，润滑良好，不超过报废标准，过路有保护和防拖地措施		符合要求
		第一个导向滑轮距离大于15倍卷筒宽度		符合要求
		滑轮与架体刚性连接，无破损，且与钢丝绳匹配		符合要求
安全防护		安全停靠装置灵敏可靠		符合要求
		超高限位装置灵敏可靠		符合要求
		31～150m高架提升机必须安装下极限限位器、缓冲器和超载限制器		符合要求
		卸料平台安装符合规范要求，设防护栏杆，防护严密；脚手板搭设符合要求；有工具化防护门		符合要求
		地面进料口防护棚符合规范要求		符合要求
		卷扬机操作棚符合规范要求		符合要求
电气		架体及设备外壳做保护接零；使用开关箱，采用按钮开关，严禁使用倒顺开关、闸刀开关		符合要求
		设置避雷装置冲击接地电阻值不大于10Ω		8Ω
验收结论		合格 安装部门负责人：×××　　　　　　　　使用部门负责人：××× ××年××月××日　　　　　　　　　　　××年××月××日		

表 5-32　AQ-C-7-5　钢筋弯曲机安装验收表

工程名称	××工程	设备编号		No. ××××
验收项目	验收内容及要求			验收结果
安装	机身安装稳固，工作台和弯曲机台面保持水平			符合要求
	按加工钢筋的直径和弯曲半径的要求装好芯轴、成型轴、挡铁轴或可弯挡架，芯轴直径应为钢筋直径的 2.5 倍			符合要求
安全保护	传动部位防护罩坚固可靠			合格
	弯曲钢筋的作业半径内无障碍物			符合要求
	操作棚防雨、防砸			合格
运转	试运转正常，无异样			合格
电气	设备外壳做保护接零；使用符合要求的开关箱；操作使用专用按钮开关			符合要求
验收结论	验收合格，同意使用 安全负责人：×××　　　　　　　　　　　　　　设备管理员：××× 操作人：×××　　　　　　　　　　　　　　　　××年××月××日			

表 5-33　AQ-C-7-7　圆盘锯安装验收表

工程名称	××工程		设备编号	No.××××
验收项目	验收内容及要求			验收结果
安装	作业场所有齐全可靠的消防器材，周围无明火和易燃品			符合要求
	机身安装稳固，台面平整			合格
	锯片安装稳固、无裂纹、无连续断齿			合格
安全装置	锯片上方防护挡板安全有效			符合要求
	锯片防护罩齐全			符合要求
	锯片后 10～15mm 安装分料器			符合要求
	传动皮带齐全完好，防护罩符合要求			符合要求
电气	设备外壳做保护接零；使用符合要求的开关箱，操作使用专用按钮开关；配电线路符合绝缘、防火要求			符合要求
运转	工作平稳无异响			符合要求
防护	作业车间有围挡，有消防安全措施			符合要求
验收结论	验收合格，同意使用 安全负责人：×××　　　　　　　　　　　　　　设备管理员：××× 操作人：×××　　　　　　　　　　　　　　　　××年××月××日			

表 5-34　AQ-C-7-10　安全防护用具及机械设备使用登记表

名　称	规　格	数　量	生产厂家	供货单位	购置时间	使用单位	准备、检验证号
钢筋切断机	GJ40	2	××××	××公司	××年×月×日	××工程公司	××××
钢筋弯曲机	GW40	3	××××	××公司	××年×月×日	××工程公司	××××
钢筋调直机	G16-8	3	××××	××公司	××年×月×日	××工程公司	××××
砂浆搅拌机	HJ-350	2	××××	××公司	××年×月×日	××工程公司	××××
混凝土搅拌机	HJ-350	2	××××	××公司	××年×月×日	××工程公司	××××

注：此表后附有关原始票据复印件。

5.3.8 AQ-C-8 工程项目保卫消防资料（表5-35和表5-36）

表5-35 AQ-C-8-1 安全奖罚登记表

单位名称：××工程

姓　名	工　种	职　务	时　间	事　由	（奖罚）金额
×××	木工	工人	18.2.21	拆除的模板放在施工道路上没有及时起钉，造成别人轻伤	罚100元
×××	木工	工人	18.2.21	拆除的模板放在施工道路上没有及时起钉，造成别人轻伤	罚100元
×××	钢筋工	工人	18.2.21	举报××高空抛洒垃圾	奖100元
×××	砌筑工	工人	18.2.25	随地大小便	罚100元
×××	混凝土工	组长	18.2.25	未按要求对宿舍乱扯电线进行整改	罚500元
×××	混凝土工	组长	18.2.25	未要求工人搭设路架	罚100元
×××	水电工	工人	18.2.23	使用电焊机时未采取防护措施	罚50元
×××	木工	工人	18.2.25	拆除模板时，底下无人看护	罚50元
×××	混凝土工	工人	18.2.25	举报×××	奖50元
×××	钢筋工	组长	18.2.23	未按要求拆除门前卷扬机（拉钢筋用）	罚200元

记录人：×××

注：按何规定签发的奖罚通知单底联另存。

表 5-36　AQ-C-8-2　动火审批表

　　　×××建筑公司安全科　　　：

1. 动火部位：地下室外墙。

2. 动火事由：切割对拉螺栓。

3. 动火种类：氧气、乙炔。

4. 安全措施：易燃物品已清理，配备灭火器和看火人员。

申请单位（章）

××年××月××日

批复意见：

　　　　　　　同意

批复单位（章）

××年××月××日

注：1. 一般动火审批由企业消防安全管理部门或项目部经理批复。
　　2. 重大消防动火报当地消防部门批准。

5.3.9 AQ-C-9 其他资料（表 5-37 和表 5-38）

表 5-37 AQ-C-9-1 班（组）班前安全活动记录

××年××月××日　　　　　　　　　星期 ×　　　　　　　　　天气 ×

主要工作项目	防护设备			个人保护			遵章守纪状况
	作业面安全否	防护设备完善否	安全措施	安全帽	安全带	其他防护	

安全技术交底及不安全因素处理：

1. 进入施工现场人员必须戴好安全帽，高处作业人员必须佩戴安全带，并应系牢。

2. 经医生检查认为不适宜高处作业的人员，不得进行高处作业。

3. 工作前应先检查使用的工具是否牢固，扳手等工具必须用绳链系挂在身上，钉子必须放在工具袋内，以免掉落伤人。工作时要思想集中，防止钉扎脚和空中滑落。

4. 安装与拆除 5m 以上的模板，应搭脚手架，并设防护栏杆，防止上下在同一垂直面操作。

5. 高空、复杂结构模板的安装与拆除，事先应有切实的安全措施。

6. 遇六级以上的大风时，应暂停室外的高空作业，雪霜雨后应先清扫施工现场，略干不滑时再进行工作。

7. 两人抬运模板时要互相配合、协同工作。传递模板、工具应用运输工具或绳子系牢后升降，不得乱抛。

8. 高空作业要搭设脚手架或操作台，上、下要使用梯子，不许站立在墙上工作；不准在梁底模上行走。操作人员严禁穿硬底鞋和有跟鞋作业。

9. 装、拆模板时，作业人员要站立在安全地点进行操作，防止上下在同一垂直面工作；操作人员要主动避让吊物，增强自我保护和相互保护的安全意识。

填写说明	1. 班长必须进行上岗前的口头安全技术交底，每周必须进行一次讲评活动。 2. 班组安全员组织组员进行上岗安全自查，对发现不安全因素及处理情况详细记入表内。 3. 班组班前每天安全记录由班组长或班组安全员填写。 4. 第一栏安全防护状况填写：良好（√），不好（×）。		
班组负责人	×××	班组安全员	×××

表 5-38　AQ-C-9-2　施工安全管理日志

作业站组		层　次	
工作内容		高　度	
安全活动内容 及处理意见	工作内容： 1．模板支撑体系间距过大，进行调整。 2．搭设临边防护。 3．下午在二层作业区进行巡视时，发现有两人未佩带安全帽，对其纠正并罚款。 4．外架搭设，张挂安全网，铺设安全通道。 <div align="right">填写人签名：×××</div>		

小知识

生产安全事故等级划分标准

根据生产安全事故(以下简称事故)造成的人员伤亡或者直接经济损失,事故一般分为以下等级:

1. 特别重大事故,是指造成30人以上死亡,或者100人以上重伤(包括急性工业中毒,下同),或者1亿元以上直接经济损失的事故。

2. 重大事故,是指造成10人以上30人以下死亡,或者50人以上100人以下重伤,或者5000万元以上1亿元以下直接经济损失的事故。

3. 较大事故,是指造成3人以上10人以下死亡,或者10人以上50人以下重伤,或者1000万元以上5000万元以下直接经济损失的事故。

4. 一般事故,是指造成3人以下死亡,或者10人以下重伤,或者1000万元以下直接经济损失的事故。

 职业素养园地

求真务实、诚实守信

清代乾隆年间,南昌城有一点心店主李沙庚,最初以货真价实、诚实守信赢得顾客满门。但其赚钱后便掺杂使假,对顾客也怠慢起来,致使生意日渐冷落。一日,书画名家郑板桥来店进餐,李沙庚惊喜万分,恭请题写店名。郑板桥挥毫题定"李沙庚点心店"六字,墨宝苍劲有力,引来众人观看,但还是无人进餐。

原来"心"字少写了一点,李沙庚请求补写一点。但郑板桥却说:"没有错啊,你以前生意兴隆,是因为'心'有了这一点,而今生意清淡,正因为'心'少了这一点。"李沙庚感悟,才知道诚实守信的重要。

经营企业应诚实守信,建筑施工关乎质量安全,更应把求真务实、诚实守信贯穿始终。诚实守信既是每一位建筑人的道德品质,又是道德责任。在思想上认识到位,认真遵守各项规章制度,从每一件事做起,工作时照章行事,做到不走样、不简化、不绕道、不隐瞒、不欺骗;忠于职守、热爱职业、认真负责、不敷衍塞责。

 单元小结

本单元主要介绍了建筑施工安全管理资料的基本概念,各相关单位及相关人员在安全生产中的职责和责任。建设、施工、监理等单位履行的职责,施工单位安全资料管理的职责。资料员的工作职责主要有负责工程安全资料的收集、整理等管理工作,完成安全管理人员交办的其他任务。建设施工安全管理资料文件范围、保管期限、组卷的原则和方法、卷内文件的排列、案卷的编目,建筑施工安全管理资料的保管和移交以及施工现场安全管理资料常用表格填写实例。

能力训练题

1. 单选题

（1）（　　）资料是建筑施工单位按照安全生产的有关规定要求，在施工安全管理过程中形成和建立的技术资料。
  A. 建筑施工技术   B. 建筑施工安全技术
  C. 建筑施工交工技术   D. 施工安全管理技术

（2）企业法定代表人和（　　）都是安全生产的第一责任人。
  A. 公司总经理   B. 项目技术负责人
  C. 安全员   D. 项目经理

（3）（　　）对本企业的安全生产负总责任。
  A. 企业法定代表人   B. 企业技术负责人
  C. 工程部经理   D. 企业安全负责人

（4）（　　）对所辖工程项目范围内的安全生产工作全面负责，是安全生产的第一责任人。
  A. 公司总经理   B. 项目经理
  C. 项目技术负责人   D. 安全员

（5）（　　）宣传贯彻执行国家安全生产、劳动保护的方针、政策、法规、标准以及企业有关生产的规章制度，协助领导贯彻安全生产计划，落实安全措施，实施安全生产目标管理；做好日常安全生产检查工作。
  A. 项目经理   B. 项目技术负责人
  C. 项目安全员   D. 公司安全员

（6）建设单位应当向（　　）提供现场及毗邻区域内供水、排水、供电、供气、供热、通信、广播电视等地上、地下管线资料，气象和水文观测资料，毗邻建筑物的构筑物、地下工程的有关资料。
  A. 施工单位 B. 监理单位 C. 施工班组 D. 设计单位

（7）（　　）负责监理单位施工现场安全资料的管理工作，（　　）负责施工单位施工现场安全资料的管理工作。
  A. 施工单位　监理单位   B. 监理单位　建设单位
  C. 施工单位　建设单位   D. 监理单位　施工单位

（8）安全防护、文明施工措施费用支付统计表需要保存的单位除监理单位和施工单位外，还需要保存的单位是（　　）。
  A. 政府部门 B. 设计单位 C. 建设单位 D. 质监站

（9）夜间施工申报表是施工单位向（　　）报送的表格。
  A. 建设单位   B. 行政执法局
  C. 监理单位   D. 施工单位总公司

（10）三级安全教育记录卡在公司教育中由公司一级的（　　）向下一级的主要管理人员进行教育。
  A. 安全负责人 B. 总工程师 C. 总经理 D. 项目经理

（11）某工人在变换工种时，是否进行安全教育（　　）。
  A. 不用   B. 看情况   C. 用   D. 时间可短一点

（12）项目安全施工日志由（　　）记录。

　　A．资料员　　　B．技术负责人　　　C．班组长　　　D．安全员

2．多选题

（1）施工现场安全技术资料分为（　　）和施工组织设计等项内容。

　　A．安全生产责任制　　　　　　B．安全教育
　　C．项目安全活动　　　　　　　D．特种作业持证上岗
　　E．安全物品

（2）在计划、布置、检查、总结评比生产的同时，还要同时（　　）评比安全工作。

　　A．计划　　　B．布置　　　C．目标　　　D．检查
　　E．总结

（3）（　　）对所辖工程项目范围内的安全生产工作全面负责，是安全生产的（　　）。

　　A．项目经理　　　B．安全员　　　C．技术负责人　　　D．负责人
　　E．第一责任人

（4）（　　）等单位应将现场安全资料的形成和积累纳入工程建设管理的各个环节，逐级建立健全工程施工现场安全资料岗位责任制，对施工现场安全资料的真实性、完整性和有效性负责。

　　A．建设单位　　　B．施工单位　　　C．监理单位　　　D．设计单位
　　E．勘察单位

（5）建设工程施工许可证需要保存的单位是（　　）。

　　A．建设单位　　　B．施工单位　　　C．设计单位　　　D．监理单位
　　E．勘察单位

（6）审查备案表中需要写明主要人员的是（　　）。

　　A．勘察单位　　　B．施工单位　　　C．设计单位　　　D．监理单位
　　E．建设单位

（7）事故隐患整改情况报告书（反馈单）需要（　　）人员签字。

　　A．建设单位　　　B．监理单位　　　C．施工单位　　　D．施工项目部
　　E．安监站

单元 6　建设工程施工资料管理实训

能力目标

了解地基与基础、主体结构、建筑装饰装修、屋面等分部工程资料的组成，熟悉各个分项工程和检验批表格的填写方法，能完成撰写、收集、整理等资料管理工作。

学习重点与难点

本单元学习的重点与难点是检验批、分项工程、分部工程等的划分以及施工技术管理资料的规范填写。

××教学楼建筑工程资料填写实训教学图

一、工程概况

本工程建设地点为××市××路××号××××，×××学校 2# 教学楼，总建筑面积为 6218.68m²，框架结构，地上主体 6 层，局部 5 层或 7 层，室内外高差 0.850m，室内相对标高 ±0.000。本教学楼共分 A 和 B 两个区域，分别为 A 区主体 6 层，B 区主体 5 层。

二、构造做法（表 6-1 和表 6-2）

表 6-1　构造做法表

项目	使用部位	构造层次及做法	备注
屋面	除出屋面楼梯间外其他屋面	● 35mm 厚 490mm×490mm，C20 预制钢筋混凝土板 φ4 钢筋双向@150），1:2 水泥砂浆填缝 ● M2.5 砂浆砌 120mm×120mm 砖三皮 双向中距 500mm ● 3mm 厚 SBS 改性沥青防水卷材 ● 3mm 厚氯丁沥青防水涂料 ● 刷基层处理剂一遍 ● 20mm 厚 1:2.5 水泥砂浆找平层 ● 20mm 厚（最薄处）1:8 水泥加气混凝土碎渣找 2% 坡 ● 干铺 150mm 厚加气混凝土砌块 ● 钢筋混凝土屋面板，表面清扫干净	
	出屋面楼梯间外屋面	● 4mm 厚 SBS 改性沥青防水卷材，表面带页岩保护层 ● 刷基层处理剂一遍 ● 20mm 厚 1:2.5 水泥砂浆找平层 ● 20mm 厚（最薄处）1:8 水泥加气混凝土碎渣找 2% 坡 ● 干铺 150mm 厚加气混凝土砌块 ● 钢筋混凝土屋面板，表面清扫干净	

（续）

项　目	使用部位	构造层次及做法	备　注
地面	一层楼梯间、走道、展厅、入口大厅	● 8～10mm 厚地砖铺实拍平，水泥浆擦缝 ● 25mm 厚 1:4 干硬性水泥砂浆，面上撒素水泥 ● 素水泥浆结合层一道 ● 80mm 厚 C10 混凝土 ● 素土夯实	米黄色地板砖，规格 500mm×500mm 黑色地板砖围边，宽×长 =150mm×300mm
地面	一层卫生间	● 8～10mm 厚地砖铺实拍平，水泥浆擦缝 ● 25mm 厚 1:4 干硬性水泥砂浆，面上撒素水泥 ● 1.5mm 厚防水涂料，面撒黄沙，四周沿墙上翻 150mm 高 ● 刷基层处理剂一遍 ● 15mm 厚 1:2 水泥砂浆找平 ● 50mm 厚 C20 细实混凝土找 1% 坡，最薄处不小于 20mm ● 80mm 厚 C10 混凝土 ● 素土夯实	米黄色防滑地板砖，规格 500mm×500mm 防水涂料选用通用 K11 型防水浆料
楼面	二层～六层除卫生间外所有房间	● 8～10mm 厚地砖铺实拍平，水泥浆擦缝 ● 25mm 厚 1:4 干硬性水泥砂浆，面上撒素水泥 ● 素水泥浆结合层一道 ● 钢筋混凝土楼板	米黄色地板砖，规格 500mm×500mm 黑色地板砖围边，宽×长 =150mm×300mm
楼面	二层～六层卫生间	● 8～10mm 厚地砖铺实拍平，水泥浆擦缝 ● 25mm 厚 1:4 干硬性水泥砂浆，面上撒素水泥 ● 1.5mm 厚防水涂料，面撒黄沙，四周沿墙上翻 150mm 高 ● 刷基层处理剂一遍 ● 15mm 厚 1:2 水泥砂浆找平 ● 50mm 厚 C20 细实混凝土找 1% 坡，最薄处不小于 20mm ● 钢筋混凝土楼板	米黄色防滑地板砖，规格 500mm×500mm 防水涂料选用通用 K11 型防水浆料
内墙面	走廊、楼梯及无水池设施的所有房间	● 刷 801 胶素水泥砂浆一遍，配合比为 801:水 =1:4 ● 15mm 厚 1:1:6 水泥石灰砂浆，分两次抹成 ● 5mm 厚 1:0.5:3 水泥石灰砂浆 ● 满刮腻子一遍，刷底漆一道 ● 乳胶漆两遍	亚白色
内墙面	所有卫生间	● 刷 801 胶素水泥砂浆一遍，配合比为 801:水 =1:4 ● 15mm 厚 2:1:8 水泥石灰砂浆，分两次抹成 ● 3～4mm 厚 1:1 水泥砂浆加水重 20% 建筑胶镶贴 ● 4～5mm 厚釉面砖，白水泥浆擦缝	高度至顶棚底
顶棚	除卫生间所有房间	● 钢筋混凝土板底面清理干净 ● 7mm 厚 1:1:4 水泥石灰砂浆 ● 5mm 厚 1:0.5:3 水泥石灰砂浆 ● 满刮腻子一遍，刷底漆一道 ● 乳胶漆两遍	亚白色

（续）

项 目	使用部位	构造层次及做法	备 注
顶棚	所有卫生间	● 钢筋混凝土板底面清理干净 ● 7mm 厚 1:3 水泥砂浆 ● 5mm 厚 1:2 水泥砂浆 ● 满刮腻子一遍，刷底漆一道 ● 乳胶漆两遍	亚白色
踢脚	除卫生间及走道外所有房间	● 刷 801 胶素水泥砂浆一遍，配合比为 801:水 =1:4 ● 17mm 厚 2:1:8 水泥石灰砂浆，分两次抹成 ● 3～4mm 厚 1:1 水泥砂浆加水重 20% 建筑胶镶贴 ● 8～10mm 厚釉面砖，水泥浆擦缝	高 150mm
墙裙	走道	● 刷 801 胶素水泥砂浆一遍，配合比为 801:水 =1:4 ● 17mm 厚 2:1:8 水泥石灰砂浆，分两次抹成 ● 3～4mm 厚 1:1 水泥砂浆加水重 20% 建筑胶镶贴 ● 4～5mm 厚釉面砖，白水泥浆擦缝	高 2100mm
外墙	主体外墙	● 刷 801 胶素水泥砂浆一遍，配合比为 801:水 =1:4 ● 15mm 厚 2:1:8 水泥石灰砂浆，分两次抹成 ● 刷素水泥浆一遍 ● 4～5mm 厚 1:1 水泥砂浆加水重 20% 建筑胶镶贴 ● 8～10mm 厚面砖，水泥浆擦缝	灰色
外墙	柱面	● 30mm 厚 1:2.5 水泥砂浆，分层灌浆 ● 20～30mm 厚黑色花岗岩板（背面用双股 16 号铜丝绑扎与墙面固定）水泥浆擦缝	黑色
外墙	局部外墙及雨篷	● 刷 801 胶素水泥砂浆一遍，配合比为 801:水 =1:4 ● 15mm 厚 2:1:8 水泥石灰砂浆，分两次抹成 ● 5mm 厚 1:2.5 水泥砂浆 ● 外墙乳胶漆涂料喷刷两遍	砖红色 外墙乳胶漆涂料分格缝 宽 10mm，深 5mm，弧形，黑色
油漆	木门	● 木基层清理、除垢、打磨等 ● 刮腻子、磨光 ● 底油一遍 ● 磁漆两遍	外门红色，内门米黄色
台阶	所有出入口	● 20mm 厚花岗岩板表面机刨，水泥浆擦缝 ● 30mm 厚 1:4 干硬性水泥砂浆，面上撒素水泥 ● 素水泥浆结合层一道 ● 60mm 厚 C15 混凝土台阶（不包括三角部分） ● 300mm 厚三七灰土 ● 素土夯实	
散水	所有散水	● 60mm 厚 C15 混凝土，面上加 5mm 厚 1:1 水泥砂浆随打随抹光 ● 150mm 厚三七灰土 ● 素土夯实，向外坡 4%	30m 间距设缝与外墙设缝，缝宽 25mm，内填沥青砂

表 6-2　门窗表

类型	序号	门窗编号	洞口尺寸（B/mm×H/mm）	采用图集编号	1F	2F	3F	4F	5F	6F	7F	合计	备注
窗	1	C-1	2700×1900	80系列塑钢窗	0	15	21	21	21	23	0	101	见建施 JS15-14
	2	C-1'	2700×2300	80系列塑钢窗	11	0	0	0	0	0	0	11	见建施 JS15-14
	3	C-2	1800×1900	80系列塑钢窗	0	10	12	12	12	4	0	50	见建施 JS15-14
	4	C-2'	1800×2300	80系列塑钢窗	3	0	0	0	0	0	0	3	见建施 JS15-14
	5	C-3	2050×1700	80系列塑钢窗	10	10	10	10	10	10	0	60	见建施 JS15-14
	6	C-3'	1300×1700	80系列塑钢窗	10	10	10	10	10	10	0	60	
	7	C-4	1700×1900	80系列塑钢窗	0	1	1	1	1	1	0	5	见建施 JS15-14
	8	C-5	1500×1900	80系列塑钢窗	0	1	1	1	1	0	0	4	见建施 JS15-14
	9	C-5'	1500×2300	80系列塑钢窗	1	0	0	0	0	0	0	1	见建施 JS15-14
	10	C-WK	现场确定	无框玻璃窗	1							1	10mm 厚白玻璃 甲方自定
门	11	WM-1	3400×3300	无框玻璃门	3	0	0	0	0	0	0	3	10mm 厚白玻璃 甲方自定
	12	WM-2	2600×3300	无框玻璃门	1	0	0	0	0	0	0	1	10mm 厚白玻璃 甲方自定
	13	M-1	1000×2700	88ZJ601-M24-1027	8	14	20	20	20	20	0	102	
	14	M-2	900×2100	88ZJ601-M21-0921	2	2	2	2	2	2	0	12	
	15	M-3	1800×2600	88ZJ601-M24-1827 外装电动卷帘门	2	0	0	0	0	0	0	2	卷帘门 88ZJ611 JM305-2424
	16	FM-1	2400×2100	乙级防火门	1	1	1	1	1	1	0	6	甲方自定
	17	FM-2	3600×2100	乙级防火门	2	1	1	1	1	1	0	7	甲方自定
	18	FM-3	1800×2100	甲级防火门	0	1	1	1	1	0	0	4	甲方自定
	19	FM-4	1000×2100	乙级防火门	0	0	0	0	0	0	1	1	甲方自定
	20	FM-5	900×1800	乙级防火门	1	1	1	1	1	1	0	6	底距地 300mm 甲方自定
	21	FM-6	600×1800	乙级防火门	1	1	1	1	1	1	0	6	底距地 300mm 甲方自定
	22	FM-7	1200×2100	甲级防火门	2	0	0	0	0	0	0	2	甲方自定
	23	MC-1	2400×2700	80系列塑钢门	1	0	0	0	0	0	0	1	见建施 JS15-14

三、首层平面图（见图6-1）

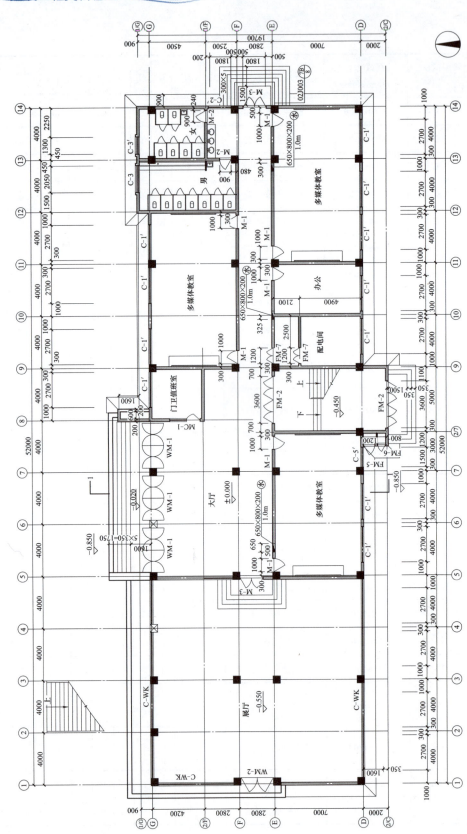

图6-1 首层平面图

四、标准层平面图（见图 6-2）

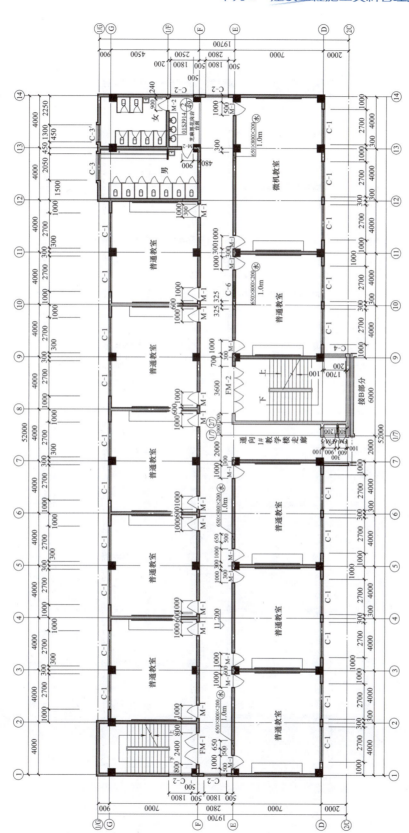

图 6-2 标准层平面图

五、六层平面图（见图 6-3）

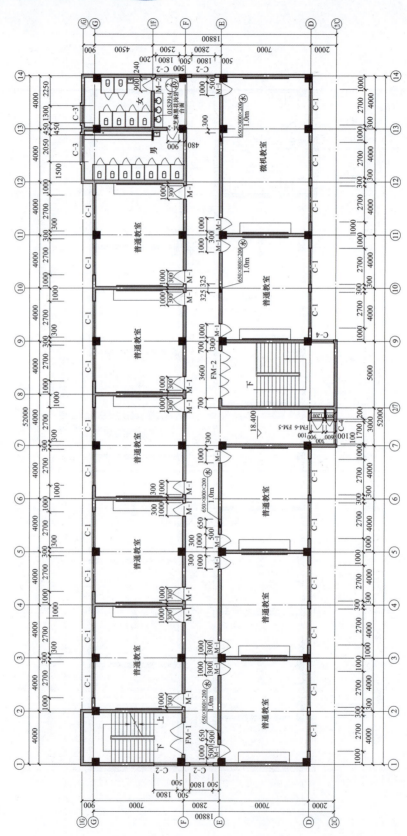

图 6-3 六层平面图

子单元 1　地基与基础分部工程资料实训

6.1.1　地基与基础分部工程中分项工程、检验批的划分

按照《建筑工程施工质量验收统一标准》（GB50300—2013）的规定，根据工程实际情况，对本工程地基与基础部分划分分项工程和检验批。本工程由_____、_____、_____ 3 个子分部工程组成，本分部工程含_____个分项工程，共划分_____个检验批。

1. 土石方子分部工程

本子分部工程含_____、_____、_____三个分项工程。为了保证施工质量，按 1～7 轴线、7～14 轴线划分两个施工段，因此本子分部工程共划分_____个检验批。

1)_____分项工程：_____轴线、_____轴线各为一个检验批。

2)_____分项工程：_____轴线、_____轴线各为一个检验批。

3)_____分项工程：包括 1～7 轴线、7～14 轴线两个检验批。

2. 地基子分部工程

在本工程中，假设地基处理仅含灰土地基分项工程（三七灰土），三七灰土只设置在 1～7 轴线间，所以按施工段划分 1 个检验批。

3. 基础子分部工程

本子分部工程含_____、_____、_____三个分项工程。该子分部按照 1～7 轴线、7～14 轴线划分两个施工段，共划分为_____个检验批。

1) 钢筋混凝土扩展基础分项工程：该分项工程按 1～7 轴线、7～14 轴线进行分段施工，可划分为_____个检验批，分别为_____、_____、_____、_____、_____、_____、_____、_____检验批。

2) 干作业成孔灌注桩分项工程：_____轴线、_____轴线各为一个检验批。

3) 无筋扩展基础分项工程：包括_____1～7 轴线、7～14 轴线两个检验批，_____1～7 轴线、7～14 轴线两个检验批。

6.1.2 地基与基础分部工程技术资料填写（表6-3和表6-4）

表6-3 素土、灰土地基检验批质量验收记录

01010101_____

单位（子单位）工程名称		分部（子分部）工程名称		地基与基础分部——地基子分部	分项工程名称	素土、灰土地基分项
施工单位		项目负责人			检验批容量	
分包单位		分包单位项目负责人			检验批部位	
施工依据		《建筑地基处理技术规范》（JGJ79—2012）		验收依据	《建筑地基基础工程施工质量验收标准》（GB50202—2018）	

		验收项目	设计要求及规范规定	最小/实际抽样数量	检查记录	检查结果
主控项目	1	地基承载力	不小于设计值			
	2	配合比	设计要求			
	3	压实系数	不小于设计值			
一般项目	1	石灰粒径/mm	≤5			
	2	土料有机质含量（%）	≤5			
	3	土颗粒粒径/mm	≤15			
	4	含水量（%）	±2			
	5	分层厚度偏差/mm	±50			

施工单位检查结果	专业工长： 项目专业质量检查员： 　　　　　　　　　　　　　年　月　日
监理单位验收结论	专业监理工程师： 　　　　　　　　　　　　　年　月　日

表6-4 分项工程质量验收记录

编号：_____

单位（子单位）工程名称			分部（子分部）工程名称		
分项工程数量			检验批数量		
施工单位			项目负责人		项目技术负责人
分包单位			分包单位项目负责人		分包内容

序号	检验批名称	检验批容量	部位/区段	施工单位检查结果	监理单位验收结论
1					
2					
3					
4					
5					

说明：

施工单位检查结果	项目专业技术负责人： 年　月　日
监理单位验收结论	专业监理工程师： 年　月　日

子单元 2　主体结构分部工程资料实训

6.2.1　主体结构分部工程中分项工程、检验批的划分

按照《建筑工程施工质量验收统一标准》（GB50300—2013）的规定，根据工程实例实际情况，对本工程主体结构部分划分子分部、分项工程和检验批。本工程主体结构分部工程由_____、_____2个子分部工程组成，共含_____个分项工程，共划分_____个检验批。

1. 混凝土结构子分部工程

混凝土结构子分部工程含_____、_____、_____、_____4个分项工程，共_____个检验批。

（1）模板分项工程　模板分项工程指模板安装分项，按楼层、施工段（1～7轴线、7～14轴线划分两个施工段）依框架柱、现浇梁板划分检验批，该分项工程共有_____个检验批。

（2）钢筋分项工程　钢筋分项工程包括_____、_____、_____、_____检验批，按楼层、施工段（1～7轴线、7～14轴线划分两个施工段）依框架柱、现浇梁板划分检验批，该分项工程共有_____个检验批。

（3）混凝土分项工程　本工程采用预拌混凝土，混凝土分项工程包括_____、_____检验批。按楼层、施工段（1～7轴线、7～14轴线划分两个施工段）依框架柱、现浇梁板划分检验批，该分项工程共有_____个检验批。

（4）现浇结构分项工程　现浇结构分项工程_____两类检验批，该分项工程按楼层共划分_____个检验批。

2. 砌体结构子分部工程

砌体结构子分部工程包括填充墙砌体一个分项工程，按楼层来划分检验批，该分项工程共划分_____个检验批。

6.2.2 主体结构分部、分项工程和检验批质量验收记录填写（表6-5和表6-6）

表6-5 混凝土原材料检验批质量验收记录

02010301_____

单位（子单位）工程名称		分部（子分部）工程名称		主体结构/现浇混凝土结构	分项工程名称	混凝土原材料
施工单位		项目负责人			检验批容量	
分包单位		分包单位项目负责人			检验批部位	
施工依据			验收依据		《混凝土结构工程施工质量验收规范》（GB50204—2015）	

		验收项目	设计要求及规范规定	样本总数	最小/实际抽样数量	检查记录	检查结果
主控项目	1	水泥进场检验	第7.2.1条		/		
	2	混凝土外加剂进场检验	第7.2.2条		/		
一般项目	1	矿物掺合料进场检验	第7.2.3条		/		
	2	粗细骨料的质量	第7.2.4条		/		
	3	混凝土拌制及养护用水	第7.2.5条		/		

施工单位检查结果	专业工长： 项目专业质量检查员： 年　月　日
监理单位验收结论	专业监理工程师： 年　月　日

表 6-6 现浇结构外观质量检验批质量验收记录

02010501_____

单位（子单位）工程名称		分部（子分部）工程名称		主体结构/现浇混凝土结构	分项工程名称	现浇结构外观质量
施工单位		项目负责人			检验批容量	
分包单位		分包单位项目负责人			检验批部位	
施工依据				验收依据	《混凝土结构工程施工质量验收规范》（GB50204—2015）	

		验收项目	设计要求及规范规定	样本总数	最小/实际抽样数量	检查记录	检查结果
主控项目	1	外观质量	第8.2.1条		/		
					/		
					/		
					/		
一般项目	1	外观质量一般缺陷	第8.2.2条		/		
					/		
					/		
					/		
					/		

施工单位检查结果	专业工长： 项目专业质量检查员： 年　月　日
监理单位验收结论	专业监理工程师： 年　月　日

单元6　建设工程施工资料管理实训

子单元3　建筑装饰装修分部工程资料实训

6.3.1　建筑装饰装修分部工程中分项工程、检验批的划分

按照《建筑工程施工质量验收统一标准》(GB50300—2013)的规定，根据工程实例实际情况，对本工程装饰装修分部工程划分子分部工程、分项工程和检验批。本工程装饰装修分部工程由_____、_____、_____、_____、_____、_____、_____7个子分部工程组成，含_____个分项工程，共划分_____个检验批。

1. 建筑地面子分部工程

建筑地面子分部工程含_____、_____2个分项工程，共_____个检验批。

(1) 基层铺设分项工程　基层铺设分项工程含_____、_____、_____、_____检验批。因水泥混凝土垫层仅在一层有铺设，基层铺设分项工程按照楼层划分为_____个检验批。

(2) 板块面层分项工程　板块面层分项工程含_____检验批。因卫生间面层和其他房间面层材质不同，板块面层分项工程按照楼层划分为_____个检验批。

2. 抹灰子分部工程

抹灰子分部工程含_____检验批，共划分为_____个检验批。

若给定外墙抹灰面积约1800m²，则室外外墙抹灰可划分为_____个检验批。室内抹灰根据施工工艺和做法不同，对室内一般房间（除卫生间）抹灰、卫生间抹灰、一般房间顶棚抹灰、卫生间顶棚抹灰分别按照自然间数量划分检验批，室内一般房间（除卫生间）抹灰可划分为_____个检验批，卫生间抹灰可划分为_____个检验批，顶棚抹灰可划分为_____个检验批，卫生间顶棚抹灰可划分为_____个检验批。

3. 门窗子分部工程

门窗子分部工程含_____、_____、_____、_____4个分项工程。按照樘数进行划分，共划分为_____个检验批。

4. 饰面板子分部工程

饰面砖子分部工程含_____1个分项工程，其面积不足1000m²，可划分为_____个检验批。

5. 饰面砖子分部工程

饰面砖子分部工程含_____、_____2个分项工程，共_____个检验批。

若给定外墙面积约1800m²，则室外外墙饰面砖粘贴可划分为_____个检验批，室内内墙饰面砖粘贴按房间数划分为_____个检验批。

6. 涂饰子分部工程

涂饰子分部工程含_____分项工程（1个），共_____个检验批。

若给定外墙面积约1800m²，则室外涂饰可划分为_____个检验批，室内涂饰（含内墙及顶棚）按房间数划分为_____个检验批。

7. 细部子分部工程

细部子分部工程含_____、_____、_____3个分项工程，共_____个检验批。

窗帘盒和窗台板制作安装、门窗套制作安装分项工程按自然间数量各划分为_____个检验批，护栏和扶手制作安装分项工程按楼梯部数划分为_____个检验批。

6.3.2 建筑装饰装修分部工程技术资料填写（表6-7和表6-8）

表6-7 水泥砂浆面层检验批质量验收记录

03010202_____

单位（子单位）工程名称			分部（子分部）工程名称		建筑装饰装修分部——建筑地面子分部	分项工程名称	整体面层铺设分项
施工单位			项目负责人			检验批容量	
分包单位			分包单位项目负责人			检验批部位	
施工依据				验收依据	《建筑地面工程施工质量验收规范》（GB50209—2010）		
	验收项目			设计要求及规范规定	最小/实际抽样数量	检查记录	检查结果
主控项目	1	水泥质量		第5.3.2条	/		
	2	外加剂的技术性能、品种		第5.3.3条	/		
	3	体积比和强度		第5.3.4条	/		
	4	有排水要求的地面		第5.3.5条	/		
	5	面层与下一层结合		第5.3.6条	/		
一般项目	1	坡度		第5.3.7条	/		
	2	表面质量		第5.3.8条	/		
	3	踢脚线与墙面结合		第5.3.9条	/		
	4	楼梯、台阶踏步	踏步尺寸及面层质量	第5.3.10条	/		
			楼层梯段相邻踏步高差	10mm	/		
			每踏步两端宽度差	10mm	/		
			旋转楼梯踏步两端宽度	5mm	/		
	5	面层允许偏差	表面平整度	5mm	/		
			踢脚线上口平直	4mm	/		
			缝格平直	3mm	/		
施工单位检查结果					专业工长： 项目专业质量检查员： 年　月　日		
监理单位验收结论					专业监理工程师： 年　月　日		

表 6-8 一般抹灰检验批质量验收记录

03010101_____

单位（子单位）工程名称		分部（子分部）工程名称	建筑装饰装修分部——抹灰工程子分部	分项工程名称	一般抹灰分项
施工单位		项目负责人		检验批容量	
分包单位		分包单位项目负责人		检验批部位	
施工依据	《抹灰砂浆技术规程》（JGJ/T220—2010）		验收依据	《建筑装饰装修工程质量验收规范》（GB50210—2018）	

		验收项目	设计要求及规范规定		最小/实际抽样数量	检查记录		检查结果
主控项目	1	材料品种和性能	第 4.2.1 条		/			
	2	基层表面	第 4.2.2 条		/			
	3	操作要求	第 4.2.3 条		/			
	4	层粘结及面层质量	第 4.2.4 条		/			
一般项目	1	表面质量	第 4.2.5 条		/			
	2	细部质量	第 4.2.6 条		/			
	3	层与层间材料要求层总厚度	第 4.2.7 条		/			
	4	分格缝	第 4.2.8 条		/			
	5	滴水线（槽）	第 4.2.9 条		/			
	6	项目	允许偏差/mm		最小/实际抽样数量	检查记录		检查结果
			普通抹灰	高级抹灰				
		立面垂直度	4	3				
		表面平整度	4	3				
		阴阳角方正	4	3				
		分格条（缝）直线度	4	3				
		墙裙、勒脚上口直线度	4	3				

施工单位检查结果	专业工长： 项目专业质量检查员： 年　月　日
监理单位验收结论	专业监理工程师： 年　月　日

子单元 4 建筑屋面分部工程资料实训

6.4.1 建筑屋面分部工程中分项工程、检验批的划分

按照《建筑工程施工质量验收统一标准》（GB50300—2013）的规定，根据工程实际情况，对本工程屋面部分划分分项工程和检验批。出屋面楼梯间（+25.000m）和其他屋面（+22.000m）为屋面分部工程。本工程屋面划分_____、_____、_____、_____4个子分部工程，含_____个分项工程，共划分_____个检验批。

（1）基层与保护子分部工程 本子分部工程含_____、_____、_____3个分项工程。根据屋面标高不同，将基层与保护子分部工程划分为_____个施工段，共划分为_____个检验批。

（2）保温与隔热子分部工程 本子分部工程含_____、_____2个分项工程。根据屋面标高不同，将保温与隔热子分部工程划分为_____个施工段，共划分为_____个检验批。

1）保温层分项工程：划分为_____个检验批。

2）架空隔热层分项工程：预制空心板架空层仅在其他屋面（+20.000m），划分为_____个检验批。

（3）防水与密封子分部工程 本子分部工程含_____、_____2个分项工程，共划分为_____个检验批。

1）复合防水层分项工程：复合防水层仅在其他屋面（+20.000m）划分为_____个检验批。

2）卷材防水层分项工程：卷材防水层仅在出屋面楼梯间（+25.000m）划分为_____个检验批。

（4）细部构造分部工程 本子分部工程含_____、_____、_____、_____、_____5个分项工程，共划分为_____个检验批。

1）其他屋面（+22.000m）屋面工程含_____、_____、_____、_____、_____5个分项工程，共划分为_____个检验批。

2）出屋面楼梯间（+25.000m）工程含_____分项工程（1个），共划分为_____个检验批。

6.4.2 建筑屋面分部工程资料填写（表6-9和表6-10）

表6-9 卷材防水层检验批质量验收记录

04030101_____

单位（子单位）工程名称		分部（子分部）工程名称	建筑屋面分部——防水与密封子分部	分项工程名称	卷材防水层分项
施工单位		项目负责人		检验批容量	
分包单位		分包单位项目负责人		检验批部位	
施工依据			验收依据	《屋面工程质量验收规范》（GB50207—2012）	

		验收项目	设计要求及规范规定	最小/实际抽样数量	检查记录	检查结果
主控项目	1	防水卷材及配套材料的质量	设计要求	/		
	2	防水层	不得有渗漏或积水现象	/		
	3	卷材防水层的防水构造	设计要求	/		
一般项目	1	搭接缝牢固，密封严密，不得扭曲等	第6.2.13条	/		
	2	卷材防水层收头	第6.2.14条	/		
	3	卷材搭接宽度	−10mm	/		
	4	屋面排汽构造	第6.2.16条	/		
施工单位检查结果	专业工长： 项目专业质量检查员： 年 月 日					
监理单位验收结论	专业监理工程师： 年 月 日					

表 6-10　隐蔽工程验收记录（屋面保温层）

工程名称				建设单位	
施工单位				监理单位	
验收单位		验收日期		图号	
隐蔽工程检查内容					
施工单位检查结果		项目专业质量检查员： 　　　　　　　　　　　　年　　月　　日			
	项目专业技术负责人		专业工长（施工员）		
监理（建设）单位结论		监理工程师： （建设单位项目专业负责人） 　　　　　　　　　　　　年　　月　　日			

 职业素养园地

建筑师的社会责任

美国建筑师协会明确将环境责任写入伦理规范，即工程师应当有责任改善环境，从而提高生活质量。

万科集团位于深圳盐田区大梅沙的新总部办公大楼，虽然只有6层，但仍将底层架空，开辟为城市公园，面向市民开放；除此之外，室内的地板及家具全部采用竹子作为原材料，较好地践行了建筑环保理念。

可持续建筑的实现有赖于建筑师的环境伦理素养和对当代与后代持续发展给予关照的道德水准。这是一种经济责任，也是一种社会责任。

 单元小结

本单元通过引入一个典型框架结构工程，培养学生收集、填写、整理建筑工程施工资料的能力，调动学生的学习积极性和学习参与度，增强学生动手实践和处理实际工程资料的能力，提升学生的团队合作能力以及应有的职业精神，为国家建设建筑工程领域的大国工匠、高技能人才做好准备。

参 考 文 献

[1] 中华人民共和国住房和城乡建设部．建设工程文件归档规范：GB/T 50328—2014 [S]．北京：中国建筑工业出版社，2014．
[2] 中华人民共和国住房和城乡建设部．建筑工程施工质量验收统一标准：GB 50300—2013 [S]．北京：中国建筑工业出版社，2014．
[3] 中华人民共和国住房和城乡建设部．建设工程项目管理规范：GB/T 50326—2017 [S]．北京：中国建筑工业出版社，2017．
[4] 中华人民共和国住房和城乡建设部．建设工程监理规范：GB/T 50319—2013 [S]．北京：中国建筑工业出版社，2013．
[5] 孙刚，刘志麟．建筑工程资料管理 [M]．北京：北京大学出版社，2012．